錦州・遼瀋戦役記念館

スラブ・ユーラシア叢書13

紅い戦争の
メモリースケープ

——旧ソ連・東欧・中国・ベトナム

越野 剛・高山陽子［編著］

北海道大学出版会

目次

序論　紅い戦争のメモリースケープ
　　　――ソ連・東欧・中国・ベトナム
　　　　　　　　　　　　　　　　　　　　　　……………高山陽子……1

　1. 紅いノスタルジア　1
　2. 紅い戦争と社会主義リアリズム　4
　3. 紅い戦争から見えるもの――抑圧された記憶と周縁化された身体　10
　4. 紅い戦争の記憶の行方　13
　5. 本書の構成　16

第Ⅰ部　抑圧された記憶と周縁化された身体

第1章　ロシア・ベラルーシの戦争映画における敵のイメージ
　　　　――アレシ・アダモヴィチ原作の映画を中心に
　　　　　　　　　　　　　　　　　　　　　……………越野　剛……23

　はじめに　23
　1. 3つの物語　25
　2. 外なる敵――ドイツ兵のイメージの変遷　29
　3. 内なる敵と英雄の脱神話化――コラボレーターとパルチザン　35
　おわりに　41

第2章　封印された戦争の記憶
　　　　――ベトナムにおける中越戦争の記憶
　　　　　　　　　　　　　　　　　　　　　……………今井昭夫……45

　はじめに　45
　1. 食い違う中越戦争像　47
　2. プロパガンダ合戦から語られぬ戦争へ　49
　3. 状況の変化――南シナ海情勢の緊迫化　54

  4. 小説『わたしと彼ら』における中越戦争 57
  おわりに 62

第3章 ソヴィエト・ロシアのプロパガンダにおける
    女性図像と象徴性
    ——社会主義国家の建設から総力戦体制へ
              ………前田しほ……67

  はじめに 67
  1. プロパガンダポスターのジェンダー秩序 70
  2. 家族の再定義と女性像の象徴性 73
  3. 総力戦体制とプロパガンダ 79
  おわりに 89

第4章 「救国の妓女」を描く中国映画
    ——社会主義文化における女性の身体と国家の想像
              ………田村容子……95

  はじめに 95
  1. 日中戦争期における「救国の妓女」 97
  2. 対抗的な表象 100
  3. 「救国の妓女」の空白期 104
  4. 『南京！南京！』と『金陵十三釵』に見る「救国の妓女」 110
  おわりに 116

第Ⅱ部 紅い戦争の記憶の行方

第5章 紅い刑事ドラマとチェコスロヴァキアの社会主義
    ——テレビによる同時代史の構築
              ………福田　宏……125

  はじめに 125
  1. 「正常化」時代におけるテレビドラマの重要性 126
  2. 1950年代の描き方——宿敵ブラーハ中尉との戦い 131
  3. 1960年代の描き方——より高度な謀略と集団ヒステリー 135
  おわりに 140

第6章　中国における紅い英雄
　　　　——メモリースケープとしての烈士陵園の分析を通して
　　　　　　　　　　　　　　　　　　……………高 山 陽 子……145

　は じ め に　145
　1．武装蜂起と烈士の称号　147
　2．烈士のイメージ　150
　3．社会主義文化における烈士　155
　4．烈士の再定義　162
　お わ り に　164

第7章　記憶の展示
　　　　——パノラマ・ジオラマによるメモリースケープ
　　　　　　　　　　　　　　　　　　……………向後恵里子……171

　は じ め に　171
　1．パノラマ・ジオラマによる記憶の展示と「見る」体験　172
　2．パノラマ・ジオラマの展開と社会主義リアリズム　176
　3．戦争のリアリティ　181
　4．傷つく人びとの表象　189
　お わ り に——記憶と歴史の往還，「再演」をめぐって　197

第8章　記念碑の存在論
　　　　——ポスト・ソヴィエト・ロシアのメモリースケープを望んで
　　　　　　　　　　　　　　　　　　……………平 松 潤 奈……201

　1．動く記念碑　201
　2．記憶レジームと記念碑　204
　3．テロルと戦争——ポスト・ソヴィエト・ロシアの二つの記憶　209
　4．社会主義リアリズム文化における記念碑の存在論　213
　5．不死の連隊——ゾンビのポスト・ソヴィエト・ランドスケープ　220

　あ と が き——メモリースケープをめぐる旅　229

　事 項 索 引　235
　人 名 索 引　239
　執筆者紹介　240

序　論　紅い戦争のメモリースケープ
―― ソ連・東欧・中国・ベトナム

高 山 陽 子

1. 紅いノスタルジア

　ノスタルジア商品と分類されるものが市場に登場して久しい。たとえば，昭和33年を舞台にした映画『ALWAYS　三丁目の夕日』(2005)は興行収入32.3億円を記録し，同じく昭和30年代の街並みを再現した新横浜ラーメン博物館(1994年開館)は2001年には入場者数1000万人を突破した。「あの頃はよかった」というノスタルジアを喚起させるコンテンツを持つものがノスタルジア商品であり，その勢いは衰える様子を見せない。

　この現象は日本に留まらず，体制転換後の国々でも確認される(Light 2000; Todorova and Gille 2010; Pehe 2014 など)。ドイツではオスト(Ost＝東)とノスタルギー(Nostalgie＝ノスタルジア)を合わせた造語オスタルギー(Ostalgie)が社会主義ノスタルジアを意味するものとして使われている(Berdahl 2009; Bartmanski 2011)。これには，資本主義的な競争社会に失望した人びとが東ドイツを懐かしむもの，東ドイツで生産された日用品をキッチュなものとして懐かしむものの二種類が含まれる。東ドイツで爆発的な人気を誇ったトラバントは，社会主義の生活を展示するもっとも東ドイツらしいアイコンとなった【図0-1】。社会主義へのノスタルジアは，ドイツのオスタルギーだけではなく，中国やブルガリアでは「紅いノスタルジア」(Ghodsee 2004; Hung 2015)や，旧ユーゴスラビアでは「紅い影」(Velikonja 2008)ともたとえられる。

　現在でも社会主義体制を維持する中国において，ノスタルジアを喚起させる時期は民国初期(1920-30年代)である。それは，1921年に誕生した中国共

図 0-1　ベルリン・トラビ博物館

2017 年 9 月撮影

図 0-2　平津戦役記念館入口ホール

2017 年 8 月撮影

産党がまだ新しく,不正や汚職とはほとんど無縁だった時期である。2000年代から本格的に開発が進むレッドツーリズム(紅色旅游)は,1921年から49年までを対象としたもので,「過去の社会主義へのノスタルジックな記憶と想像における喪失感への解毒剤であると同時に,ポスト社会主義期の不平等がもたらす社会的ストレスへの解毒剤」(Lin 2015: 338)という効果を持つ。その中心となるのは,最初に革命根拠地が作られた江西省井岡山と長征後に革命根拠地となった陝西省延安である。レッドツーリズム開発の過程で,革命記念館や烈士陵園などがリニューアルされ,従来の文字資料などの視覚中心の展示から,パノラマ・ジオラマや映像を多用した視覚と聴覚に訴えかける展示【図0-2】は,石岡の指摘のようにノスタルジアを喚起させる常套手段である(石岡 2014: 92)。

　社会主義ノスタルジアが生まれる主要な原因は,体制転換後の急速な社会変化である。デーヴィスが指摘するように,こうした変化に不満や不安を持つ人ほどノスタルジアを抱きやすい(デーヴィス 1990)。ノスタルジアは映画やドラマなどの大衆文化と容易に結びつくため(小泉 2013; 日高 2014; 石岡 2014),社会主義を体験していない世代にも社会主義へのノスタルジアを抱かせることが可能になる。

　アパデュライは,このような大衆文化に使われるノスタルジアを似非ノスタルジアと呼び,実際の経験をともなう原義的な意味におけるノスタルジアと区別した。あらゆるものが移ろいやすい現代の消費社会で猛威を振るう似非ノスタルジアは,個人や家族,民族集団などの生きられた歴史を書き換えてしまうという(アパデュライ 2004: 147-150)。過去の記憶には,過去へのノスタルジアとして大衆文化のコンテンツとなり,歴史を書き換えうる肯定的なものと,封印されたものや周縁化されたものが存在する。後者の記憶は多くの人が知っているが公には語れないものである。ロシアではソ連時代のテロルの記憶やカティンの森事件,中国では文革(文化大革命)の記憶[1],ベトナムでは中越戦争の記憶である。それは人びとにとって封印すべきであると同時に,語らずにはいられないゆえに,公的な表現方法ではない手段で語られてきた。

そこで本書は，社会主義文化において重要な位置を占める戦争に着目し，社会主義ノスタルジアの源泉となる肯定的な記憶と，抑圧された記憶についてソ連・東欧・中国・ベトナムの事例から比較検討する。その際，記憶と結びつく地景をメモリースケープと呼ぶ。ここでいうスケープの概念は，アパデュライの5つのスケープ（エスノスケープ，メディアスケープ，テクノスケープ，ファイナンススケープ，イデオスケープ）に依拠する。スケープとは，アパデュライの指摘するように「流動的で不規則な形状」であり，個人や集団の想像力によって構成されるものであるゆえ（アパデュライ 2004: 69-70），戦争のメモリースケープも，体制転換や市場経済導入を通して絶えず変化するものである。本書で分析できるのは冷戦終結から4半世紀たった現在にすぎないが，現時点の戦争のメモリースケープに関する記述を残すことは将来のメモリースケープの研究にいささかの貢献ができると考える。

2. 紅い戦争と社会主義リアリズム

本書は，2014年刊行の『地域研究』における特集「紅い戦争の記憶：旧ソ連・中国・ベトナムを比較する」の続編に位置づけられる。紅い戦争とは社会主義期の戦争および社会主義革命戦争で，社会主義建国神話に積極的に用いられたものを指す。ただし，社会主義期すべての戦争が紅い戦争ではなく，ソ連では第二次世界大戦における独ソ戦，中国では日中戦争および国共内戦，ベトナムではインドシナ戦争とベトナム戦争がそれぞれ該当する【表0-1】【表0-2】。これらの戦争の名称は「中立的」なものであり，それぞれの国では，「大祖国戦争」，「抗日戦争」，「解放・革命戦争」，「抗仏戦争」，「抗米救国抗戦」という紅い＝社会主義的な名称がある。この紅い戦争の名称は，味方が社会主義者であり，敵がナチ・ドイツ，日本，国民党，フランスとアメリカ（と同盟国）であることを示す。なお，本書では大祖国戦争博物館など固有名詞として用いられる場合を除き，原則的に一般的名称を用いる。

紅い戦争の神話化に使われた手法が，博物館や記念碑建立，映画やドラマの放送であった。紅い戦争の記憶は，社会主義革命あるいは民族解放という

序論　紅い戦争のメモリースケープ　5

表0-1　年表

中東欧	ロシア	中国	ベトナム
			1874 仏の保護国となる
			1887 仏領インドシナ連邦成立
	1891 シベリア鉄道起工		
	1898 社会民主労働党結成	1894 興中会結成	
	1904-05 日露戦争	1889 膠州湾(独), 旅順・大連(露)	
	1905 第1次ロシア革命	1900-01 義和団事件	
	1914 第1次世界大戦勃発	1905 中国同盟会結成	
	1916 シベリア鉄道完成	1911 辛亥革命	
	1917 3月革命, 11月革命	1919 五四運動	
	1918-22 対ソ干渉戦争	1919 中国国民党結成	
	1919 第3インターナショナル創立		
	1921	1921 中国共産党成立	
	1922 ソヴィエト社会主義共和国成立		
	1924 レーニン死去	1925 孫文死去	
	1928 第一次五か年計画	1927 上海クーデタ	
		1931 柳条湖事件, 第一次上海事変	
		1932 第一次上海事変	1930 ベトナム共産党結成
	1935 コミンテルン, 第7回大会	1935 遵義会議	
1938 独, ズデーテン併合	1939 独ソ不可侵条約	1937 盧溝橋事件, 第二次上海事変	1940 日本, インドシナ進軍
1939 独, ポーランド進撃	1942-03 スターリングラード攻防戦	1942 延安講和	1941 ベトミン結成
	1945 ヤルタ会談	1945 双十協定調印	1945 ベトナム民主共和国成立
1947 ハンガリー政変	1947 コミンフォルム結成	1946 政治協商会議	1946 ハノイ協定
1948 チェコ政変		1947-49 三大会戦	1946 インドシナ戦争
1949 コメコン成立		1949 中華人民共和国成立	1949 ベトナム国成立
	1950 中ソ友好同盟相互援助条約	1950 朝鮮戦争参加	
	1954 中ソ共同宣言	1953 第一次五カ年計画	1954 ジュネーヴ国際会議
1956 ハンガリー動乱	1956 スターリン批判	1958 人民公社開始	1956 ベトナム共和国成立
1957 モスクワ共同宣言		1960 中ソ論争	1960 南ベトナム民族解放戦線結成
		1962 中ソ対立	1963 南ベトナム軍事クーデタ
1968 プラハの春		1966 文化大革命始まる	1964 トンキン湾事件
			1969 ホーチミン死去
	1970 ワルシャワ条約機構	1969 中ソ国境紛争	1972 米, 北爆開始
	1979 アフガニスタン侵攻	1972 ニクソン訪問	1973 ベトナム和平協定
	1980 モスクワオリンピック	1976 毛沢東死去, 四人組失脚 1979 中越国境紛争
	1986 ペレストロイカ		1980 中越国境紛争
1989 ビロード革命	1989 独ソ首脳会談	1985 人民公社解体	
	1991 ソ連解体	1989 天安門事件	

表 0-2　紅い戦争の名称と敵

一般的名称	紅い戦争としての名称	期間	外敵	内なる敵
独ソ戦争	大祖国戦争	1941-1945	ドイツ	コラボレーター
日中戦争	抗日戦争	1937-1945	日本	漢奸
国共内戦	解放・革命戦争	1927-1937 1945-1950	国民党	叛徒
インドシナ戦争	抗仏戦争	1946-1954	フランス	越奸
ベトナム戦争	抗米救国抗戦	1954-1975	アメリカ・同盟国（韓国など）	越奸

役割を担った主人公を設定し，その主人公が強力な敵と戦った末に勝利するという勧善懲悪的なストーリーと，犠牲者を厳かな式典をもって英雄として顕彰するというイベントによって形作られてきた。こうした映画やドラマ，博物館，記念碑などを比較したのが2014年の特集であったが，いたらない点も多かった。その主な理由は，共通して扱った紅い戦争の記憶のあり方やそれを表現する社会主義リアリズムを含む社会主義の経験に関する各国の違いを充分に認識していなかったことである。実は，社会主義リアリズムといっても国や地域によって違いも大きく，さらに，小説や映画などの媒体によっても違いがある。ゴロムシトクによれば，各地域の社会主義は表面上きわめて類似しているように見えるため，「そこに定着された人種的，民族的，地域的，その他の細部からなる形態的特徴」を検証しなくてはならないという。ソ連で始まった社会主義リアリズムは東欧や中国，ベトナムなどの社会主義国に広まったが，その定着度合いと社会主義イデオロギーの定着度合いは比例していたのである（ゴロムシトク 2007: 26）。

　社会主義リアリズムの歴史を振り返ってみると，その歴史と紅い戦争の記憶が作られてきた過程はほぼ一致する。ここでいうリアリズムとは平松論文が指摘するように，「もっぱら偽りのリアリズムであり，現実からかけ離れた理想のイリュージョンを「現実」として提示するプロパガンダ」であるから，「この文化を代表するジャンルは……文学，映画，絵画など，模倣・表象・ナラティヴに適した分野だった」（本書216頁）という。

　社会主義リアリズムは，1932年にスターリンがソ連の文芸の方向性を示

すものとして使い始めた。それは端的にいえば，芸術は社会主義思想を表すものというスローガンである。ソ連では大祖国戦争が神話化される1960年代，激戦地となったレニングラード(現サンクトペテルブルク)やスターリングラード(現ヴォルゴグラード)などに「英雄都市」という称号が与えられ，大規模な記念碑が建てられた(前田 2014: 18)。すなわち，社会主義リアリズムが戦争の記念碑に用いられるのはその導入から数十年後のブレジネフ期(1964-82)であった。ソ連では社会主義革命と紅い戦争(独ソ戦争)の間に時間差があり，戦争の記憶に重ねられる愛国主義が，形骸化し始めたイデオロギーを代用する機能を果たした。一方で中国とベトナムでは社会主義革命と紅い戦争は並行しており，かつ，戦争中に社会主義リアリズムが導入されていたため，社会主義革命と紅い戦争と社会主義リアリズムの3者は切り離せないものになっている。さらに，前田論文が最後に言及したように，社会主義リアリズムはスターリン期とブレジネフ期では大きく様式が異なり，中国とベトナムでもっぱら普及したのはスターリン期のものであった。1960年代にソ連で撤去されたスターリン様式の記念碑などは，中国とベトナムで1950年代から建設が始まり，今でも部分的にその姿を残しているのである【図0-3】。

　中国では社会主義リアリズムは，1942年の延安講和において導入され，1950年代に記念碑や油絵の分野の専門家がソ連から招聘されたことで広まった。1956年に始まる中ソ対立後は中国独自の展開を遂げ，文革期には江青が手掛けた革命模範劇(中国語で「様板戯」という)などの分野で際立った特徴を見せた。この様式は1976年の毛沢東の死まで続いたため，一般的には毛沢東様式(毛沢東時代様式)という。革命模範劇は革命現代京劇『紅灯記』，『智取威虎山』，『沙家浜』，『海港』，『奇襲白虎団』，革命現代バレエ『白毛女』，『紅色娘子軍』，革命交響音楽『沙家浜』を指す。このうち，日中戦争を題材にしたのが『紅灯記』と『沙家浜』で，国共内戦を題材にしたのが『智取威虎山』と『紅色娘子軍』である。文革期に中国全土で繰り返し上演されたこれらの作品の特徴のひとつは，「敵(日本軍，国民党，地主，軍閥など)による苦しみを訴え，敵との闘争と勝利によって共産党政権の正統性

図 0-3　レーニン像(ハノイ)
2008 年 3 月撮影

を示す」ことであった。これによって紅い戦争(抗日戦争と解放戦争)の記憶を神話化する効果があった(田村 2014: 94)。

　ベトナム(以下,ベトナム民主共和国を指す)では 1952 年に祖国に忠実で人民を解放するために戦う革命的な人物が「新英雄」と定義された。1966 年にはホー・チ・ミンが「新英雄」に社会主義のために犠牲になったという項目を加えた「革命的英雄主義」を唱えた(今井 2005: 153-154)。こうした「新英雄」を描いた映画は 1964 年,文化省主導で制作され始めた。ベトナム映画はプロパガンダのため,ベトナム人民の英雄を賞賛するためなどを目的として,1953 年に公式に誕生した。その後,ベトナムはソ連や東ドイツ,中国から物質的・技術的支援を受ける中で,社会主義リアリズムを輸入し,プロパガンダ映画を制作した。ベトナムのように,戦争とプロパガンダ映画制作が同時期に進行したことで,社会主義リアリズムにどのような変化があったのかは不明であるが,この時期に制作された子ども向けのアニメ映画では,

ベトナム民話のファンタジー性が取り入れられたため，新しい映像表現が見られたという。それを坂川は「社会主義ロマンティシズム」と述べた(坂川 2017: 27-39)。

　現代の視点から紅い戦争と社会主義リアリズムの関連を見渡すと，社会主義のメモリースケープの形成過程が詳らかになるだけではなく，ソ連解体や東欧革命といった体制転換がメモリースケープにどのような影響を及ぼしたかも見えてくる。ポーランドやスロヴァキアの国民記憶院，ロシアの歴史協会，ハンガリーのテロルの館やメメント・パークなど，1990年代以降，東欧・ロシアには次々に公的な記憶機関が設立され，ナチズムと社会主義に関する資料の収集・保存・研究が進められている(橋本 2017)。本書は，これまで抑圧されてきた記憶が表面化することによって戦争のメモリースケープにどのような影響があるかについて，分析するための視座をいくつかの事例から指摘することができる。

　他方，市場経済導入で社会は大きく変化したものの，現在でも社会主義体制を維持する中国とベトナムでは公的な記憶は大きく変わっていない。ポスト社会主義国と社会主義国では公的な記憶において，共通するのは社会主義リアリズムの衰退と社会主義ノスタルジアの出現である。社会主義イデオロギーの弱体化によって生じた社会主義リアリズムの衰退は，かつては畏敬の念を抱いて見上げられた指導者の銅像のカリスマ性を損なわせていった。イデオロギーの地盤を失った記念碑は，もはやその場に存在することができなくなり，撤去または移設される。学校や家庭に掲げられた指導者の肖像画やプロパガンダポスターなども同じである。指導者の肖像画やプロパガンダポスターは，まもなく蚤の市において1ユーロ程度で売られるガラクタとなったが，体制転換からしばらく経つと，ガラクタ同然だったプロパガンダポスター類はノスタルジアを喚起させるモチーフとして商品価値を持つにいたった。

　それではポスト社会主義国と社会主義国の違いは何か。それは，今でも語ることができない記憶が数多く存在していることである。改革開放政策やドイモイ政策によって人びとの生活水準は著しく向上したが，それでもトラウ

マになっている記憶は社会の奥底に沈殿している。その記憶を語るために，中国とベトナムで共通して用いられたのが，魔術的リアリズムである。中国のノーベル賞作家・莫言(1956-)の小説『酒国』は，酒国という都市で共産党幹部らが人肉を食べているという情報があり，特捜検事・丁鈎児が潜入するという筋書きである。複雑怪奇なこの小説は，改革開放後の中国における混乱を描いたものであるという(藤井 1996)。莫言の小説はベトナムで数多く翻訳され，『わたしと彼ら』を著したベトナムのグエン・ビン・フオンは莫言の影響を受けているという。中国とベトナムの両国で社会の矛盾を描くために魔術的リアリズムが使われたのは偶然ではなく，それ以外に適した表現手段が現在では見当たらないからである。言論統制は社会主義国に生きる人びとに重く圧し掛かっていた／いる日常である。その日常から解放されたとき，また，その日常の重圧がやや緩くなったとき，人びとは何を語ろうとするのか。それは本書の事例から明らかにされるのである。

3. 紅い戦争から見えるもの——抑圧された記憶と周縁化された身体

　紅い戦争とは公的な戦争である。その記憶や語りは，国家の正当性を示すために共産党主導で生産されてきたため，裏切りや内紛など，公式的な記憶と齟齬をきたす対抗的な記憶は表面化することはなかった(平山 2014: 59)。このような紅い戦争から除外された社会主義期の戦争としては，中ソ国境紛争と中越戦争があげられる。
　1956 年のスターリン批判以降，毛沢東がフルシチョフを修正主義者と非難し続ける中，1968 年，ソ連がチェコの民主化運動を弾圧したチェコ事件は毛沢東にとって大きな脅威となった。ブレジネフがチェコ侵攻を正当化した制限主権論を唱えると，中国は中ソ全面戦争の危機感を抱き，国境軍事を強化していった。これに対してソ連も中国との対立が深まるにつれて，中国を敵と見なすようになり，極東軍事を増強した。ついに，1969 年 3 月 2 日，中ソ国境の珍宝島(ダマンスキー島)で中ソ国境警備兵の武力衝突が発生した。二度の戦闘で死傷者数は中国では 800 人，ソ連では 60 人ほど確認されてい

る（野口 2004: 35-36）。当時ソ連で開発されたばかりの T-62 戦車は，この衝突の際に中国側に鹵獲され，1969 年 6 月，北京の人民軍事革命博物館で展示された。展示のタイトルは「新しいツァーを打倒せよ——中ソ国境自衛反撃作戦」であった。

その 10 年後の 1979 年 2 月 17 日，中国とベトナムの国境紛争が起こった。人民解放軍は同年 3 月 16 日にベトナムから撤退し，勝利宣言をおこなった。わずか 1 カ月ほどの戦争で今でも不明な点が多い。中越戦争の主な原因は，ベトナムのカンボジア侵攻に対する制裁であるとされるが，より重要な要因とされるのは，鄧小平による人民解放軍の体制再建であった。1977 年，失脚していた鄧小平が再び政界に復帰すると，人民解放軍の建て直しをはかり，文革期に生じた軍内部の分裂や対立を解決すると同時に兵士に実戦経験を積ませるため中越戦争を始めたという（林戴桓 2014）。

この二つの社会主義陣営の戦争は，社会主義国同士は戦争をしないという神話を崩した衝撃的な出来事であった。なお，中国では中ソ国境紛争を「珍宝島自衛反撃戦」，中越戦争を「対越自衛反撃戦」と呼び，紅い戦争が持つ特有のイデオロギー的な響きはない。ベトナムでは中越戦争は，中国の侵攻に対する「北方国境防衛」であると語られるが，その記念行事も歴史教科書の記述も制約され，中越戦争を扱った批判的な小説は発禁処分にされてきた。

カチン（カティン）の森事件はソ連時代の抑圧されていた記憶のひとつである。これは，1940 年，ソ連軍がポーランドに侵攻した際，ソ連の秘密警察はポーランド将校 1 万数千人を虐殺し，カチン森に埋めたとされる事件である。ソ連はこれをナチ・ドイツの仕業であるとしてきたが，ゴルバチョフ政権の 1987 年から事件の解明が始まった。そして 1990 年，ソ連は虐殺を認めポーランド政府に謝罪した。この事件を描いた映画『カティンの森』(2007) は，アンジェイ大尉の代わりに生き残ったイェジが拳銃自殺するという結末であり，事件が解明されても戦争の不条理さが人びとの心から消滅することはないと示唆している。

カチンと似た響きを持つベラルーシのハティニ村では，第二次世界大戦中，ナチ・ドイツが住民を虐殺した。ハティニ村の虐殺はナチ・ドイツがベラ

ルーシで行った犯罪の一例であるが，実は村を襲撃した中にはウクライナ人やロシア人，ベラルーシ人のコラボレーター(敵対協力者)が含まれていた。ソ連時代にはこの事実は公表されなかったが，記録映画『ハティニの真実』(2008)の公開で明らかになった。さらに，コラボレーターは単なる裏切り者ではなく，ウクライナやベラルーシの独立を目指した愛国的ナショナリストと見なされる場合もあった(越野 2014: 79)。

　ナチ・ドイツ占領下のコラボレーターの存在は周知のことであったが，その描かれ方は時代によって変化していった。タブー視されてきた様々な出来事が語られるようになった1990年代以降，コラボレーターは単なる裏切り者ではなく複雑な内面が描かれるようになった。中国でも長い歴史の中で裏切り者が繰り返し登場し，小説にも描かれてきたが，日中戦争における「漢奸(売国奴)」，国共内戦における「叛徒(共産党の裏切り者)」はとりわけ卑劣な存在とみなされた。プロパガンダ映画における「漢奸」や「叛徒」は，主人公の正義感を際立たせる上で必要な役割を果たしてきたが，内なる敵である裏切り者は紅い戦争に関する博物館ではほとんど見られない。

　紅い戦争から見えるもうひとつの姿は周縁化された女性の身体である。20世紀初頭まで，女性はもっぱら看護と後方支援という形で戦争に従事していたが，男女平等を掲げた社会主義の軍隊では多くの女性兵士が従軍した。ソ連のゾーヤ・コスモデミヤンスカヤ(1923-1941)，中国の秋瑾(1875-1907)や賀子珍(1909-1984)，趙一曼(1905-1936)，江竹筠(1920-1949)，劉胡蘭(1932-1947)などがその例である。戦後，女性たちの活躍は中国では革命模範劇の中で描写されたが，その姿は社会主義リアリズムに基づいたステレオタイプ的なものであり，女性たちの個性や内面が描かれることはなかった。たとえば，女性たちは髪形によって以下のように役割が分かれていた。お下げの未婚女性，おかっぱの革命英雄，まとめ髪の既婚女性(夫不在)，白髪の老婆である(田村 2014: 95-96)。

　女性兵士や女性労働者は記念碑にも描かれたが，その身体は社会主義リアリズムの理想の中に押し込められたものであった。1959年作の群像「慶豊収(豊作を祝う)」における馬上の女性は腕も首も脚も胴体も太く，労働に適

した身体を示している。また，瀋陽の中山広場にある毛沢東像台座の群像(1970年作)における女性もまた毛沢東思想を賞賛するための社会主義的身体を持つ。社会主義期の中国で，女性が群像で表象される理由について田村論文(第4章)は，「女性の身体と国家の想像を結びつける」ために必要であったと本書で指摘する。1980年代以降の女性像には社会主義的身体は見られないが，かといって特に個性があるわけでもない。趙一曼は東北烈士記念館では英雄として戦ったことだけではなく，最後まで子供のことを想っていた愛情深い母親であることが語られるが，館外にある彼女の記念像は革命に献身したようにも見えず，慈悲深い母親にも見えない。男性英雄の記念像にはポーズや表情において個性が描かれるのに対して，女性の記念像は没個性的に描かれる傾向がある(高山2015)。紅い戦争を支えた女性たちでも，紅い戦争の記憶の中心に置かれることはなく，映画や劇，記念碑においてほどよく性的な身体を持つ姿で描かれてきたのである。

4. 紅い戦争の記憶の行方

21世紀の現在，紅い戦争の記憶はどこへ向かうのか。ロシアと中国で顕著なのは，社会主義イデオロギーに代わる愛国主義の台頭である。とりわけプーチン政権と江沢民政権以降の愛国主義政策は，民族の団結や紐帯，民族伝統の復活，紅い戦争(大祖国戦争，抗日戦争・解放)の勝利の強調といった点で類似している。愛国心を鼓舞するため，ロシアでは大祖国戦争の博物館のリニューアル，大祖国戦争の勝利60年を記念したモスクワ地下鉄新駅「勝利記念公園」の設置，地下鉄駅の「パルチザンスカヤ」への改名など，大祖国戦争の勝利の神話が再構築されている。

中国では紅い戦争の勝利のほか，「国恥」(National Humiliation)という言葉も再び浮上してきた(Callahan 2010)。この言葉はもともと，アヘン戦争以後，中国が領土を喪失した屈辱を示すもので，辛亥革命前後に使われるようになった。民国期には「国恥記念日」として，2月14日(膠州湾租借条約締結日)，7月21日(義和団事変で光緒帝と西太后が逃げた日)，7月24日(南京

図 0-4　中国人民革命軍事博物館

2017 年 8 月撮影

条約締結日)，8 月 8 日(アロー戦争で咸豊帝が逃げた日)，8 月 16 日(日清戦争で陸海軍が大敗した日)などが定められた(小野寺 2011)。1920 年代以降，繰り返し出版された『国恥史』や『中国国恥地図』などの書物は，何年に何の条約によってどこの領地が失われたかを地図とともに詳細に記している。「国恥」という言葉は現在でも愛国主義教育において重要な意味を持ち，旅順の二〇三高地や瀋陽の九一八歴史博物館(1931 年 9 月 18 日の柳条湖事件の場所に立つ博物館)などには「国辱を忘れるなかれ(勿忘国恥)」という文字が見られる。

　2017 年は 1927 年 8 月 1 日の南昌蜂起から 90 周年にあたり，北京の中国人民革命軍事博物館がリニューアルした【図 0-4】。1950 年代のスターリン様式の建物内部は全体が赤で統一されている。博物館入り口には，1929 年の古田会議を描いた絵画と 1935 年の遵義会議を描いた絵画を全体に赤くした大きなパネルがある。展示物の背景も説明パネルの背景も赤く，展示室に置

かれた太い柱も赤い．天安門城楼のレプリカの展示室は壁も展示品も真っ赤である．この博物館では，説明はすべて中国語のみであり，一般的な中国の博物館に増えている英語表記はない．街中や地下鉄駅などのいたるところで英語教材の宣伝が目立つ現代中国において，こうした反英語学習あるいは反グローバル化という姿勢は，資本主義的な競争社会から疎外されたと感じる人びとの愛国心を煽る効果があると考えられる．

中国では愛国主義政策の下で，解放・革命戦争を扱った多くの連続ドラマが放送されている．南昌蜂起 80 周年の 2007 年には，『井岡山』(中国国際電視総公司)，解放 60 周年の 2009 年には，唐国強主演・監督の『解放』(中国国際電視総公司制作)，『解放』(CCTV 制作)，『解放上海　進城』(広東音像出版社制作)が放送された．2010 年には『解放海南島』，『解放大西南』(遼寧広播電視音像出版社制作)などが放送され，以後も解放を描いたドラマは毎年作られている(ただし，視聴者がどれほどいるかは別問題である．一般的には『水滸伝』や『岳飛伝(精忠岳飛)』，『項羽と劉邦(楚漢伝奇)』などの歴史ドラマのほうが好まれる)．

こうしたドラマのオープニングでは，毛沢東時代に描かれた油絵(長江や黄河を渡る人民解放軍，毛沢東と朱徳の肖像画を掲げて入城する人民解放軍とそれを熱狂的に迎える人びと，井岡山や延安の毛沢東，遵義会議や古田会議など)を再現したような場面が散りばめられている．オープニング曲に合わせてゆっくり移動するその絵は，あたかも動くパノラマのようである．林崗・作『井岡山会師』(1975)や何孔徳・作『古田会議』(1979)，沈堯伊による『遵義会議』(1997)などの歴史的場面を描いた絵画は，革命博物館や資料館，インターネット上で繰り返し用いられ，ドラマの中でも再現されることで，人びとに既視感を抱かせる．常に毛沢東を中心に据えたそれらの絵画は，理想像でしかないのであるが，紅い戦争における現実であるかのように思わせる．こうして紅い戦争の記憶は，愛国主義政策の中で再生産されている．紅い記憶が国境を越えて再生産される事例も見られる．たとえばソ連の戦争映画『朝焼けは静かなれど』(1972)は 1980 年代の中国で広く受容されたが，戦勝 60 周年となる 2005 年には中露合作のテレビドラマとしてリメイクがなさ

れた。また 2015 年にはソ連軍による中国東北地方の解放を描いた『戦火の中のバレエ』がやはり中露合作映画として公開されている。

　「強いロシア」や「強い中国」に身を委ねることと，抑圧された記憶を封印し続けることは同じではない。社会主義国／ポスト社会主義国において，抑圧された記憶と再生産される記憶は対立するのでははなく，矛盾を含みつつ複雑に共存しているのである。ユルチャクが指摘するように，ソ連ノスタルジアが懐かしんでいるのは社会主義イデオロギーではなくペレストロイカ以前の日常生活であり，これを分析するには，抑圧／抵抗，公式／非公式という二項対立の枠組みでは不十分である（ユルチャク 2017: 12-13）。そこで本書では，主に抑圧された記憶を扱う 4 本の論文と再生産される記憶を扱う 4 本の論文を通して，社会主義のメモリースケープについて考察を進めていく。

5.　本書の構成

　本書の第 1 部は，抑圧された記憶と周縁化された身体，第 2 部は紅い戦争の記憶の行方である。前者は紅い戦争のメモリースケープから疎外・周縁化されたもの，後者は紅い戦争のメモリースケープそのものである。

　「ロシア・ベラルーシの戦争映画における敵のイメージ——アレシ・アダモヴィチ原作の映画を中心に」（越野剛）と「封印された戦争の記憶——ベトナムにおける中越戦争の記憶」（今井昭夫）の二つの論文は，否定的な記憶や抑圧された記憶を扱う。越野論文は，外なる敵としてのドイツと内なる敵としてのコラボレーターの描き方が時代によって変化していること，すなわち，否定的な記憶は一枚岩ではないことを論じる。今井論文は，封印された中越戦争の記憶は，紋切り型の社会主義リアリズムでは語ることはできず，魔術的リアリズムという方法がとられたことを扱う。

　続く「ソヴィエト・ロシアのプロパガンダにおける女性図像と象徴性——社会主義国家の建設から総力戦体制へ」（前田しほ）と「「救国の妓女」を描く中国映画——社会主義文化における女性の身体と国家の想像」（田村容子）は周縁化された女性の身体を扱う。ソ連の紅い戦争ではゾーヤ・コスモデミヤ

ンスカヤといった女性英雄が活躍した。ゾーヤは女性英雄として神話化される過程で，レーニンが死んだ日に生まれたなど，脚色が加えられていった。田村論文は「救国の妓女」として日中戦争期に慰安婦となった女性たちが活躍する様子を，映画『南京！南京！』(2009)や『金陵十三釵』(2011)の分析を通して明らかにする。この時期には救国のシンボルとして木蘭(ムーラン)がポスターなどに描かれるとともに，李香君や葛嫩娘などの明清時代の名妓の物語が相次いで語られる現象が起こった。紅い戦争が終わると妓女に代わって女性革命英雄が繰り返し描かれるようになった。結局，紅い戦争の主役はあくまでも男性英雄であり，男女平等を掲げた社会主義体制下でも，実際には，女性の主体性はスターリンや毛沢東といった男性指導者の後ろ盾があって初めて確保されるものであったことはソ連と中国に共通する現象である。結局，若い女性が犠牲になるという筋書きは，紅い戦争の物語を盛り上げるための演出にすぎなかった。

　第2部の紅い戦争の記憶の行方では，現代における紅い戦争について分析する。「紅い刑事ドラマとチェコスロヴァキアの社会主義——テレビによる同時代史の構築」(福田宏)と「中国における紅い英雄——メモリースケープとしての烈士陵園の分析を通して」(高山陽子)は，それぞれ紅い刑事，紅い英雄を取り上げ，体制転換前に作られた紅いコンテンツが現在でも生き続けていることを明らかにする。1970年代に制作されたチェコスロヴァキアのドラマ『ゼマン少佐の30事件』では，第二次世界大戦そのものは後景に退き，戦後の社会主義建設をめぐる30年間の「戦い」が展開される。こうした紅いメモリースケープは体制転換によって当初の意味を失ったが，1990年代末にはチェコとスロヴァキアの双方で再放送され，2000年代にはDVDも販売された。このドラマは，現代においても紅いノスタルジアとして消費され続けている。同様に中国でも紅い戦争を題材にしたドラマや映画は繰り返し制作され，また，レッドツーリズムでも主要なテーマとなっている。現代中国の特徴は，大衆文化としてのみ紅い戦争が利用されるのではなく，「烈士褒揚条例」や「烈士公祭弁法」という公的な形で烈士祭祀を復活させ，紅い戦争の記憶が再構築されていることである。

最後の二論文「記憶の展示——パノラマ・ジオラマによるメモリースケープ」(向後恵里子)と「記念碑の存在論——ポスト・ソヴィエト・ロシアのメモリースケープを望んで」(平松潤奈)は紅い戦争のメモリースケープの行方を論じたものである。1990年代以降，ロシアと中国においては愛国主義政策下で博物館や記念碑のリニューアルが進むが，そこで目を引くのが巨大なパノラマ・ジオラマの登場である。その背景にはコンピュータ技術の導入によって大きく精巧なパノラマ・ジオラマの制作が可能になったことがあげられるが，それだけではなく，幼いころからデジタル・デバイスに親しんできた若い世代にとって，従来の文書中心の博物館展示は単調で退屈なものにしか映らないため，視覚と聴覚に直接的に訴えかける展示，さらに，スマートフォンの普及にともないフォトジェニックな展示への欲求が横たわっている。したがって紅い戦争のパノラマ・ジオラマを見ている若い人びとが実際のところ，コンテンツとしての紅い戦争を消費しているのか，それとも，スペクタクルなものとしてのパノラマ・ジオラマを消費しているのかは不明瞭である。こうした仮想空間的な記憶のリアリティではなく，より実感をともなう記憶のリアリティを求める人びとが行き着いたものが「不死の連隊」である。平松論文が扱う「不死の連隊」は5月9日の独ソ戦争の勝利を祝うパレードである。参加者が独ソ戦に従軍した遺族の写真を掲げて行進する様子はロシア全土で生中継される。ソ連解体で社会主義リアリズムのランドスケープを失った人びとが新たなランドスケープを求めて「不死の連隊」が始まったという。こうした現象は，紅い戦争のメモリースケープの行方のひとつを示しているようである。

注

1) 抑圧された記憶としての文革は極めて大きな課題であるため本書では扱うことができないが，近年，いくつかの特集が組まれ，文革をどのように捉えるべきかという視点が含まれている。2016年の『思想』の特集「過ぎ去らぬ文化大革命——50年後の省察」においてマックファーカーは文革を「トラウマ」と述べ，2017年の『中国—社会と文化』の特集「文化大革命から50年—研究対象としての文革／記憶の中の文革」では文革を「亡霊」と表現した。これらの表現は，文革が現代社会でも影響力を持ち，

再び現れるかもしれないという不安を残していることを示している。

参 考 文 献

アパデュライ，アルジュン(門田健一訳)(2004)『さまよえる近代：グローバル化の文化研究』平凡社．
石岡良治(2014)『視覚文化「超」講義』フィルムアート社．
今井昭夫(2005)「ホー・チ・ミン時代の"英雄"たち：ベトナムにおける"英雄宣揚"と人民動員」『東京外国語大学論集』70，151-171頁．
ウォーターズ，エリザベス(秋山洋子訳)(1994)『美女／悪女／聖母—20世紀ロシアの社会史』群像社．
小野寺史郎(2011)『国旗・国家・国慶：ナショナリズムとシンボルの中国近代史』東京大学出版会．
小泉恭子(2013)『メモリースケープ：「あの頃」を呼び起こす音楽』みすず書房．
越野剛(2014)「ハティニ虐殺とベラルーシにおける戦争の記憶」『地域研究』14(2)，75-91頁．
ゴロムシトク，イーゴリ(貝澤哉訳)(2007)『全体主義芸術』水声社．
坂川直也(2017)「抗米救国(ベトナム)戦争下，ベトナム民主共和国におけるアニメ映画における戦争表象」『共産圏アニメSF研究会論集』2017(2)，27-47頁．
高山陽子(2015)「銅像のジェンダー」韓敏編『現代中国における文化変容の諸相—グローカル化の視点から』風響社，77-96頁．
田村容子(2014)「革命叙事と女性兵士：中国のプロパガンダ芸術における戦争する女性像」『地域研究』14(2)，92-111頁．
デーヴィス，フレッド(間場寿一・荻野美穂・細辻恵子訳)(1990)『ノスタルジアの社会学』世界思想社．
野口和彦(2004)「社会主義陣営における熱戦：ダマンスキー島／珍宝島事件をめぐる政治的ダイナミズム」『東海大学教養学部紀要』35，237-257頁．
橋本伸也編著(2017)『せめぎあう中東欧・ロシアの歴史認識問題：ナチズムと社会主義の過去をめぐる葛藤』ミネルヴァ書房．
日高勝之(2014)『昭和ノスタルジアとは何か：記憶とラディカル・デモクラシーのメディア学』世界思想社．
平山陽洋(2014)「ベトナムにおける公的な戦争の記憶：記念碑と戦争展示をめぐる考察」『地域研究』14(2)，59-74頁．
福岡愛子(2008)『文化大革命の記憶と忘却：回想録の出版にみる記憶の個人化と共有化』新曜社．
藤井省三(1996)「訳者解説　莫言『酒国』」岩波書店．
前田しほ(2014)「ロシアの戦争記念碑における兵士と母親のイメージ：国民統合のジェンダー・バランス」『地域研究』14(2)，17-42頁．

ユルチャク,アレクセイ(半谷史郎訳)(2017)『最後のソ連世代:ブレジネフからペレストロイカまで』みすず書房。
林戴桓(2014)『人民解放軍と中国政治:文化大革命から鄧小平へ』名古屋大学出版会。

Bartmanski, Dominik (2011) "Successful Icons of Failed Time: Rethinking Post-Communist Nostalgia" *Acta Sociologica* 54(3): 213-231.
Berdahl, Daphne (2009) *On the Social Life of Postsocialism: Memory, Consumption, Germany*, Indian University Press.
Callahan, William A. (2010) *China: the Pessoptimist Nation*, Oxford University Press.
Ghodsee, Kristen (2004) "Red Nostalgia?: Communism, Women's Emancipation and Economic Transformation in Bulgaria" *L'Homme* 15(1): 23-36.
Hung, Ruth Y. Y. (2015) "Red Nostalgia: Commemorating Mao in Our Time" *Literature Compass* 12(8): 371-384.
Li, Zeng (2009) "The Road to the Past: Socialist Nostalgia in Postsocialist China" *Visual Anthropology* 22: 108-122
Light, Duncan (2000) "Gazing on Communism: Heritage Tourism and Post-Communist Identities in Germany, Hungary and Romania" *Tourism Geographies* 2(2): 157-176.
Lin, Chunfeng (2015) "Red Tourism: Rethinking Propaganda as a Social Space" *Communication and Critical/Cultural Studies* 12(3): 328-346.
Nadkarni, Maya (2003) "The Death of Socialism and the Afterlife of its Monuments: Making and Marketing the Past in Budapest's Statue Park Museum" Katharine Hodgkin and Susannah Radstone (eds.), *Contested Past: The Politics of Memory*, Routledge.
Nadkarni, Maya and Olga Shevchenko (2004) "The Politics of Nostalgia: A Case for Comparative Analysis of Post-Socialist Practice" *Ab Imperio* 73(2): 487-519.
Pehe, Veronika (2014) "An Artificial Unity? Approaches to Post-Socialist Nostalgia" *Tropos* 1(1): 6-13.
Prusik, Monika and Maria Lewicka (2016) "Nostalgia for Communist Times and Autobiographical Memory: Negative Present or Positive Past?" *Political Psychology* 37 (5): 677-693.
Todorova, Maria and Zsuzsa Gille (eds.) (2010) *Post-Communist Nostalgia*, New York, Oxford: Berghahn Books.
Yang, Guobin (2003) "China's Zhiqing Generation: Nostalgia, Identity, and Cultural Resistance in the 1990" *Modern China* 29(3): 267-296.
Velikonja, Mitja (2008) " 'Red Shade': Nostalgia for Socialism as an Element of Cultural Pluralism in the Slovenian Transition" *Slovene Studies* 30(2): 171-184.

第Ⅰ部
抑圧された記憶と周縁化された身体

第1章 ロシア・ベラルーシの戦争映画における敵のイメージ
―― アレシ・アダモヴィチ原作の映画を中心に

越野　剛

はじめに

　本章では紅い戦争の記憶(メモリースケープ)において重要な位置を占める敵のイメージに焦点を合わせ，その社会主義文化における特徴について論じる。題材とするのは独ソ戦争を描いたベラルーシの作家アレシ・アダモヴィチ(1927-94)の小説を原作とする3つの映画である。サム・キーンは戦時中のプロパガンダを主な題材として敵のイメージを「野蛮人」「犯罪者」「獣」などの非人間化という観点で分類しているが(キーン1994)，本章では戦争が終わってから時間的距離をおいた「記憶」においてイメージがどのように変容するのかを考えたい。第一次世界大戦やそれに続く革命・内戦では，マルクス主義の理念に従って同じ階級に属する限りは敵兵であっても同じ人間(プロレタリア)として想像される余地があったが，民間人を含む多大な犠牲者を出したナチ・ドイツとの戦争ではあらゆる敵は冷酷な「ファシスト」と考えられるようになった(Seniavskaia 2006: 80-97)。ロシア・ソ連の戦争映画研究者ヤングブラッドによると，ドイツ兵はまず「怪物」や「愚か者」として描かれ，画面に登場しなくなる「消失」の期間を経て，ようやく人間のイメージを得るという(Youngblood 2007a: 233)。本章では外部の敵であるナチ・ドイツ兵だけでなく，内部の敵であるコラボレーター(対敵協力者)のイメージを考慮に入れる[1]。さらには英雄であるはずのパルチザンの否定的な描写(暴力性)にも注意を払う。

　アレシ・アダモヴィチはベラルーシ出身で，10代半ばでナチ・ドイツの

占領軍に抵抗するパルチザンに参加した。戦争という極限状況における人間のあり方を描いた諸作品によりベラルーシだけでなくソ連を代表する作家とされている。スターリン批判後の雪解け期にデビューした「60年代人」であるアダモヴィチは，反体制派ではないが権力とは一定の距離をおいた政治的言動で知られる。1966年にダニエルとシニャフスキーの弾劾文書に署名するのを拒んでモスクワ大学教員の職を追われたり，1980年代の新冷戦期には核兵器廃絶運動に取りくんだりした。晩年はチェルノブイリ原発事故の被害者救済活動に携わった。

　取り上げる作品は，ナチ・ドイツ占領下の町を舞台にした『屋根の下の戦争』(1967)，農村の住民虐殺をショッキングな映像で再現した『行け，そして見よ』(1985)，敵であるドイツ兵とベラルーシ人の恋愛譚という問題作『フランツ＋ポリーナ』(2004)である[2]。この3作を比較することで1960年代，ソ連末期の1980年代，そしてポストソ連期のイメージの変化をほぼ20年刻みで跡付けることができる。それぞれの映画の原作となったのは『屋根の下の戦争』(1960)，『ハティニ物語』(1972)，『唖者』(1992)の3つの小説である。アダモヴィチは単に原作者であるだけでなく，どの映画化作品においても脚本家として制作に関わった。晩年にはモスクワの映画芸術研究所の所長(1989-94)をつとめている。したがって文字テクストと映像における表現の可能性の差異については意識的だったと考えられる。映画と原作小説をそれぞれ比較することで，翻案(アダプテーション)の過程における敵のイメージの変容にも注意を払いたい[3]。

　ベラルーシはソ連邦を構成する15共和国のひとつであり，1991年の連邦解体後に独立国となった。第二次世界大戦中の1941年から始まる独ソ戦争(ソ連側では大祖国戦争と呼ぶ)では，ベラルーシやウクライナをふくむソ連西部は侵略してきたナチ・ドイツ軍によっておよそ3年間占領された。占領下のベラルーシを描く文学作品や映画ではソ連正規軍はあまり登場せず，ナチ・ドイツに従うコラボレーターと抵抗するパルチザンが対比的に描かれることが多い。コラボレーターは利己的な裏切り者であり，パルチザンは自己犠牲的な英雄というのが定番の描写である。ベラルーシでは無数の民間人・

非戦闘員が犠牲になったことも知られている。都市部を中心にユダヤ人住民の割合が大きかったこの地域はホロコーストの舞台となり[4]，またパルチザンへの協力を疑われた農村部でも住民の大量虐殺が行われ，各地に設営された収容所では戦争初期に捕虜となった大量のソ連兵が命を落とした（スナイダー 2015）。結果としてベラルーシでは人口の4分の1が失われたといわれている[5]。アダモヴィチの作品はソ連の公式の歴史観に照らして一義的に解釈できるようなものではなく，スタンダードな戦争の記憶を支える一方で，それらに対して深刻な疑問を投げかけるものでもあった。またアダモヴィチの文学と映画作品はベラルーシとロシアの双方にまたがるものであるため，本章でもベラルーシに焦点を合わせながらも，適宜ロシアやソ連全体の文脈を考慮に入れるようにする。

1. 3つの物語

　スターリン期の戦争映画はソ連軍の英雄的な活躍と勝利を称えるプロパガンダの色彩が強い。その最たるものはスターリン自身が最大のヒーローとして活躍するミハイル・チアウレリ監督の『ベルリン陥落』(1949)で，フルシチョフによるスターリン批判演説で戦争の事実を描いていないとして批判のやり玉にあがったことでも知られている。それに対してスターリン死後の「雪解け期」にはミハイル・カラトーゾフ監督『鶴は翔んでいく』(1957)，グリゴリイ・チュフライ監督『兵隊のバラード』(1959)，アンドレイ・タルコフスキー監督『僕の村は戦場だった』(1962)など，公式プロパガンダから逸脱した悲劇や私的生活をモチーフにした戦争映画が撮られるようになる。最初に取り上げる『屋根の下の戦争』(1967)もこうした潮流に位置づけることができる。物語は占領下にあるベラルーシの地方小都市を舞台にしている。主人公のアンナ・コルズンは町の薬局で働きながら密かにパルチザンの支援をしている。一方で彼女は母親として二人の息子が戦争にまきこまれることを何とかして避けようと努める。しかし隣人に密告されたことによって，彼女は子供たちとともに森へ逃亡してパルチザン部隊に加わることを余儀なく

される。ベラルーシ人のヴィクトル・トゥロフが監督をつとめた。だみ声で歌うソ連のカリスマ詩人ヴラジミル・ヴィソツキーが主題歌を提供していることでも知られている。

　原作小説は三人称の客観的な語りにより戦争の最初の2年間に起きた町の人びとの生活の変化が描かれる。しかし多くの場面でアンナの次男であるトーリャの視点から物語が展開することにより，多感な少年時代の記憶という抒情性が与えられている反面，読者には出来事の全体像が伝わるとは限らない。子供という「信頼できない語り手」であるトーリャには占領下の町で起きる出来事を正確には理解できないからだ。一方，映画ではこのような語りの枠組みを再現することは難しいため，トーリャはあくまで登場人物の一人にすぎず，母アンナやその他の大人の視点が小説よりもストレートに表現されている。

　占領下にある町には多数のドイツ兵が駐屯しているにもかかわらず，彼らはめったにスクリーンに登場しない。むしろ敵としてクローズアップされるのはナチ・ドイツに協力する地元の住民である。もちろん戦闘シーンにおいては他の多くの戦争映画と同様に銃撃の向こう側に敵の存在を感じることができるが，姿が見えないという点においては同様である。『屋根の下の戦争』で焦点を当てられているのは民間人の生活だが，多くの場面においてドイツ兵は内部の敵であるコラボレーターの陰に隠れてしまっている。アダモヴィチは小説の続編として『息子たちは戦いに向かう』(1963)を書いており，やはりトゥロフ監督によって原作と同じタイトルで映画化された(1969)。占領下の民間人の生活が描かれた前作とは対照的に，パルチザンとナチ・ドイツ占領軍の直接の戦闘が物語の中心となっている。

　映画『行け，そして見よ』の題材となったのは，パルチザンの協力者を罰するという名目で占領軍がベラルーシの農村で引き起こした民間人の虐殺である。600を超える村が焼かれ，住民が皆殺しにされたといわれるが，それらは今日においてハティニという村の名前によってシンボリックに代表される。ハティニは1943年3月22日に少数の生存者を除いて149人の村人が虐殺された。当初は同じような被害にあった多くの場所のひとつにすぎなかっ

たが，1969年に村の跡地に戦災を記念するメモリアルが開設されたことでその名を知られるようになった。同じころアダモヴィチは小説『ハティニ物語』(1972)を書き，また作家ヤンカ・ブルイリとウラジミル・カレスニクとともにベラルーシの農村を精力的に取材して，虐殺の生存者の証言集『炎の村から来た私』(1975)を出版している。その後，1985年にエレム・クリモフ監督によって『行け，そして見よ』というタイトルで映画が撮られた。直接の原作は小説『ハティニ物語』だが，後に見るように『炎の村から来た私』の証言からも多くの題材がとられている。

　映画はドイツ兵の遺体が埋められた砂丘で半裸の少年フロラが銃を掘り出すシーンから始まる。武器が手に入ればナチ・ドイツの侵略者と戦うパルチザン部隊に参加できるのだ。一方で母親は愛する息子を引き留めようとして取り乱すが，この親子関係は『屋根の下の戦争』のアンナと子供たちを想起させる。しかしフロラはパルチザンに入隊したものの，戦闘には連れて行ってもらえず，森の中のキャンプに置き去りにされてしまう。彼は人気のない故郷の村に戻るが，すでに家族をふくめて村人たちは皆殺しにされた後だった。その後，フロラは沼地の奥の島に逃げ隠れた避難民のための食糧を探すうちに，ドイツ兵に追われてペレホドという名の村に逃げ込む。そこで彼はナチの軍隊による残酷きわまりない殺戮の光景を目にすることになる。映画化される際にトーリャの役割が後景化してしまった『屋根の下の戦争』と比べると，戦争を目撃する少年の視点の映像化という点では成功したといえよう。

　虐殺のシーンはおよそ30分の尺で撮られている。その過剰なまでのグロテスクと不条理な描写には気分の悪さや目まいを覚えるほどだ。ペレホド村の住民は一軒の納屋に閉じ込められ，火が放たれる。ドイツ兵たちは燃え上がる建物の中の犠牲者を前にして踊り，歌い，アコーディオンを演奏し，酒を飲んでは嘔吐し，拍手喝さいする。処刑されたパルチザン兵の死体を載せたバイクがメリーゴーランドのように同じ場所を廻る。軍服を身につけた謎めいた美女が騒々しい音楽を流す街宣車の中でザリガニを賞味している。部隊の司令官はペットの猿を優しく愛撫する。フロラはこうした異常な場面を

見るだけでなく，ドイツ兵たちと一緒に「戦利品」として記念撮影を強いられる。最後にドイツ兵は寝たきりの老婆をベッドごと運び出し，「子宝に恵まれますように」と軽口をたたいて焼け野原に置き去りにする。

　ソ連解体後の2000年代のロシア映画ではドイツ兵を内面性のある人間として描く新しい傾向が見られる。アレクセイ・ゲルマンJr監督の『最後の列車』(2006)やアレクセイ・カレリン監督『石を拾い集める時』(2005)などをその例としてあげることができる。ドイツ兵とベラルーシ農村の娘のラブストーリーである『フランツ＋ポリーナ』(2006)もそのような潮流の中に位置づけることができる。戦争から半世紀を経て直接の体験者が減ったこともあり，距離をおいて敵を描くことが可能になったともいえる。その一方で敵との恋愛というモチーフには戦争映画のエンターテインメント化という傾向を見ることもできるだろう。ちなみに敵の人物像としてヒトラーは早くから例外的に内面性のある描写をなされてきたといえる。プロパガンダ色の強い戦争映画，スターリン期の『ベルリン陥落』(1949)，ブレジネフ期の『ヨーロッパの解放』(1970-71)の双方とも，クライマックスに近い場面でヒトラーとエヴァ・ブラウンの結婚式を描いている。

　映画は占領下のベラルーシでナチ武装親衛隊が駐在する美しい農村の風景から始まる。若いドイツ兵フランツは上官のオットーとともに下宿している家の娘ポリーナを愛するようになる。しかし占領軍の司令官が村を破壊することを決定してから牧歌的な雰囲気は急変する。フランツはポリーナを殺せという命令を拒否して，上官を撃ってしまう。ドイツ人とベラルーシ人の奇妙な二人組は虐殺を生き延びて，森の中で逃亡生活を送る。恋愛関係というロマンチックなプロットが展開する一方で，二人はドイツ軍からもソ連のパルチザンからも身を隠さねばならない苦境に陥る。フランツは唖者のふりをしてポリーナとともに避難民の集団にまぎれこむが，うわごとでドイツ語を口にしてしまい正体が割れる。家族をドイツ兵に皆殺しにされたベラルーシ人の少年カジクが復讐のためフランツの命を奪うことになる。

2. 外なる敵——ドイツ兵のイメージの変遷

『屋根の下の戦争』ではドイツの軍人は限られた数の場面にしか登場しない。しかもステレオタイプに戯画化されて描かれることが多く，後述のようにコラボレーターが多様に色分けされるのとは対照をなしている。とりわけ言葉が通じないことがドイツ人キャラクターの身振りに滑稽な効果を与える場合が多い。たとえば占領軍の傀儡である町長の息子の婚礼が祝われる場面がある。ここには主人公のアンナや主だった登場人物と並んで占領軍のドイツ人司令官が招かれる。彼の祝いのスピーチは通訳によってぎこちない片言のロシア語に訳される。寡夫だという司令官に対してアンナは子供のためにも母親は必要だというアドバイスをするが，それに対して「なんと文化的で知的な女性でありましょうか」と大げさな賛辞を返される。原作ではこの場面で通訳をつとめるのはロシア語もドイツ語も堪能なシュマヘルになっているが(Adamovich 1981: 213-314)，映画ではあまりロシア語に流暢ではないドイツ人通訳に替えられており，司令官の仰々しい身振りと相まって滑稽さが強調されている。一方で原作小説では，酔いのまわった司令官が言葉巧みに誘導されてボリス・ニコラエヴィチという人物のために乾杯の音頭をとる。実はそれは近隣のパルチザン部隊のリーダーの名前なのだが，現地の情勢にうとい司令官は気がつかない。映画では司令官をだますための通訳を交えた複雑なやりとりは省略されており，ボリス・ニコラエヴィチ自身が変装して婚礼にまぎれこんでおり，アンナの友人が彼のために乾杯する(司令官はそれに気がつかない)という簡単なシナリオに変えられている。

冬の寒さに苦しむ侵略者という構図はナポレオン戦争にもさかのぼる伝統的な構図である。独ソ戦争の最中にも宣伝用のポスターなどで凍えるドイツ兵の滑稽な様子がしばしば描かれた。『屋根の下の戦争』でも，靴裏に板をくくりつけて雪中に立つ歩哨に対して，アンナの父が「逃げるのにいいような靴じゃないか」とからかい，言葉のわからぬドイツ兵が褒められていると勘違いしてうなずくというコミカルな一幕がある。一方で，凍傷にかかった

年若いドイツ兵に同情したアンナが手当てするという場面もあるが，敵兵が寒さに対して脆弱な存在として描かれる点は共通している。これらの人物が現れるのは小説でも映画でも一度きりの断片的なシーンにすぎない。それに対して原作小説ではシュマウスという名前のあるドイツ兵が登場する。実はロシア語を理解する彼はトーリャ少年に愛用のチターでソ連国歌（インターナショナル）を演奏してみせる (Adamovich 1981: 171-173)。町の住民に対して親切なふるまいを示すシュマウスは，司令官とならんで物語の展開や人間関係に組み込まれたドイツ人キャラクターだといえるが，映画版では登場しない。小説でもドイツ兵が描かれる場面は多くないが，尺に限りのある映画では敵の描写がさらに単純でステレオタイプになってしまっている。

『屋根の下の戦争』の弱々しく滑稽な敵のイメージとは異なり，『行け，そして見よ』ではドイツ兵の凶悪さが異様なまでに強調されている。悪魔的あるいは機械的な身振りと仮面だけから構成されているように見える敵の描写において，何らかの人間的な内面性を想像することは困難である。悪魔的な敵のイメージはむしろキーンが論じるような戦時中のプロパガンダに近い。ソ連でもフリドリヒ・エルムレル監督『彼女は祖国を守る』(1943)やマルク・ドンスコイ監督『虹』(1943)など戦時中に公開された戦争映画では，ドイツ兵が人間性のない残酷な敵として描かれていた。しかし『行け，そして見よ』の敵のイメージは政治的プロパガンダというよりは，被害者の主観的な視点を異様なまでにクローズアップしたものと考えたほうがよい。映画では後になって敵兵の一部がパルチザンの捕虜となり，惨めに命乞いをする。ある意味で敵が初めて理解可能な人間性をあらわにする場面だともいえよう。現実とは思えないような過剰にグロテスクな敵のイメージは，想起することの困難なトラウマ体験を表現するひとつの手段である。生存者の個人的な記憶の中では不条理な構成こそがもっともリアリティを喚起するものかもしれないからだ。この点で小説と映画は異なる戦略を採用している。

原作小説『ハティニ物語』は1970年代初頭に時代が設定されている。語り手のフロリアン（フロラは少年期のニックネーム）はすでに大人になっており，オープンしたてのハティニのメモリアルを見学するために乗ったバスの

中で戦時中の体験を思い出す。語り手の意識は入り組んだ記憶の迷宮の中を行ったり来たりする。フロリアンが戦場で負った怪我が原因で視力を失っていることも重要である。語り手が久しぶりにパルチザンの仲間と再会した際にも，当然ながら目の前の戦友の現在の顔を見ることはできない。視覚的情報が四半世紀にわたって更新されていないため，思い浮かぶのは一緒に過ごした過去の姿だけである。フロリアンの現在の意識と過去の映像的な記憶との間には知覚的な断絶があり，時として映画でも観ているかのように過去の光景を第三者的な視点で思い出すことがある。たとえば，森の中の空き地で群れをなして飛んでいく赤いバッタの群れが不意に爆撃の焔の柱に入れ替わるという場面がある。語り手の盲目がここではヴィジュアルな記憶が投影される映画の「暗幕」に喩えられているのが興味深い(Adamovich 1982: 29-30)。赤いイメージの連なりが幻想的な印象を与えるこのシーンは，バスの中で戦争を思い出すフロリアンの意識の中でフラッシュバックのように繰り返される。文学作品の中に差し込まれた映画的なテクストがここでは現在の意識から切り離されたトラウマ的な過去を表象しているのだ。

　フロリアンはペレホド村で目撃した虐殺の場面を思い出すことに困難を感じている。彼の回想はこのトラウマ的な出来事に近づくにつれて直線的な語りを止め，過去から現在までの様々な時点にジャンプしては戻ることを繰り返すが，肝心の場面にたどりつくことはない。映画における過剰に凝縮された映像表現とは異なり，原作小説において虐殺のシーンは決して語りえない空白として表象されている。その代わりに小説のテクストに挿入されているのは，アダモヴィチが記録した虐殺事件の生存者のオーラルヒストリーである。たとえばレヴィシシェ村のナジェジダ・ネグリュイはドイツ兵によって子供たちが殺された場面がすっかり記憶から抜け落ちているにもかかわらず，ドイツ軍将校がペットの猿を連れていたことを覚えている。猿が短ズボンをはいていたという些細な点まで思い出しているところに奇妙なリアリティが感じられる[6]。

　表象不可能と思われるような出来事をフィクションによって再現することをやめ，目撃者の証言で置き換えるという原作小説の手法は，目撃者・生存

者の語りによってユダヤ人虐殺という歴史的事件を再構成したクロード・ランズマンによる映画『ショアー』(1985)を思わせる。しかし小説とは違って，映画『行け，そして見よ』ではむしろ現実とは思えないようなグロテスクなシーンを視覚的に表象・再現しているように見える。ところが実は映画で描かれる悪夢のようなドイツ兵のふるまいは基本的にアダモヴィチたちが収集した証言記録に基づいており，単なるフィクションではない。映画に登場するドイツ軍部隊の司令官が猿(ただし半ズボンははいていない)を可愛がるシーンは上述のネグリュイの証言と重なる。殺戮の場で敵兵がしばしば飲酒したり音楽を流したりしたという話，あるいは生き残った老婆に敵兵が子孫繁栄を願う冗談を言ったという後味の悪いエピソードですら，『炎の村から来た私』に集められた証言に見出すことができる。したがってベラルーシの様々な場所で人びとに記憶されていた事件の断片を『行け，そして見よ』ではあたかもひとつの村で起きたかのように集約し，グロテスクなまでに濃縮して描いたのである。事実に基づいて作られたはずの映像が極めて非現実的なイメージをもたらすのは，オーラルヒストリーが主観的でエモーショナルな「事実」を語るからだ。ネグリュイをはじめとする生存者の証言はしばしば欠落があり，ストーリーに一貫性のないものであるが，それは『ハティニ物語』の語り手フロリアンの迷宮のように入り組んだ回想や『行け，そして見よ』の悪夢のような映像として表現される[7]。

　『フランツ＋ポリーナ』ではドイツ兵が主人公の一人となっており，これまでに見てきた作品と比べれば，明らかに人間的な内面を持った敵の描写がなされている。しかしロシア映画研究者のデニス・ヤングブラッドは敵との恋愛という物語のリアリティに疑いを差し挟む。たしかにソ連領内におけるドイツ軍の残虐行為を考慮するなら，加害者側と被害者側の間に恋愛感情が成立するというのは信じがたい。とりわけ『行け，そして見よ』のような映画で描かれる敵の非人間的なふるまいが目に焼きついている人ならばそうであろう。アダモヴィチの名前は映画の脚本にもクレジットされているが，実際に映画が撮られるよりもかなり以前(1994)に死去していることもあり，ヤングブラッドは『フランツ＋ポリーナ』の脚本が原作者の意図を正確に反映

しているのかどうかを疑ってさえいる(Youngblood 2007b)。『屋根の下の戦争』や『行け，そして見よ』とは異なり，監督のミハイル・セガル(1974-)，脚本に名を連ねるベラルーシ人作家ウラジミル・シチャパン(1958-)など，映画製作に関わった人の多くが戦後生まれであり，戦争を直接体験していないというのも留意すべき点である。しかし作者アダモヴィチの言葉を信じるならば，フランツとポリーナの物語は実話に基づいているという。原作小説の最後で明かされる「後日談」によれば，1960年代にアダモヴィチは戦勝記念日のとある元パルチザン部隊の集会でフランツとその家族に会っている(Adamovich 1994: 83-85)。もちろん小説のあらすじに脚色があることは間違いないが，少なくともドイツ兵とベラルーシ人女性の恋愛は実際にありえた話だったのである。とはいえ実話という点を考慮したとしても原作小説『唖者』と映画『フランツ+ポリーナ』の関係はそれほど単純ではなく，もっと複雑でパラドキシカルな問題を提示している。

　第一の差異はドイツ人フランツのコミュニケーションの方法である。映画版のフランツはポリーナの話すロシア語やベラルーシ語をまったく理解できないのに対して，小説版の主人公はロシア語に堪能であり，村の住民との意思の疎通に問題はない。この違いは「敵」の内面の心理描写において明確に示される。小説ではフランツがもともとロシア文学の愛好者であり，そのためドイツでロシア語を学んだとされている(『屋根の下の戦争』のドイツ兵シュマウスを思わせる)。ベラルーシ人の女性に愛情を抱くきっかけとなったのもロシア文化への共感からだという理解が可能である。それに対して映画ではフランツの恋心について明確に言語化された説明はなされず，牧歌的な美しい村の風景やポリーナの愛らしいしぐさといった視覚的な表現からドイツ兵の情動の要因を推察できるだけである。言葉の通じない二人の関係はジェスチャーなどの身体言語に頼りながら進展する。多くの場面においてポリーナはドイツ兵の非言語的なメッセージを正しく受け取ることができないが，こうした誤解がむしろ親密な雰囲気を育む結果になる。

　映画ではたとえばフランツはポリーナが川で洗濯しているそばで不器用な手ぶりを交えて自分の好意を打ち明けようとする。ドイツ語で「ぼくの心は

ここにある」といいながら彼女の胸に触れるのだが，それを破廉恥な行為とみなされてフランツは川に突き落とされる。しかしそれで二人の仲が断絶するわけではなく，むしろ怪我をしたフランツにポリーナが自家製の薬を提供するよい口実となる。彼らが深い森の奥でロビンソン・クルーソーのようなサバイバル生活を始めたとき，フランツはたまたま見つけた魚とりの仕掛けを野鳥用の罠だと勘違いする。滑稽なジェスチャーとともにフランツが「どこでカナリアを捕まえようか」とおどけてみせる一方，ポリーナは彼の無知をからかうように笑う。互いの言っていることを理解できないにもかかわらず，コミュニケーションの齟齬によってむしろ両者の親密さは増している。フランツとポリーナが初めて性的関係を持つのもまた言語による意思の疎通を欠いた奇妙な状況下である。ポリーナを襲う飢えた野犬の群れに対して，フランツも犬のような唸り声をあげて立ち向かう。彼のエモーショナルな発声の身振りは驚くほどの自然な流れで恋人への性的な求愛行為に移行する。それに続く二人の濡れ場は言葉を必要としないという点で人間と動物の境界がみごとに消失している。

　原作と映画の第二の違いは物語の結末にある。映画ではベラルーシ人の少年カジクによってフランツは殺されてしまうが，小説における二人はドイツ軍の収容所に入れられるなどの困難を乗り越えて戦争を生き残る。ヤングブラッドは映画の主要なプロットをありえない設定に基づくものだとする一方で，主人公に復讐する不幸な少年カジクを「信憑性のある唯一のキャラクター」とみなす。ところが原作小説ではカジクにあたる人物は登場しないし，フランツが殺されることもない。現代の観点から見て信憑性のある要素が必ずしも現実に近いとは限らない。ある意味でアダモヴィチは小説よりも奇なる事実を小説化したことになる。

　第三の相違点はナチ武装親衛隊による民間人虐殺の場面の描き方である。『フランツ＋ポリーナ』が新しい作品である以上，『行け，そして見よ』を代表とするこれまでの戦争映画や小説での描写と比較されざるをえない。人びとが生きながら焼かれるのを目の前で目撃しなくてはいけなかったフロラと違い，フランツとポリーナは地下室に隠れたおかげで，虐殺の場面を見るこ

とのないまま生き残ることができた。原作小説『唖者』はフィクションを避けて生存者から記録したオーラルヒストリーに置き換えるという『ハティニ物語』の手法を再び用いている。しかし映画では『行け，そして見よ』が目撃者の視点から残酷なシーンを間近に描くのに対して，『フランツ＋ポリーナ』では火をつけられた村の様子がロングショットで映される。湖に囲まれた村が夜空を背景にして燃え上がる家々はむしろ絵画のように美しい。穏やかで抒情的なメロディが流れるのも『行け，そして見よ』の騒々しい音楽と対照的である。遠距離から確認しうるのは炎の前に静かに立ちつくすドイツ兵の姿だけであり，その厳粛な様子は何らかの宗教的な儀礼を遂行しているかのようである。もちろんそこには容赦なく殺害される犠牲者がいるはずなのだが，画面に映し出されることはない。2000年代戦争映画のエンターテインメント性を重視する傾向から，視聴者を考慮して過剰に残酷な場面を避けたと考えられなくもない。

3. 内なる敵と英雄の脱神話化――コラボレーターとパルチザン

　アブラム・ローム監督『襲来』(1944)，ボリス・バルネット監督『諜報員』(1947)など戦時中から戦後にかけて撮られた戦争映画にすでに見られるように，ドイツ軍占領下の地域ではコラボレーターが悪役として重要な役割を果たしている。占領地の治安を維持するためドイツ軍に協力する補助警察としてしばしば地元の人間が登用された。彼らが身につけているドイツ語でポリツァイ(警察)と書かれた腕章は，戦争映画において役柄を容易に識別することのできる目印となっている。ロシアやベラルーシでは今日にいたるまで「ポリツァイ」という語が裏切り者を指すネガティブな言葉として記憶されている。ソ連映画の多くでコラボレーターは不愉快な役柄であり，ステレオタイプな悪役とされることが多い。

　しかし実際のコラボレーターのあり方は一概に決めつけられるようなものではなかった。自立した社会経済活動がある程度まで可能だったオランダやフランスなどの西側の占領地域と異なり，ソ連・東欧ではほぼすべての住民

が占領者への従属的な関係を強いられた(Rein 2011: 34)。映画『屋根の下の戦争』に登場するコラボレーターの性格は様々に描き分けられており，ナチ占領軍に協力する動機づけや敵に加担する程度はそれぞれ異なっている。補助警官のプゴヴィツィンは自身の利益を追求するために権力を乱用する典型的な悪役としてふるまうが，通訳として占領軍に奉仕するドイツ系地元民のシュマヘルはその地位を利用して町の住民のために便宜をはかる。映画の結末近くでパルチザンとの内通を疑われたアンナが占領軍司令部に呼び出されたとき，彼女に有利なように司令官との対話を導くのはシュマヘルである。占領下の町に居住する限り人びとは何らかのかたちでドイツ軍に協力せざるを得ない。ひとつの家の中にコラボレーターとパルチザン支持者が同居することがありえるだけでなく，一人の人間が複数の顔を使い分けることも珍しくはない。「屋根の下の戦争」とは味方と敵の境界線が曖昧な町の住民たちの間で繰り広げられる心理的な駆け引きや葛藤を意味するのだ。前節で論じた結婚式の場面には多くのパルチザンがポリツァイの格好で紛れ込んでおり，服装という面でも住民たちのアイデンティティは二重になっている。当時の映画評の多くは明確な英雄像が示されておらず，敵と味方の区別がつきにくい点を批判しているが(Avdeev et al. 1996: 222)，それこそが作品の狙った効果だったともいえる。

　とりわけアンナの家庭に出入りする二人の若者ヴィクトルとカジクは対照的な描かれ方をしている。ドイツ軍との戦闘で負傷して町に戻ってきたヴィクトルは占領軍によってポリツァイとして勤務することを強いられるが，心理的葛藤をかかえながら密かにパルチザンに協力する道を選ぶ。一方で占領後に外国から戻って来たカジクは直接の協力者になることはない。しかし当局に密告するであろうことをわかっていながら，自分の母親にアンナの一家がパルチザンに通じていることを伝え，しかも自分が裏切り者だとは認めようとしない。原作小説にはさらに多様な背景を持つ協力者たちが登場するが，映画ではそれらの役柄が省略されたり，数名の登場人物にまとめられたりしている。いずれにせよ『屋根の下の戦争』では外なる敵であるドイツ人のイメージが紋切り型に留まっているのに比べると，内なる敵であるコラボレー

ターが複雑な内面を持つキャラクターとして描かれているのが特徴的である。

『行け、そして見よ』のドイツ軍部隊による虐殺のシーンにはロシア人らしきコラボレーターも加わっている。ポリツァイの目印である腕章をまいた人物も目につく。小柄な身体に不釣り合いな大きなヘルメットをかぶった男はロシア語で野卑な言葉をわめきながら主人公の少年フロラを引きずりまわす一方で、ドイツ兵たちには馬鹿にされており、ズボンを脱がされて無様な格好で右往左往する。納屋の扉を開いて「みなさん、どうぞ」と不気味な笑顔で住民を内部に導く男も明らかにコラボレーターだ。彼らは単に残酷なだけではなく、ドイツの正規軍人と比べてどこか滑稽で逸脱した身振りを示しており、ある種のカーニバル劇のようなグロテスクな効果を強める役割を果たしている。とはいえ『屋根の下の戦争』のコラボレーターのような多様な性格づけはなされていない。人間的な内面の欠落という点ではドイツ兵の描かれ方と共通しているといえよう。

『フランツ＋ポリーナ』にもコラボレーターが登場する。村が武装親衛隊によって焼き滅ぼされた後、フランツとポリーナが逃げのびた森の奥の隠れ家は別のドイツ軍部隊によって発見されてしまうが、そこには多くのロシア人が道案内や兵卒として協力している。二人を処刑するように命じられたコラボレーターの兵士の一人はポリーナの母親と同郷の出身であることがわかるが、逃げようとするポリーナに重傷を負わせる。『行け、そして見よ』に比べると、この作品でコラボレーターが果たす役割はそれほど大きくはない。ただし原作『唖者』で後日談として触れられている「スルツク事件」は興味深い (Adamovich 1994: 85-87)。1967年10月12日にベラルーシのスルツク市の裁判所で実際に起きた民衆の暴動である。酔っ払い同士の喧嘩による殺人という一見するとつまらない事件が発端だが、しかし亡くなった男がパルチザンの家庭出身であり、殺害者がポリツァイの息子だという噂が広まった。裁判所に集まった人びとが加害者への私刑を要求して騒ぎたて、裁判所の建物に放火するにいたった。占領期の記憶であるコラボレーターへの憎悪が戦後社会に根深く残っていることを印象づける事件だったといえる。フランツはあたかも小説中の苦難を繰り返すかのように、今回も暴動の幇助を疑われて

逮捕されたという。

　アダモヴィチの死後，1990年代から2000年代にかけてコラボレーターをめぐる議論は複雑さを増している。たとえばハティニ村の虐殺を実施したのは大半がウクライナ人コラボレーターから構成される悪名高い第118補助警察大隊だったことはソ連時代には公表されなかった。ベラルーシの歴史家イーゴリ・クズネツォフ監修の記録映画『ハティニの真実』(2008)はこうした事実を明らかにし，戦争の記憶をめぐる議論を引き起こした(Rudling 2012)。一方でナチ・ドイツに協力した人びとは単純に裏切り者だったのではなく，ウクライナやベラルーシをソ連から独立させようとした愛国的ナショナリストだったという観点も主張されるようになった。ヴァシリ・ヤカヴェンカの歴史小説『苦難の時代』(2006)は，民族運動に寛容だったとされるナチのベラルーシ地域行政官ヴィルヘルム・クーベ[8]，占領軍に協力して教育活動をおこなったベラルーシ人ボリス・キートといった人物に焦点を当てた。ただし戦時中のコラボレーターが愛国者だったという解釈は今のところ一部の反体制派ナショナリストに支持されているにすぎず，同様の運動はウクライナの方がはるかに盛んである。ベラルーシにおける戦争の物語はコラボレーターにせよパルチザンにせよ外部(ロシア・ソ連，ドイツ)の要因に還元されてしまい，それらを取り除くと残るのは植民地的な受身の主体だけということもできる(Ushakin 2011)。

　コラボレーターとは対照的な役柄であるパルチザンの形象の変遷も興味深い。ドイツ占領下のベラルーシを舞台にした戦争映画においてはソ連正規軍よりもパルチザンの活躍に焦点が当てられることが多い。侵略者に抵抗する勇敢な英雄という肯定的なイメージはパルチザン神話といえるものすら生み出したが，それは決して不変なものだったわけではない。終戦直後の時期にスターリンはむしろパルチザンに不信感を抱いていたことが知られている。パルチザンの肯定的なイメージが確立するのは，巨大な戦争モニュメントが建立され，ソ連において大祖国戦争の神話が不動のものとなる1960年代になってからである(Sitnikova 2008)。

　『屋根の下の戦争』で描かれているのは理想化されたパルチザンといって

間違いはない。ただし外なる敵であるドイツ軍人の登場シーンが少ないのと同様，パルチザンもまた物語の舞台となる町からは離れたところにいるため画面にはそれほど映し出されない。たとえばトーリャ少年のパルチザン戦士への憧れは彼らが目に見えないところにいるからこそ余計に高まるともいえる。物語の中心にいるのはあくまでもドイツ軍のコラボレーターとパルチザンの支持者という二つの立場の間で揺れる町の住民たちなのである。続編の『息子たちは戦いへ向かう』では前作と違ってパルチザンが主役になっている。興味深いのは，パルチザン部隊の二人のメンバーが，残虐非道な敵に対しては同じくらい無慈悲に報復してよいという考えと人道的な態度をとるべきだという考えに分かれて対立する場面があることだ。当然ながら後者の立場が道徳的に優位であるとされるが，パルチザンの暴力というモチーフはその後の作品の中でしばしば問題にされることになる。

　『行け，そして見よ』のパルチザンの描写は若干の暴力的な性格づけがなされている。基本的にはファシストに抵抗する英雄として描かれているが，たとえばフロラ少年を入隊させるために実家を訪れた二人のパルチザン兵は別れを嫌がる母親を暴力的に引き離す。また戦闘にむかうパルチザン部隊がフロラを置き去りにしたのは慈悲心からと解釈できないこともないが，その際に少年の新品のブーツを古靴と無理やり交換させている。合理的ではあるが冷酷なふるまいであり，理想化された英雄像からいささか逸脱している。パルチザンのリーダーであるコサチも敵の捕虜を無慈悲に処刑するような暴力性を持つ。コサチは未成年の少女グラーシャを愛人にしているが，戦闘の前にフロラと同様に彼女も置き去りにする。原作小説ではコサチの人間像がもっと丁寧に描かれている。コサチの出身の村の住民はドイツ軍によって雪原の収容所に入れられ極寒の中で凍死した。ただ一人生き残ったコサチは過酷なトラウマ体験によって精神を病んでしまう。その冷酷さはパルチザンの指導者としては有利に働くが，戦後の社会には順応することができない。フロラが戦後に再会したグラーシャと結婚し，平穏な生活のうちに過酷な戦争の記憶とバランスをとりながら生きるのとは対照的である。25年ぶりに再会したパルチザンの戦友たちの間でコサチだけは仲間と打ち解けることがで

きないのだ。しかし映画ではコサチの人間性を理解するのに不可欠なこうしたディテールが省略されている。

『フランツ＋ポリーナ』で脱走兵となったフランツはドイツ軍とソ連のパルチザンの両方を恐れなくてはならない苦境に立たされる。この設定によってナチ・ドイツだけでなく，ソ連側に対しても批判的な観点を示しやすくなったといえる。ソ連解体後に撮られた映画だということも念頭におく必要があるが，パルチザンの暴力性が極めて否定的に描かれる場面がある。フランツとポリーナはパルチザンの隊長が機関銃の弾倉を紛失したユダヤ人の部下を木に吊るして処刑する様子を目撃する。原作小説の同じ場面（Adamovich 1994: 54-57）が比較的忠実に映像化されている。ここでは英雄であるはずのパルチザンが侵略者と同じ程度に残酷にふるまいうる存在として相対化されてしまう。

スターリン批判に自身の言動の根をおくリベラルな「60年代人」であるアダモヴィチは戦争を描く中で，ナチ・ドイツだけではなくソ連体制の不公正にも目をふさいではいなかった。それは映画よりも原作小説の方によく表現されている。『屋根の下の戦争』ではアンナの父や夫が富農撲滅運動や大粛清によって苦汁をなめたことが示唆されている（Adamovich 1981: 134-135）。『フランツ＋ポリーナ』の原作『唖者』が書かれたのはソ連解体直後の1992年である。カチンの虐殺のようなスターリン体制下で起きた戦争犯罪が明るみに出され，旧ソ連市民の間で活発に議論されたのがちょうどこの時期である。ベラルーシでもミンスク郊外のクロパティでソ連の秘密警察によって処刑された民間人の遺骨が見つかり，ソ連・ロシアに批判的な民族派知識人を勢いづけた（Marples 1994）[9]。『唖者』ではパルチザンの暴力性というだけではなく，スターリン体制下のソ連がナチ・ドイツに劣らぬ敵対的な障害として主人公たちの前に立ち現れる。たとえば，ポリーナの父はパルチザンとして戦ったにもかかわらず，戦後になってドイツのスパイという嫌疑を受けて逮捕される。フランツにいたってはせっかく戦争を生き延びたものの，スターリン死後の雪解け期になるまで地下生活を強いられる。映画『フランツ＋ポリーナ』は主人公が殺されて終わり，戦後の生活が描かれないこともあり，

原作ほどソ連体制批判の色合いは強くない。これは映画版が撮られたのが2000年代に入ってからであり、プーチン体制下での愛国主義の高まりやソ連やスターリン時代へのノスタルジアの傾向とも関係しているだろう。

おわりに

　アダモヴィチ原作の3つの戦争映画において外なる敵（ドイツ兵）のイメージは時代とモチーフに沿って変化しながら、一定の期間を経て人間化された。それはロシア・ベラルーシの戦争映画全般に見られる傾向だが、アダモヴィチ独自の作家性を論じることもできる。『屋根の下の戦争』ではドイツ兵はめったに画面に登場せず、現れた場合にはおおむね滑稽な役割を演じる。どちらの特徴も住民と占領軍の間の言語障壁が関係している。『行け、そして見よ』は内面の心理描写を欠いた怪物的なドイツ兵が登場した。『フランツ＋ポリーナ』のドイツ兵の主人公は被害者であるベラルーシ人女性との恋愛という筋書きにリアリティを疑われることはあっても、極めて普通の「人間」として描かれる。言語的なコミュニケーションの失敗が『屋根の下の戦争』では喜劇性を生み出す一方で、『フランツ＋ポリーナ』では男女の親密さを深める役割を果たしているのも興味深い。

　内なる敵のイメージもそれぞれの作品において多岐にわたっている。『屋根の下の戦争』はコラボレーターを複雑な内面性を持った人間として様々に描き分けることにより、占領下の民間人の間に「敵」の明確な境界線を引くことの困難さを示した。『行け、そして見よ』と『フランツ＋ポリーナ』ではパルチザンもまた暴力的な存在として描き出される。アダモヴィチの作品ではコラボレーターやパルチザンの定型的なイメージが打ちこわされ、敵と味方はいつでも入替可能な存在となる。しかしパルチザンの否定的な側面をステレオタイプではない「人間」として描き出すことは困難であった。『ハティニ物語』のトラウマを負ったパルチザン指導者コサチの形象は、『行け、そして見よ』では充分に映像化されなかったのである。

　またアダモヴィチは各時代のオフィシャルな紅い戦争の記憶に対してオル

タナティブを提示することによってイメージを豊かにしてきたといえる。スターリン時代に対しては60年代人のリベラルな戦争観を，ブレジネフ期の壮大な戦争モニュメントに対してはオーラルヒストリーによる記憶を，ソ連解体が招いた混乱と民族紛争に対しては敵との友好の物語を提示することで，ステレオタイプに陥らないよう想像力に働きかけ，新しい戦争の記憶が構成されるのを助けた。アダモヴィチは母語のベラルーシ語ではなくロシア語で書くことを選んだので，その小説にはソ連全土の読者がアクセスすることができたし，映画化された作品はさらに広い範囲の観衆に影響を及ぼしたはずである。

敵のイメージは文化的な「他者」を創出するのに用いられる。言語的なコミュニケーションの障害や内面的心理の欠如はできる限り自分たちから「他者」を遠ざけ，外なる敵との境界線を可視化する。他方で内なる敵の描写は戦争におけるソ連側のアイデンティティと正当性を揺るがす。1990年代のソ連史の見直しの動きはスターリンの戦時中の政策を批判するだけでなく，パルチザンやソ連軍の英雄的イメージをも相対化・脱神話化した。2000年代の戦争映画においてドイツ兵を人間として描く傾向は，第二次世界大戦が歴史の一部となり，ある種の客観的な距離を持って戦争の物語を描き，あるいは鑑賞することができるようになったことを示しているのかもしれない。しかしそれは同時に近年のロシアにおける「大祖国戦争」の記憶の神聖化という大きな文脈の中に位置づける必要がある[10]。たとえばチェチェン戦争を題材にした映画に見られるように，新たな外なる敵のイメージが作り出される潮流にも注意を向ける必要があるだろう。

注

1) コラボレーターとは占領下の地域でナチ・ドイツと協力関係にあった人々を指す。もともとフランスなど西欧で用いられたが，現在ではソ連のドイツ占領地域にも適用される。中国の「漢奸」と比較する際にも有効な概念である。ソ連におけるナチ・ドイツ協力者の役割は行政官・警察・兵士など多岐にわたったが本章では一括してコラボレーターと呼ぶ。各地域のコラボレーターの比較は Rein(2011) を参照。
2)『行け，そして見よ』は日本では『炎628』の邦題で紹介された。ロシア語による

作品情報は以下の通り。Viktor Turov, Voina pod kryshami (Belarus'fil'm, 1967); Elem Klimov, Idi i smotri (Mosfil'm-Belarus'fil'm, 1985); Mikhail Segal, Frants + Polina (Yutra-Fil'm, 2004).
3) ソ連・ロシアの戦争映画については Youngblood (2007a) の浩瀚な研究があるが，映画の原作にまでは十分な注意が払われていない。
4) 社会主義体制下の諸民族が等しくナチ・ドイツの犠牲になったのであり，ユダヤ人だけを特別扱いしないというのがソ連の公的な立場だった。そのため実際にはユダヤ人の犠牲者が大多数であったとしても，戦争犯罪を追悼する記念碑に民族名が記されていないことが多かった (Kotljarchu 2013)。
5) 「4分の1」という数字も1960年代に確立した政治的な言説であるが，近年のベラルーシでは「3分の1」が公式見解になりつつある。ルカシェンコ政権下における独ソ戦争の記憶の位置づけについては Marples (2014) が詳しい。
6) ネグリュイは『炎の村から来た私』にも登場するが，小説では彼女の発言の別の部分が引用されている。
7) 『炎の村から来た私』に登場する何人かの女性の証言はドキュメンタリー映画として撮影されており (1975)，こちらの手法はむしろ『ショアー』に近い。
8) ニコライ・フィグルスキー監督の映画『時計は夜中に止まった』(1958) ではクーベの暗殺がパルチザンの偉業として描かれていた。
9) クロパティはミンスク近郊でソ連の秘密警察によって処刑された人びとの遺体が発見された場所である。アダモヴィチもスターリン体制の犯罪として強い関心を抱いた。
10) 本書の平松担当の章 (第8章) を参照。

参 考 文 献

キーン，サム (佐藤卓己・佐藤八寿子訳) (1994)『敵の顔―憎悪と戦争の心理学』柏書房。
越野剛 (2014)「ハティニ虐殺とベラルーシにおける戦争の記憶」『地域研究』14 (2)，75-91頁。
越野剛 (2016)「災厄によって災厄を思い出す―ベラルーシにおける戦災と原発事故の記憶」寺田匡宏編著『災厄からの立ち直り―高校生のための〈世界〉に耳を澄ませる方法』あいり出版，176-211頁。
スナイダー，ティモシー (布施由紀子訳) (2015)『ブラッドランド：ヒトラーとスターリン大虐殺の真実 (上・下)』筑摩書房。
Adamovich A. M. (1981) Voina pod kryshami. Sobranie sochinenii v 4 tomakh. T. 1. Minsk. S. 29-295.
Adamovich A. M. (1982) Khatynskaia povest'. Sobranie sochinenii v 4 tomakh. T. 4. Minsk. S. 5-198.
Adamovich A. M. (1994) Nemoi. Vixi (ya prozhil): povesti, vospominaniia, razmyshleniia. Moskva: Materik. S. 7-88.

Adamovich A. Bryl' Ya. Kalesnik U. (1975) Ya z vognennai viozki... Minsk: Mastatskaia litaratura.

Avdeev I. Zaitsev L. (1996) Vse belorusskie filmy. T. 1. Igrovoe kino (1926-1970), Minsk: Belaruskaia navuka.

Kotljarchuk, Andrej (2013) World War II Memory Politics: Jewish, Polish and Roma Minorities of Belarus, *The Journal of Belarussian Studies* 7(1): 7-37.

Marples, David R. (1994) Kuropaty: The Investigation of a Stalinist Historical Controversy, *Slavic Review* 53(2): 513-523.

Marples, David R. (2014) *'Our Glorious Past' Lukasahenka's Belarus and the Great Patriotic War*, Stuttgart: ibidem-Verlag.

Rein, Leonid (2011) *The Kings and the Pawns: Collaboration in Byelorissia during World War II*, N. Y.; Oxford: Berghahn Books.

Rudling, Per Anders (2012) The Khatyn Massacre in Belarussia: A Historical Controversy Revisited, *Holocaust and Genocide Studies* 26(1): 29-58.

Seniavskaia, E. S. (2006) Protivniki Rossii v voinakh XX veka: evoliutsiia «obraza vraga» v soznanii armii i obshestva. Moskva: ROOSPEN.

Sitnikova, Dar'ya (2008) Partizan: prikliuchenie odnovo kontsepta v strane bol'shevikov, Usmanova, A. (red.) Belorusskii format: nevidimaia real'nost'. Vil'nius. S. 397-433.

Ushakin, Sergei (2011) V poiskakh mesta mezhdu Stalinym i Gitlerom. Ab Imperio, No. 1. S. 209-233.

Youngblood, Denise J. (2007a) *Russian War Films: On the Cinema Front*, 1914-2005, University Press of Kansas.

Youngblood, Denise J. (2007b) Mikhail Segal's Franz + Polina, *Kinokultura*, Issue 16, April.

第2章　封印された戦争の記憶
―― ベトナムにおける中越戦争の記憶

今井昭夫

はじめに

　1979年に勃発した中越戦争は社会主義国同士の戦争ということで，社会主義＝平和勢力というイメージを抱いていた日本をふくむ当時の世界の人びとに衝撃を与えた（大阪大学歴史教育研究会 2014: 248）。たとえば東南アジア史研究者であったベネディクト・アンダーソンは，この衝撃がきっかけとなって，ナショナリズム研究の古典『想像の共同体』の研究を始めるようになったことは有名な話である。それでは当事者である中越両国ではこの戦争はどのように記憶され，受け止められてきたのであろうか。本章はベトナムの場合について考察することとしたい。

　1945年に独立宣言をして以来，ベトナムでは紅い戦争が相次いだ。1946年末からはフランスとの戦争（抗仏戦争），その後はベトナム戦争（抗米救国抗戦）が1975年まで続いた。1976年に南北統一を果たしベトナム社会主義共和国となったものの，当時は社会主義国同士であったカンボジアや中国との戦争がわずか数年後に勃発した。紅い戦争としての抗仏戦争やベトナム戦争について，ベトナム国内では書籍，映画，テレビ番組等において膨大な量で言及され，記念行事も数多く催されているのに対し，カンボジアや中国との戦争について触れられることはごく少ない。ベトナムにおいて紅い戦争のメモリースケープの大きな部分を構成しているのは抗仏・抗米戦争であり，それらは社会主義ノスタルジアやレッドツーリズムの主たる源泉ともなっているのに対し，社会主義国同士の戦争であったカンボジアや中国との戦争に

ついては紅い戦争のメモリースケープの片隅に追いやられ封印されているかのような状態におかれている。つまり語られる紅い戦争と語られない紅い戦争の区別が存在し，中越戦争は語られない戦争となっているのだ。どうしてこのような違いが生じたのだろうか。

　一般的に，負けた侵略戦争については触れられることは少ないであろう。アメリカにおいてベトナム戦争が一時期「集団的な健忘症」に陥ったことについては生井の指摘がある(生井 2000: 14)。ベトナムの場合，カンボジアとの戦争は若干これに当てはまるかもしれない。しかし中越戦争については，中越双方が自分たちの勝利を宣言している状況はあるものの，客観的にいってもベトナムにとって負けた戦争とはいえない。

　あるいは，紅い戦争(抗仏戦争やベトナム戦争)に比べて，これらの戦争が比較的短期間であったからであろうか。中越戦争は 1979 年 2 月から 3 月にかけての 1 カ月の短期間に中越国境地方で展開された限定的な戦争だといわれることが多いが(たとえば大阪大学歴史教育研究会 2014: 248)，最近では，石井(2014)，小高(2014)など，中越国境地方をめぐる両国間の軍事的衝突は 1980 年代末まで続いたとする見方が有力になってきている。そうであるならば，中越戦争は短期の戦争であったとはいえない。

　さらに，反植民地主義・反帝国主義の民族解放戦争であった抗仏戦争やベトナム戦争が現在のベトナムの社会主義体制の正統性を構成するものであるのに対し，カンボジアや中国との戦争はそうではなかったからであろうか。これについて，カンボジアに対してはポル・ポト虐殺体制下にあった人びとを救出する国際的義務が，中国に対しては祖国を防衛する戦争という弁明がベトナムからは強調され，社会主義国同士の戦いという面は言及が忌避されている。まさにこの微妙なところが問題なのである。ベネディクト・アンダーソンは国民国家形成に際しての「兄弟殺し」の記憶の忘却について論じているが(アンダーソン 2007: 326)，中越戦争は社会主義陣営内の「兄弟殺し」のケースであると考えられる。

　戦闘を生き抜いた人びとによる記憶には忘却，記憶，心的外傷後ストレス障害(PTSD)の 3 つの形態があるといわれる(関沢 2010: 25)。ジナ・マリー・

ワイーバーがその著作『忘却のイデオロギー：ベトナム戦争におけるレイプ』において，ベトナム戦争帰還男性米兵の PTSD である被害者性が強調されることによって，彼らによるかなりの数にのぼる米軍女性兵士やベトナム人女性へのレイプが「忘却」されるという，すり替えによる隠ぺいがおこなわれていることを指摘している (Weaver 2010)。本章で扱う，語られない中越戦争の記憶は，国民の「健忘症」による忘却ではなく，またワイーバーが言うすり替えによる隠ぺいでもなく，当局によって集団的に封印されてきた記憶である。これまでこういったベトナムにおける中越戦争の記憶の実態についての研究はほとんどなされてこなかった。本章は，文芸・記念行事・歴史教育などにおいてそれを探る初歩的な試みである。

中越戦争の記憶があまり語られてこなかった状況の中で，2014 年に中越戦争を題材にしたグエン・ビン・フオン作の小説『わたしと彼ら』がベトナム国内で出版され，文学界に大きな反響を呼んだ。翌年にはハノイ市作家協会賞を受賞し，マスコミからも大きな注目を浴びた。従来のタブー視を打ち破るようなこの出来事は一体いかなる背景のもとで発生したのであろうか。また同小説の出版がベトナム国内で認められたことは，果たして中越戦争のタブー視解禁を意味するものなのであろうか。本章はこの問題についても考察を加えていきたい。

1. 食い違う中越戦争像

中越戦争はその実態がいまだに不明なことが多い。もっとも基本的なデータである中越戦争の参加兵員数，死傷者数などについても，意見がまちまちである。2017 年 2 月 20 日付け『BBC ベトナム語ニュース』(以下 BBC と略記) は，その不一致について次のように紹介している。1979 年の参加兵員数について，ピーター・トォウラスは中国軍 20 万人，ベトナム軍 7 万人とし，デイヴィッド・ドレイヤーは，開戦当初に対応したベトナムの地方軍と民兵は 7 万 5 千〜8 万人としている。中国軍の死傷者数については，上記ピーター・トォウラスは，中国側発表で死者 7 千人，負傷者 1 万 5 千人，西側発

表で死者2万8千人，負傷者4万3千人とし，ベトナム側は軍の死傷者数の発表はないが，10万人の民間人が死亡しているとしている。サム・ブラザーズは，中国軍の死傷者は2万〜6万2500人，ベトナム軍はおおよそ3万5千〜5万人だとしている(BBC 20-02-2017)。またBBCの別の記事によれば，中国側は5万7千人のベトナム人を死傷させたとする一方，ベトナム側は4万2千人の中国人を死傷させたといい，双方の主張が大きく食い違っている(BBC 17-02-2016)。

一方，近年のベトナムの報道では1979年2月の中国軍の兵員数は60万人としていることが多い。たとえばVN Expressの記事を見てみよう。概要を以下に紹介する。

　　中国の鄧小平は「ベトナムに懲罰を与える」「自衛反撃戦争」だとして，1979年2月17日に60万人の軍隊をもって中越国境を侵攻した。この数はベトナム戦争中の米軍の最大時の約55万人，抗仏戦争のフランス軍の25万人を上回っている。3月18日に中国軍はいったん撤退した。1か月の戦闘で，中国軍の戦死者は6万2500人。ベトナム側は数万人の民間人が亡くなった。戦争はその後も1989年まで続き，84年4月から89年5月まで，中国軍は50万の軍隊を送り，ハザン省ヴィスエン国境を占領した。ヴィスエンでは，84〜89年でベトナム側は4000人以上が戦死している(VN Express 17-02-2017)[1]。

石井は，中越国境の烈士陵園での調査に基づき，中越十年戦争で最低でも中国人兵士1万1359人が戦死したとしている(石井 2014: 185)。以上にあげた数字以外のものも多くあり，中越戦争をめぐる基本的データは錯綜した状況にある。

中越戦争の時期についても，上述の通り，ベトナムでも近年になって中越戦争の時期を1980年代末まで続いた戦争だという捉え方がされるようになってきた。ベトナムのジャーナリストであるフイ・ドゥックによれば，1979年3月の中国軍撤退後に捕虜問題などをめぐって同年4月と5月に2

回の交渉が両国間でおこなわれ，1980年から88年末まで，ベトナムは20回近く，中国に話し合いの再開を提案したが中国側から拒否されて戦争は続いた。中国は国境の戦闘でベトナム軍を消耗させるだけではなく，反越クメール各派がタイ国境地方に駆逐されたときに合わせて中国は攻撃を仕掛けてきたという(Huy Duc 2012: 386)。このように1979年以後もカンボジア問題と連動する形で中越戦争はベトナム軍がカンボジアから撤退する89年まで継続したのである。そのためベトナムでは中越戦争について「北方国境防衛10年(1979-89年)」という表現が使われるようになっている(たとえばThanh Nien 15-07-2016)。

中越戦争の性格・結果についても，中越の捉え方にはズレがある。中国は1979年の戦闘については「自衛反撃戦争」だとし，撤退時に所期の目的を達したとして勝利を宣言している。ベトナム側は，中国軍の侵攻に対する「北方国境防衛」の戦いだとし，成功裏にそれを達成したとしている。ともに自衛のための戦争だとし，自国の勝利を主張している。

このような中越戦争像の分裂した現状について，ベトナムでは中越間の情報交換や研究の摺合せを求める声もあがっている。党史研究所所長のグエン・マイン・ハー博士によれば，これまで中越戦争に関する両国の研究者同士の意見交換やシンポジウムは開催されておらず，早期の開催が望まれるとしている(Thanh Nien 17-02-2017)。

2．プロパガンダ合戦から語られぬ戦争へ

2-1．1979年直後の双方のプロパガンダ

1979年の中越戦争後，当然のことながら中越関係は断絶した。1980年代半ばまで，中越戦争は語られぬ戦争どころか，この戦争をめぐって双方の活発な非難のプロパガンダが展開されていた。ベトナム外務省は『「中国白書」中国を告発する』を発行し，中国の拡張主義的姿勢を激しく批判した(ベトナム外務省 1979)。1980年代には，中越戦争を扱った映画や歌謡曲などが制作

された。映画としては，ハイ・ニン監督の『母なる大地』(1980)，ダン・ニャット・ミン監督の『射程内の街』(1982)，ザイン・タン監督の『その友人』などがある。

　映画『母なる大地』は，中越国境のナムナーの砲台を死守する激烈な戦いの10日間を再現したもので，ベトナムの国境警備兵や地元の人びとの勇敢に戦う姿が描かれている。映画『射程内の街』は，中国軍撤退直後のランソン市を新聞記者ヴーが取材する話である。中国軍が破壊し瓦礫の山となった街には殺害された死体が散在する凄惨なありさまを呈している。この映画では直接的な戦闘場面は出てこないが，日本の『赤旗』紙の記者が残置スナイパーに射殺される場面(実話に基づく)や，かつて文革の宣伝をこの街でしていた漢方薬局の華僑がそのまま潜んでいたなどの場面がある。この映画は，中越国交正常化(1991)以後は，中国への配慮からベトナム政府は長く国外での上映を禁止していたともいわれる(福岡市総合図書館の紹介文による)。また映画『その友人』は制作年が不詳であるが，白黒映画であることとその内容からして，中越国交正常化以前の映画であることは間違いない[2]。この映画は特異で，登場人物は中国軍兵士が主で，中国軍の側から中越戦争を描いている。とはいっても映画の出演者はベトナム人俳優でベトナム語により会話をしているが。中国軍士官のチャン・ホアン(男)と軍隊に奉仕している北京大学学生のラム・ムオイ(女)は，革命軍として悖るような自国軍のふるまい(村人を捕まえ，略奪・破壊し，惨殺するなど)に疑問を感じるようになる。中国軍の撤退命令が出ると，部隊内の混乱からチャン・ホアンは指揮官に殺害され，ラム・ムオイもあやうく殺害されそうになるが，ベトナム人地質技師であるチャンに救われ，彼から「あなたはこれらの事を中国人民に語るために生きていく必要がある」といわれる。エンディングは水牛などを引き連れて撤退する無残な中国軍の姿が流される。この映画ではベトナムから中国への改心の「説得」が試みられているといえるであろう。いずれにしてもこれらの映画においては，残忍非道な中国軍像が浮き彫りにされている[3]。

　一方，中国側でも1979年の中越戦争直後にプロパガンダ映画が制作されている。謝普監督『戦場に捧げる花』(高山下的花環)(1984)(第4章118頁参

照)で，この映画では，中越戦争はベトナム軍が先制攻撃をしてきたことへの「自衛反撃戦」だとされている。

2-2. 中越国交正常化と「パートナーシップ」関係構築

　フイ・ドゥックによれば，1987年初からベトナムは反中宣伝を減らし始め，88年3月にはチュオンサ(中国語名は南沙)諸島での軍事衝突(ガックマー海戦。中国語名は赤瓜礁海戦)があったものの，同年5月の党政治局13号決議で中国との関係正常化を決議した。1990年に中越首脳が会した成都会議は中越関係正常化に決定的な役割を果たし，ベトナム側は共産主義者同士を強調する「紅い解決」を提案したという。そして10年余りの国交断絶の時期を経て1991年に両国は国交正常化を果たした(Huy Duc 2012: 389-393)。

　その後，国境画定交渉を進めるなど，両国の関係は深められ，1999年のレ・カー・フィエウ党書記長訪中時には，「善隣友好，全面協力，長期安定，未来志向」の「16文字」の方針が，2000年のチャン・ドゥック・ルオン国家主席訪中時には，「良き隣人，良き同志，良き友人，良きパートナー」の「4つの良」精神の基本方針で合意をみるにいたった[4]。1991年の中越国交正常化以降，両国の関係が，かつての50年代のような「兄弟」関係ではなくなったものの，断絶状態から「パートナー」関係へと改善がはかられた(栗原 2012)。

2-3. 封印された記憶──文学

　中越国交正常化以降，中越関係のパートナーシップ関係が構築されていく中で，ベトナム国内で中越戦争を扱った小説や映画などが制作・流通しなくなった。たまにそのような作品が登場したとしても発禁とされるようになった。その具体例が，ヴー・ゴック・ティエン(1946-)とレ・マイ(1953-)合作の短編集『石の龍』(2008)である。この短編集の中に収められているティエン作の短編小説『チュー・ミン・フーと私』が中越戦争をテーマとしていたためである。

　ティエンがこの短編集の序文で語っているところによれば，『チュー・ミ

ン・フーと私』は1979年の北部国境戦争を扱ったもので、この戦争は二つの民族にとって20世紀におけるもっとも理不尽な戦争であったとしている。ティエンはベトナム国内の資料や証言者から情報を収集するとともに、1979-91年の時期の中国文学の傷痕文学など（張賢亮、余華、劉震雲など）をかなり綿密に研究し、それらに刺激されたと述べている。「多くの中国の作家は小説を書く時に厚く深い心情をもって中越国境戦争について言及している。彼らは書くことができるのに、どうしてわれわれは自らを叱咤して、書こうとしないのだろうか」[5]と執筆にいたった経緯を語っている。

　この小説の語り手の私は1979年の中越戦争に参戦した第3軍団の偵察兵である。私の偵察隊に新たに補充されてきた新兵がチュー・ミン・フー（男）とタオ・ア・マイ（女）の二人で、いずれも少数民族のフモン族（中国語ではミャオ族）である。私とこの二人は頻繁に中国領内に偵察に行った。そこは国こそ違うが同じフモン族の居住地だった。追手から逃れるため家を焼き払い殺戮もした。ベトナム領内に戻ると、中国人捕虜が無残に虐殺されているのを目撃した。そのうちの一人の女は中国領内に渡っていたマイの幼馴染だった。帰任して、罪深さを痛感していたマイは発狂する。フーはマイを連れて逃亡し、私も逃亡した。フーとマイは森の奥深くに逃れ、二人で暮らし、その後、子供が生まれた。フーは軍隊逃亡の罪で捕まり、マイはフーを捜して母子で彷徨し、そして亡くなった。以上があらすじの一部であるが、殺戮や蛮行をおこなった罪悪感やまたその傷を負ったフモン族の人物としてフーやマイが描かれている。「この戦争は実に無意味で、私は射殺に辟易としていた。自衛のためであろうと罪悪だった」「戦争の勝者は数人のトップだけで、双方の民衆は敗者で殺し合いの道具にすぎない」「戦争を称賛する者には良心はない」「粗暴な戦争」と述べ、中越戦争を厳しく批判し、筆者は「この短編を読んだ双方の良心があり責任感のある人たちが恨みあうことなく、戦争をいっそう恐れると信じ、両国が平和のうちに暮らし長く協力することを切実に望む」と述べている。

　この小説はいたずらに反中意識を煽ったものとはいえないが、当局側からすれば次のような点が特に問題になったと思われる。①中国軍の蛮行を描い

ているだけでなく，ベトナム軍も中国領内に入って，蛮行をはたらいたとしていること。②逃亡兵を主人公にし，逃亡兵が多数いたことを示唆していること，③そして何より，「自衛戦争」をも否定的に捉えていることである。

2-4. 封印された記憶——記念行事

　小説や映画のみならず，中越戦争の記念・追悼行事も制約されていた。節目となる 2009 年の 30 周年では両国ともに記念行事は催されず黙殺された(鈴木真 2009)。この状態は基本的には現在も続く。2013 年のときは，国内メディアでは『タインニエン』紙だけが関連記事を掲載しただけだった(Thanh Nien 17-02-2013)。35 周年記念日のときも，電子版新聞『一つの世界』は 35 周年記念の記事を削除され，マスコミは当局から中越戦争についての報道を控えるように指導を受けたという(BBC 13-02-2014)。当局からの「指導」については，ブログの『ザン・ラム・バオ(Dan Lam Bao)』も，党思想文化委員会がマスコミに中越戦争に言及するのを禁止しており，記念碑から「侵略的中国軍」の文字は消されていると指摘している。

　元中国大使(在任 1974-87)であったグエン・チョン・ヴィン将軍は，なぜベトナムはディエンビエンフーや「空のディエンビエンフー」(1972 年末の北爆に対する戦い)，さらに 1968 年のテト攻勢の記念行事をおこなっていてもフランスやアメリカと外交関係を維持しているのに，1979 年 2 月 17 日の事件に関してはベトナム政府は口を閉ざし，記念しようとしないのかと尋ねられて，中国の感情を害するのをベトナム政府が恐れているからであると断言している(BBC 17-02-2013)。このような中国に対する配慮に対して，厳しい批判の声も近年出てきている。たとえば BBC 寄稿者トゥイ・ザン氏は次のように述べる。「それはベトナム共産当局に対する中国当局の圧力によるものであり，中国は「16 の文字，4 つの良い」の美辞麗句をもって被害者を略奪しながら口を塞いでいる。中国の侵略に対する 1979 年 2 月の国境戦争は明らかに故意に忘れられた戦争である。私はそれを国民に対するベトナム共産党の裏切りだとみなす」(BBC 17-02-2013)。

2-5. 封印された記憶——歴史教育

歴史教育の場にも封印の影響は及んでいる。2002年に当時の江沢民書記長が訪越したとき、ベトナム側に対して、高校歴史教科書や共産党史の書物での「友好的な記述」を求めたという(松尾 2005: 219-223)。実際に現在(2017年)使用されている12年生(高校3年生)用の歴史教科書(第8版)を見てみると、第25課(教科書全体は27課)「社会主義を建設し、祖国を防衛するベトナム(1976-1986)」の中で、次のように記述している。

> 北方国境防衛：ポル・ポト集団のベトナムに対する敵対的行動は、当時の中国の何人かの指導者によって共感・支持された。彼らは両国人民の友情を損なう行動をも取った。軍隊に国境沿いで挑発させ、「華僑難民」問題をでっちあげ、援助を打ち切り、専門家を引き揚げた。より深刻には、1979年2月17日午前、中国軍は32個師団を動員し、モンカイ(クアンニン省)からフォントー(ライチャウ省)までのわが国の国境沿いに進攻した。祖国の領土を防衛するため、わが軍と人民は、直接には北部国境の6省の軍と人民が起ち上がって戦闘した。1979年3月18日に中国軍はわが国から撤退した[6]。

以上のように原文で10行ほどの簡単な記述がなされているだけである。戦争名は「北方国境防衛」で中国の国名は冠されていない。この教科書の共編者の一人であるヴー・ズオン・ニンによれば、いろいろな理由で、内容が何度も修正され、4頁から11行に圧縮させられたと証言している(VN Express 17-02-2017)。

3. 状況の変化——南シナ海情勢の緊迫化

2009年頃から中国の南シナ海への進出が活発化し、東南アジア諸国、中でもベトナムとの間で南シナ海をめぐり海上での係争事案が頻繁に発生する

ようになった(佐久間 2017: 128)。2011 年 5 月にベトナムが排他的経済水域と主張する海域内で活動中のベトナム石油・ガスグループの石油探査船が中国艦によりケーブルが切断される妨害をうける事件が起きると，同年 6 月にベトナムで最初の反中デモが発生し，これ以降，累次にわたっておこなわれ，ベトナム国内の反中の気運が高まった。2014 年 5 月，中国は石油掘削リグ「海洋 981 号」ならびに約 90 隻の艦船をホアンサ(西沙)諸島沖合に送り込むと，ベトナムは石油リグの設置場所が「ベトナムの排他的経済水域及び大陸棚」を著しく侵害するとして非難し，7 月 16 日に中国が同リグを移動させるまで，中越の緊張関係は 75 日間継続した(小高 2014)。この出来事を境に中越戦争の記憶の封印状況は変化していくことになる。

　この変化をいち早く反映したのが文学である。2010 年代に入って，中越戦争を題材とする二つの小説が登場した。とはいうものの，支障なく直ちにベトナム国内で出版されたわけではなかった。グエン・ビン・フオン(1965-)の小説『上る車，下る車』は 2010 年に完成していたが国内の出版社からは出版を拒否され，2011 年にアメリカでの出版を余儀なくされた。グエン・ディン・トゥー(1974-)の小説『ありふれた死体』は当初，2014 年年初にガックマーの戦いの 25 周年と中越戦争の 35 周年を記念して出版社が刊行する目論見であったができなかった。しかしその後，同年の 5 月に南シナ海の石油掘削装置「海洋 981」の事件の後，出版できる状況になったと出版社の代表は述べている(VN Express 14-08-2014)。反中の雰囲気の高まりが，刊行の後押しをしたものと考えられる。

　結局，グエン・ビン・フオンの『上る車，下る車』は『わたしと彼ら』とタイトルを変更し，2014 年に国内でも刊行された。さらに『わたしと彼ら』は 2015 年にハノイ市作家協会賞を受賞し，その文学性が高く評価された。グエン・ディン・トゥーの『ありふれた死体』も 2014 年に刊行された。トゥーの『ありふれた死体』は，二人の男の子(中越戦争の烈士の子)の性転換という現代的な話題に託して，歴史的事件である中越戦争を語っている小説である。『わたしと彼ら』の刊行当時，フオンは『軍隊文芸』誌の編集長で，トゥーは副編集長であった。『軍隊文芸』は人民軍隊によって発行され

ている雑誌であり，その編集長と副編集長が相次いで中越戦争関連の小説を刊行したことは，軍隊内のある程度の「需要」と「許容」があったことを意味するのではないかと思われる。また，この二人はそのポジションから，中越戦争に関する情報を比較的入手しやすい立場にいたと考えられる。

　歴史教育における中越戦争の扱いについては，歴史教科書であまりに言及が少ないと問題にされるようになってきた。公安部門の士官であるレ・ヴァン・クオン氏は次のような発言をしている。「140万人以上の大学生・専門学校生や中高の生徒の大部分はこの戦争について何も知らないので，この戦争を生徒の教科書に「民族の外国の侵略に抵抗する歴史」の一部として入れる必要がある」(BBC 17-02-2013)。歴史学者のヴー・ミン・ザン教授によれば，チュオンサ(南沙)・ホアンサ(西沙)や1979年の中越戦争など中国との衝突についても，歴史教科書に盛り込むよう，2013年12月30日の歴史学者らとグエン・タン・ズン首相(当時)の懇談の場で言及されたという(BBC 13-02-2014)。こういった批判の声をうけて，ベトナム教育・訓練省は新しい教科書の内容に「中国との3回の戦争」[7]を入れるかどうかを検討をすることになったという(Dai doan ket 06-03-2016)。

　2017年に刊行されたベトナム社会科学アカデミー・史学院編『ベトナム歴史　第14巻　1975年から1986年まで』では，351頁から359頁まで中越戦争について記述されており，その中では中国軍の戦闘勢力(60万人)や犠牲者や被害の具体的数字があげられている。またこの戦争について「ベトナムに対する中国の侵略戦争」との文言が使われるようになっている点が注目される(Vien Su Hoc 2017: 356および今井2018)。しかしながら，ベトナム側についての戦闘勢力や犠牲者・被害の数字があげられておらず，「侵略戦争」との文言もベトナム側の直接的な言及・断定ではなく，国際会議でそのように指摘されたとの間接的な表現にとどまっている。

4. 小説『わたしと彼ら』における中越戦争

4-1. 戦争文学の流れと現代中国文学の影響

　中越戦争の封印状況に変化をもたらしたのは，上述のように，直接的には南シナ海をめぐる中越の対立とベトナム国内の反中気運の高まりという政治情勢の変化であるが，文学分野独自の事情の影響もあった。

　ベトナムの戦争文学は，ざっくり捉えると，ベトナム戦争中からその直後の時期においては社会主義リアリズムに基づく「英雄」を描く戦意高揚型のものがほとんどであった。1980年代後半になると戦争の悲惨さが人間の運命や内面世界を通して表現される，いわゆる「反抗文学」が登場し，90年代半ばまでベトナム戦争文学の名作が次々と誕生した。その代表作がバオ・ニン（Bao Ninh）の『戦争の悲しみ』である（今井 2010: 45-48）。その後，戦争文学は停滞気味となった。とりわけ若い世代には従来の戦争文学はアピールしなくなっていた。そんな中で2005年にベストセラーとなった『ダン・トゥイー・チャムの日記』や「永遠に20歳」シリーズは，ベトナム戦争で若くして戦死した兵士の日記で，そこには恋愛話という新しい要素が盛り込まれ，若い世代にアピールしようとしたものだった。これはある程度成功したが，長くは続かなかった。2008年にホアン・ミン・トゥオンの『神々の時代』やズオン・フオンの『九層の空の下で』が出版され，南ベトナム人の戦争体験をもふくめた大きな歴史的展開の中で抗仏・抗米戦争が描かれるようになった。しかしヴー・ゴック・ティエンなどの場合を除いて，ベトナム戦争文学ではまだ中越戦争は本格的に扱われてこなかった。このようにベトナムの戦争文学において新たな題材と手法が求められる状況の中で，現代中国文学が大きなインパクトを与えたのである。

　2009年に中国のノーベル文学賞作家・莫言の中越戦争を扱った小説『戦友重逢』（1992年執筆）がベトナム語に翻訳され，話題となった。この小説は中国軍の二人の退役軍人が再会する話から始まるが，そのうちの一人はすで

に幽霊となっている身の上である。この小説の内容自体は中越両国民の敵愾心を煽るようなものではなかった。ベトナムで問題とされたのは，国内の文学ではこのテーマが封印されているのに，なぜ「向こう側」のものを翻訳・発行するのかという点で，訳者や出版社に対する批判的な声があがった。しかし同書自体はボイコットされることなく売れゆきもかなりよかったという（BBC 04-03-2009）。このことはベトナム側にも中越戦争をテーマとした文学的な創作と受容の潜在的需要があることを示しており，ベトナムの作家たちに刺激を与えたと考えられる。

なかでも魔術的リアリズムの影響は大であった。魔術的リアリズムの代表的な作家である莫言，閻連科の作品はベトナムにも数多く紹介されている。ベトナム国立文学研究所の研究員チャン・ハイ・イエン博士によれば，『戦友重逢』以外にも莫言のほとんどの作品がベトナム語に訳されている。以下かっこ内はベトナムでの翻訳年である：『紅高粱』(1999，2000)，『檀香刑』(2002，2003，2004)，『紅樹林』(2003)，『酒国』(2004)，『四十一炮』(2007)，『生死疲労』(2007))，『十三歩』(2007)，『白棉花』(2008)，『歓楽』(2008)，『変』(2013)など。また閻連科の作品では『為人民服務』(2008，2012)，『風雅頌』(2010)，『堅硬如水』(2014)などがある[8]。

『わたしと彼ら』の作者グエン・ビン・フオンは，ベトナムにおける最初の魔術的リアリズム小説といわれる『老死した若者たち』を 1994 年に出版して以来，魔術的リアリズムの作家としての評価を確立してきた。フオンが上記の現代中国文学の作品等に共鳴し，大きな刺激をうけたであろうことは想像に難くない[9]。以下では，『わたしと彼ら』の中で中越戦争がどのように描かれ，封印状況をすり抜けた要因は何であったのかを分析する。

4-2.『わたしと彼ら』のストーリー──魔術的リアリズム

小説『わたしと彼ら』は，中越戦争に従軍した兵士が中国軍の捕虜となり，帰還後に気が狂い，野垂れ死ぬさまを，その弟である「わたし」(主人公のヒュウ)が語ったものである。この小説は冒頭でいきなり主人公のヒュウの死から始まる。この小説は大きくは二つの部分から構成されており，ひとつ

は殺人事件を起こしたヒュウとその愛人のチャンらが逃避行のため，そしてヒュウの兄の戦争の記憶をたどるために，中越戦争の主戦場のひとつであった中国国境のハザン省高地に自動車で上っていく過程である。もうひとつは，殺人事件の容疑で護送されてハザン省高地を下っていく過程であるが，主人公の「わたし」は断崖から身を投げて霊魂となる。小説の語りも複線的で，小説の中の直立文字の部分は主に上り道で，主人公ヒュウの生前，過去約30年を物語っており，斜体文字の部分は下り道で，彼の死後，彼の霊魂が語る約12時間についての現在・未来の話であり，二つの空間と時間，日常と非日常が入り組んで小説は展開する。さらにヒュウの兄による中越戦争の記憶の語りがある。兄は中越戦争に出征して捕虜となり帰還後，次第に精神を病んで野垂れ死ぬことになるが，生前，弟のヒュウにノートを渡していた。このノートには兄の中越戦争の記憶が綴られており，これを基にこの小説では中越戦争について語られるのである。

　この小説は主人公らが自動車に乗ってかつての中越戦争の跡である中越国境山間部を訪れる話であるが，この地方にまつわる様々な伝承や神話もストーリーに織り込まれている。伝承話の源泉のひとつが匪賊の逸話である。中越国境山間部では，フランス植民地期から革命政権初期にいたるまで匪賊が跋扈していた。アヘン売買の中継地でもあり，その利権をめぐって，フランス支配期には匪賊とフランスと革命勢力が競合することもあった。主人公の祖父も匪賊であり，100人近くの手下をかかえていたこともあったが，解放宣伝隊と衝突し謀殺された。銃の名手で凶悪で有名なミャオ（メオ）族（ベトナムではフモン族）の匪賊チャウ・クアン・ロー，ターヴァン地方の匪賊チュー・チョー・セン，ザオ族の匪賊ター・セオ・ザンなどの話が繰り返し出てくる。革命側のチュー・ヴァン・タン将軍は初期に匪賊チュー・チョー・センに会って，革命と匪賊に違いはないといわれ，タンは回答に窮したという話も出てくる。もうひとつの源泉が当地の少数民族の伝承である。メオ族（原文ママ。現在の呼称はフモン族）の中国からの移住の話，地方当局との揉め事を収拾したザオ族の女性の話，インドシナじゅうで有名で，匪賊たちも崇めたロロ族の美女の話，匪賊チャウ・クアン・ローと対立するラチ

族の話，赤ん坊を畑において虎に食われてしまったパテン族の話などが出てきている。中越戦争は伝承の第三の源泉といえるかもしれない。

　主人公のヒュウは戦後世代の人間で，悪を具現化したような人物である。この悪漢小説では暴力・殺人について再三再四描かれ，おおげさにいえばどの頁にも死体が登場しているともいえ，グロテスクな場面が多く存在する。上述の伝承話とあいまって，幻想的で荒唐無稽な文学世界が醸し出されており，この小説は魔術的リアリズムの手法を駆使した小説であるといえる。この小説での暴力や性の描写は生々しいが，寓話性に包み込まれていて扇情的な描写とはなっていない。

4-3.『わたしと彼ら』の登場人物──アンチヒーロー

　主人公の「わたし」の名はヒュウ（男）。年齢は30歳くらい。友人は少なく，内面は空虚で孤独。ある機関の図書館ではたらいており，本と新聞の虫。暴力と殺人の話に夢中で『人民公安』紙の愛読者である。麻薬を売買するギャングのメンバーで，その頭目のチャンは愛人。多くの女性と肉体関係を持ち，兄嫁ハンとも密通していた。

　「わたし」の外祖父は匪賊だった。ヒュウの母親は「禁制品」の売買で捕まって，5年間投獄された。父と私たち兄弟は5年間，獄中にある母を訪ねなかった。父は鬱屈した人生を送り，母が獄中にいるときに死亡。兄は中越戦争に出征し，捕虜となり，戦後復員するが発狂して野垂れ死ぬ。兄嫁ハンは「わたし」と密通し，兄の出征中に，男の子を産むが，その子は8か月後に肺炎で死亡。その後，兄嫁はオートバイ修理工の男と出奔した。

　中越国境の高地に上るのに「わたし」と同行したのは，チャンと「あいつ」である。チャンはギャング・グループの頭目でヒュウの愛人。しかしヒュウ以外にも愛人がいる。「あいつ」はヒュウのかつての学友で新聞記者。「あいつ」は骨董品に目がない。彼の父親は16歳で革命に参加し，越北地方で匪賊と戦い，あやうくメオ人に腹を割かれるところだった。

　この小説のタイトルは『わたしと彼ら』であるが，小説の中では「彼ら」はシチュエーションに応じて多義的に使われている。まず中国兵それから公

安, 政治家, 少数民族の人びと, 死んだ人びとの霊魂などである。

「わたし」の兄は, 戦争がその渦中にいた人を疎外化する象徴として描かれている。兄は中越戦争から帰還して, 次第にPTSDになっていく。ベトナムの戦争文学でこの小説ほどPTSDについて詳しく描かれているものはあまりないので, 以下に少し紹介しておく。兄の中越戦争の記憶は復員後に書かれたノートに基づくが, その記録は時系列がめちゃくちゃに混乱していると「わたし」は指摘している。兄は中越戦争出征中に捕虜となり, 尋問をうけて, 目隠しされて車で移動し, 敵の収容所に入れられた。ベトナムへの帰還の経緯は述べられていないが, 傷病兵として省病院に入院した後, 治療収容所に移った。そこにひと月余りいて, 家に逃げ帰ってきた。家族も兄の給付金を得るため, 療養所より家におくことにした。兄は日に日に鬱がひどくなっていった。兄は「彼ら」に関するものすべてに拒否反応が出て, 魔法瓶, 扇風機, 炊飯器や漢字で書いてあるもの, 中国製品すべてを排斥した。ある人は, 兄が捕えられたとき, 神経注射をされたのではないかと疑っている。兄は次第に無表情になり, 家を出て, さまよい歩くこともあった。時に兄は中国語で「早く打て」といい, 私を激しく打擲することもあった。兄の尋常でない様子を見て, 母は泣き, 兄は家を出ていった。兄がいつ亡くなったのか, 誰も知らない。兄の死体はネズミに目と鼻の両翼をかじられていた。

以上が主要登場人物であるが,「英雄主義」を体現するような肯定的・模範的な典型人物が一人も登場しておらず, 階級闘争の道具である正統的な「社会主義リアリズム」の作品であるということはできない[10]。

4-4. 暴力と戦争

この小説では, 暴力について様々に描かれており, その極限に戦争があるとされている。「わたし」は暴力と死を恐れるものの陶酔する人物だとされ, 小説の中ではセックス, 犯罪, 暴力がこれでもかと描写される。もっとも多い暴力は匪賊に関するもので, 首切りなど「切る」ことが頻繁に出てくる。他にも生き埋めや人肉食などの行状が描かれる。また歴史上の大虐殺についても述べられ, 李常傑 (1019-1105) は邕州で宋軍を大量殺戮し, 1886年の中

越国境画定交渉に来た阮朝の官僚たちは匪賊に殺され，阮福暎（1762-1820）は西山党を大虐殺したことが言及されている。このように暴力はベトナムの文化や歴史に深く根づいているとされる。

　文学研究者トゥイ・クエによれば，バオ・ニンは『戦争の悲しみ』において，愛情以外のすべてを粉砕するものとして戦争を描いたが，グエン・ビン・フオンは戦争が愛情をも粉砕し，罪悪だけを残し，人間に何の希望も与えないものとして描いた，と指摘する（RFI Tieng Viet 28-02-2012）。この小説は，戦争の暴力性により焦点を絞り，戦争は際限のない暴力であり，戦争は死だけではなく精神を破壊し，鬱と狂気そして死，罪悪と霊魂だけを残すことを描き出しているといえる。作者のフオンは「この小説では中越戦争の戦闘場面はほとんど出てこず，戦争そのものを描くことは主題とはしていない。戦争を取り上げるのは，暴力は平和のなかでも存在するが，戦争においてもっとも凝縮して反映されるからである」(Tien Phong Chu Nhat 01-03-2015)といっているが，暴力を表看板にし，それを隠れ蓑に中越戦争について「わたし」の兄を通して詳しく記述していることも見逃すことはできない[11]。この小説では中越戦争について直接的に価値判断を下す表現をしたり，是非を論じたりはしていない。中国に対する非難も控えられている。そこがヴー・ゴック・ティエンの小説と違うところであり，それゆえ中越戦争封印状況をかろうじて回避することができたと考えられる。

おわりに

　中越戦争はベトナム国内において，中越国交正常化以降，「語られない戦争」となった。その理由は国交正常化に際しての中国への配慮によるベトナム当局の封印措置である。これは同じ社会主義国同士の「兄弟殺し」の「忘却」である。そのため記念行事は抑制され，歴史教科書の記述も制約され，中越戦争を扱った批判的な小説は発禁処分にされてきた。

　中越戦争30周年にあたる2009年頃から，南シナ海問題がきな臭くなった。この問題で中越両国の対立が高まってくると，ベトナムでは対中軍事衝突の

記憶が呼びさまされるようになり，中越戦争の記憶の封印状況と徐々に軋轢が生じるようになったが，封印状況は依然として続いていた。その状況が微妙に変化したのが石油掘削リグ問題で反中デモがこれまでで最高に盛りあがった2014年である。記念行事や歴史教科書については顕著な変化が見られなかったものの，文学の分野では中越戦争を扱った小説2冊が相次いで出版された。これは従来の「語られない戦争」状況を打ち破るものであった。どうしてその出版が可能になったかというと，それらの作品が魔術的リアリズムの作品だったからである。社会主義国同士の関係維持と反中の高まりの間で妥協をはかり，それまでの封印状況を少し変化させてガス抜きし「語るが対立を煽らず」を落としどころとする状況に魔術的リアリズムがマッチしていたのである。敵と味方の二分法による闘争史観，模範的・典型的人物による英雄的闘争を描くという従来の正統的な社会主義リアリズムではそうはいかなかったであろう。したがってそれらが出版されたことをもって中越戦争の記憶の完全解禁とはいえず，まだ制約は存在している。実際，それらの作品は中越戦争を扱ってはいるが，反中プロパガンダ的要素は希薄で，暴力や性転換をテーマとするものであることが前面に押し出されて強調されていた。とはいえ，中越戦争について触れた小説が現れた意義は大きい。今後，ガックマーの戦いや中越戦争開戦日がどれだけ公的記念行事として催されるのか，歴史教科書に中越戦争の記述が質量ともに充実させられるかなどと並んで，文学において中越戦争がどう扱われるのかは，ベトナムの対中関係をはかるリトマス紙となるであろう。

　本章では，中越戦争を扱ったベトナムの小説において，現代中国の傷痕文学や魔術的リアリズムとの影響・交流・共鳴関係がうかがえることが明らかになった。前者はベトナムの戦中世代（ヴー・ゴック・ティエンなど）に，後者は戦後世代（グエン・ビン・フオン，グエン・ディン・トゥーなど）に主に影響を与えたと考えられる。このことは従来ほとんど注目されてこなかった。南シナ海問題が浮上するようになってから，日本では中越関係を対立的関係のみで捉えがちである。たしかに国と国の関係で見ると一見してそう見えるかもしれないが，佐久間（2017）はそういった一面的見方ではなく，中越関係

を研究する上で，中越間の主な対話チャネルとして，ハイレベル間のチャネル，党機関間のチャネル，政府間のチャネル，軍間のチャネル等を多層的に見ていく必要性を説いている。まったく同感である。本章に即していうならば，中越間の意外な文化的交流が両国関係の重要な一翼を担っており，それに作用を及ぼしているのである。紅い戦争の記憶を通した社会主義文化の比較・伝播・交流研究の必要とされる所以である。

注

1) なお，ベトナム戦争当時，中国はのべ32万人の兵士を北ベトナムに送り込み，最大時は1967年で防空勢力は17個師団，15万人に及んだ。ベトナム戦争で1446人が亡くなっている(BBC 06-04-2013および石井(2014: 151))。
2) 中越国交正常化の年1991年に制作されたベトナム国内映画『黒いサボテン』はカラー映画となっており，白黒映画はそれ以前の可能性が高い。
3) ここにあげた3本の映画はいずれもYouTubeで閲覧可(2017年8月20日現在)。
4) ただし，栗原(2012)によれば，これらの重点の置き方や序列については両国で違いが見られる。
5) もっとも中国側にもベトナムと同様の事情があった。たとえば閻連科の『夏日落』(1992)は中越戦争を扱い，兵士の暗黒面を描いたため発禁処分をうけた。
6) 9年生(中学3年生)の教科書の記述については今井(2008: 742)を参照のこと。
7) 中越戦争とホアンサ(西沙)海戦(1974)とガックマー(赤瓜礁)海戦(1988)。中越国境のヴィスエン(中国側では老山)戦跡において2016年6月に英雄烈士記念館が，中部カインホア省において2017年7月にガックマー戦士記念像地区が完成した。いずれも建設費は国家予算からではなく，社会団体の寄附金によって賄われた。
8) 2016年12月26日付けの筆者へのメールでのご教示。
9) ベトナムにおける魔術的リアリズムの現状について，近年の新聞の文芸欄の記事によれば，ベトナムでは社会主義リアリズムを信奉する多くの読者からの強い反発がある一方で，魔術的リアリズムが強まりつつあり，若い作家たちの「ホットな」傾向になっているという(Suc Khoe Doi Song 26-07-2015)。
10) ベトナムにおける社会主義リアリズム理論の形成については，今井(1994)を参照。
11) この小説で中越戦争について述べられていることで注目すべき点をいくつか指摘しておきたい。①中越戦争の最大の戦闘は，1979年と84年だとされ，決して短期間の戦争だとはされていない。84年の戦いは79年より激しい。しかし知られていない(p. 120)。②79年の彼らの武器は我々のものより時代遅れであった。そのとき，わが国にはアメリカとロシアの武器が十分にあった(p. 50)。③中国軍の伝単はベトナムのものより美しかった。敵の伝単を拾うことは許されなかった。しかし大隊が分散して

独立した 3 つの中隊になるとそれができた（pp. 210-211）。④捕虜の 3 分の 2 は殺された。尋問は，部隊，年齢，出身地を聞かれた（p. 264, p. 267）。⑤兵士たちは蛇に悩まされた。79 年の戦いで蛇に咬まれて亡くなった兵士が相当数いたので，84 年のときはそれを教訓に各連隊は蛇の毒を治療する専門医を配置した（p. 280）。

参 考 文 献

アンダーソン，ベネディクト（白石隆・白石さや訳）（2007）『定本　想像の共同体　ナショナリズムの起源と流行』書籍工房早山．
生井英考（2000）『負けた戦争の記憶　歴史のなかのヴェトナム戦争』三省堂．
石井明（2014）『中国国境　熱戦の跡を歩く』岩波書店．
今井昭夫（1994）『現代ベトナム文学史における思想闘争について（1930〜1954 年）』東京外国語大学海外事情研究所．
今井昭夫監訳（2008）『ベトナム中学校歴史教科書　ベトナムの歴史』明石書店．
今井昭夫（2010）「歴史の力か，歴史の重荷か：ベトナムにおける「戦争の記憶」の構図」．今井昭夫・岩崎稔編『記憶の地層を掘る：アジアの植民地支配と戦争の語り方』御茶の水書房．
今井昭夫（2018）「ベトナム社会科学アカデミー・史学院編『ベトナム歴史』全 15 巻，社会科学出版社，ハノイ，2017 年」『東京外大　東南アジア学』23，163-171 頁．
大阪大学歴史教育研究会編（2014）『市民のための世界史』大阪大学出版会．
小高泰（2014）「ベトナムと中国」『Think Asia』18，10-13 頁．
栗原浩英（2012）「ベトナムと旧同盟諸国：対中国・ロシア関係の現在」『東亜』535，96-105 頁．
佐久間るみ子（2017）「協力しながら闘争する：ベトナムの対中アプローチと対外方針の変化に関する一考察」石塚二葉編『ベトナムの「第 2 のドイモイ」─第 12 回共産党大会の結果と展望─』アジア経済研究所，125-153 頁．
残雪著（近藤直子訳）／バオ・ニン，（井川一久訳）（2008）『暗夜／戦争の悲しみ』世界文学全集 1-6，河出書房新社．
関沢まゆみ編（2010）『戦争記憶論：忘却，変容そして継承』昭和堂．
ダン・トゥイー・チャム（高橋和泉訳）（2008）『トゥイーの日記』経済界．
ベトナム社会主義共和国外務省編（日中出版編集部訳）（1979）『「中国白書」中国を告発する：この 30 年間のベトナム・中国関係の真実』日中出版．
ホアン・ミン・トゥオン（今井昭夫訳）（2016）『神々の時代』東京外国語大学出版会．
松尾康憲（2005）『現代ベトナム入門』日中出版．

Bo Giao Duc Va Dao Tao (2016) *LICH SU 12 (Tai ban lan thu tam)*, Ha Noi: Nha Xuat Ban Giao Duc Viet Nam.
Huy Duc (2012) *Ben Thang Cuoc* Ⅰ. *Giai Phong*, California: Osin Book.

Mac Ngon; Tran Trung Hy dich (2008) *Ma Chien Huu*, Ha Noi: Nha Xuat Ban Van Hoc.
Nguyen Binh Phuong (2011) *Xe Len Xe Xuong*, California: Dien Dan The Ky.
Nguyen Binh Phuong (2014) *MINH va HO*, Ho Chi Minh: Nha Xuat Ban Tre.
Nguyen Dinh Tu (2014) *Xac Phan*, Ho Chi Minh: Nha Xuat Ban Tre.
Vien Su Hoc (2017) *Lich Su Viet Nam Tap 14 Tu Nam 1975 Den Nam 1986*, Ha Noi: Nha Xuat Ban Khoa Hoc Xa Hoi.
Weaver, Gina Marie (2010) *Ideologies of Forgetting: Rape in the Vietnam War*, New York: State University of New York.

新聞記事

鈴木真「黙殺された中越戦争30年」『産経新聞』, 2009年3月4日。
Quanh viec cong dong mang phan doi 'Ma chien huu', BBC Tieng Viet 04-03-2009.
Le ra nha nuoc phai tuong niem 17/2, BBC Tieng Viet 17-02-2013.
Nhieu bao im lang trong ngay 17/2, BBC Tieng Viet 17-02-2013.
Thuy Giang, Cuoc chien bien gioi 1979, BBC Tieng Viet 17-02-2013.
Dai su TQ tham mo tu sy TQ o Yen Bai, BBC Tieng Viet 06-04-2013.
Bao VN go bai ve chien tranh bien gioi, BBC Tieng Viet 13-02-2014.
Dang va Hua khai dao ngay 17 thang 2, BBC Tieng Viet 17-02-2016.
Cuoc chien Viet-Trung nam 1979 qua cac con so, BBC Tieng Viet 20-02-2017.
Thuy Khue, Cuoc chien Viet — Trung trong "Xe len xe xuong" — tieu thuyet moi nhat cua Nguyen Binh Phuong, RFI Tieng Viet 28-02-2012.
Nhin lai chien tranh bien gioi 1979, Thanh Nien 17-02-2013.
Tuong nho cuoc chien bao ve bien gioi phia bac, Thanh Nien 15-07-2016.
Nen trao doi hoc gia Viet Trung ve chien tranh bien gioi, Thanh Nien 17-02-2017.
'Xac pham '— cuon sach quyet khong' chet' tren ban kiem duyet, VNExpress 14-08-2014.
Chien tranh bien gioi — nhung dau moc khong the lang quen, VNExpress 17-02-2017.
Nguyen Binh Phuong: U uat, so nguoi nhung troi nhieu may trang, Tien Phong Chu Nhat 01-03-2015.
Van hoc hien thuc huyen ao: Mon an khong the choi bo, Suc Khoe Doi Song 26-07-2015.
Danh mat ky uc la danh mat coi nguon dan toc, Dai doan ket 06-03-2016.

ウェブサイト

「石の龍」http://www.viet-studies.info/VuNgocTien_RongDa.htm
  (2015年11月20日最終アクセス)
http://danlambaovn.blogspot.com/2016/09/csvn-phan-boi-cha-ap-len-than-phan.html
  (2016年9月5日最終アクセス)

第3章 ソヴィエト・ロシアのプロパガンダにおける女性図像と象徴性
―― 社会主義国家の建設から総力戦体制へ

前田しほ

はじめに

　ロシア革命の主要理念の一つは女性の解放であった。その女性政策は、いわば男女共同参画社会の先駆けである。初期ソヴィエト政権は配偶者間の平等を重視し、最終的に家族の解体を目指していた。しかし、1930年代に家族死滅論から家族重視政策へと大きく舵が切られ、女性政策は「大後退」し、家族観・ジェンダー観が保守化した。女性問題は解決済みとされ、これ以降女性問題を指摘すること自体が、体制批判として迫害された。1930年代後半の大粛清を生き延びた人びとは、規律優先の行動様式を習得し、国家に面とむかって逆らわずにやりすごす生活スタイルを身につけた。このような態度は、後続の世代にも引き継がれ、実質的な平等にむけたオープンな議論が可能な言説空間が形成されることはなかった。しかし、条件つきながらも社会的経済的自立が女性に付されて、何世代もたてば、女性が生涯を通じて社会との関係性を維持することは当たり前とみなされるようになる。その結果ソ連時代末期には全就労者のうち約半数を女性が占め、1990年代の高い失業率の中でも、専業主婦志向は極めて低かった(五十嵐1998: 111-114)。

　若桑みどりは、従来の近代国家論にジェンダーの視点が欠落していたことを指摘した上で以下のように述べている。「近代国家は整備された施策や法制度によって、もっとも堅固な男女性別役割を組織化し、その道徳や文化を発展させたのである。近代国家は男女差別役割の制度化をその特徴としている」(若桑 2001: 11)。筆者はこの立場を支持し、20世紀の新生国家ソヴィエト

連邦における女性解放政策の推移を,性差の権力関係が組み直され,新たな差異の組織過程としてみなす。

　本書の争点は戦争の記憶である。近代的国民国家形成の文脈において,戦争や革命の記憶が重要な役割を果たす——これが,本書に共通する認識である。そして,国民的な災禍として経験された大きな暴力にいかに立ちむかい,乗り越えたかというナショナル・ヒストリーには,国民を統合する力学と同時に,分断し,差異化する力学が見出される。たとえば,英雄の創出は,英雄ではない者,格下げされた他者を生む。敵に通じることはむろん,国家に貢献しないことを悪とする概念が生じる。対敵協力の疑いをかけられたクリミア・タタールやカルムイクが民族ごと中央アジアやシベリアに強制移住させられ,辛酸を舐めた。ナチ・ドイツ軍に占領された地域の住人は,それだけで,戦後進学や就職で差別をうけた。

　民族,宗教,年齢,言語,居住地域,職業,教養——こうした人びとを分断し,差異化する要素のひとつとして,性差には大きな意味がある。武器を持ち,戦闘に従事することは,標準的に男性の領分とみなされるからだ。第二次世界大戦の参戦国では総力戦体制構築のため,戦線を維持するため徴用される男性に代わり,女性に社会構造を支えることが要請される。銃後の軍需産業をはじめとして,社会進出が進む。戦後男性の復員にともなって,女性は家庭に戻ったが,この社会的な体験が,女性のメンタリティを大きく変え,戦後の社会進出を後押ししたことはよく知られている。1930年代に女性の社会進出が急激に進んだソ連でも,戦争が開始すると,一層の促進をみた。コンゼによると,1940年に1200万人,つまり被雇用者の約4割——1200万人を女性が占めていた。戦争開始後,この数字ははねあがる。工業分野だけでも,1942年51.6％,1943年には53％と最高水準に達し,戦争が終結した1945年になっても51％を維持している。農業をふくんだ全分野で見ると,1940年38.4％であった女性の比率は,1943年57％にいたり,1945年になっても56％という高い数字を示す(Conze 2001: 218-219)。

　さらに,80万人とも100万人ともいわれる規模で,女性が軍隊に動員された。圧倒的多数の女性は銃後に留まったとはいえ,看過できない規模であ

る。男性が強制的に徴兵されたのに対し，これらの女性の多くは自ら志願した。「女性向き」とされた医療分野（衛生兵，看護婦，准医師，医師）や後方での支援業務のみならず，前線の戦闘員に志願した。女性が進出した分野は多岐にわたる。地下活動，パルチザンはむろんのこと，戦闘員に志願した女性も少なからず存在した。高射砲兵やスナイパーは「女性向き」とされ，夜間爆撃部隊のひとつはパイロットやナビゲーターを含め，女性から構成されていた（Ivanova 2003: 256-257）。ゾーヤ・コスモデミヤンスカヤ（1923-41）のような「悲劇」の死を遂げた女性＝パルチザンや，戦功をあげた女性＝戦闘機パイロット，女性＝狙撃兵は，男性以上に格好のプロパガンダとして利用された。当然，女性の前線動員の一般化は，戦争表象にも影響を及ぼしている。ソ連の戦争映画・文学では細い腰のスカート姿の女性兵士がロマンスのお相手として必ず登場する。

　ここに近代兵器を手に闘う女はいかに誕生したかという問いが生じる。この点で，ベラルーシのロシア語作家スヴェトラーナ・アレクシエーヴィチが採録した，かつての女性兵士たちの証言は興味深い。

　母は父と一緒になって私を行かせまいとしました。でも，私の思いはただ一つ。前線へ，前線へ，でした。今は博物館入りしてしまった，あのポスターよ。「母なる祖国が呼んでいる！」「君は前線のために何をしたか？」少なくとも私にはとても大きな影響があったわ。いつも目についていた。歌だってあったでしょ？「立ち上がれ！　広大な国よ……決死のたたかいに立ち上がれ……」(Aleksievich 1985: 63)

　看護婦にはならない……私は撃ちたい！〈省略〉うちの学校にはよく内戦の英雄やスペイン内戦で戦った人たちが講演に来ていた。女の子たちは男子と平等だと感じていました。私たちは引き離されたことがありませんでした。逆に，子供の頃から聞かされて育ちました。「少女よ，トラクターのハンドルを握れ！」「少女よ，飛行機の操縦桿を取れ！」(Aleksievich 1985: 69)

後者の証言者は，狙撃兵となった。看護婦となることを断固として拒否し，戦場を目指した。彼女の言葉は，女性と男性は平等であると実感して育ったこと，そして，同世代の男性にできることは自分にもできるとの確信がにじんでいる。そしてこの信念を育てたのが，ポスターやスローガン，教育だった。従軍した女性兵士たちは，10代後半から30代前半にかけての年代である。1930年代に教育をうけ，自我を形成した世代が，男性並みの国民イメージを内面化していたことがうかがえる（前田 2015b）。

　若桑は戦前の日本の女性の国民意識に皇后のイメージが重要な役割を果たしたことを明らかにしている（若桑 2001）。国家が良妻賢母という理想の女性＝国民像を提示し，女性たちがそれに憧れるように導き，自ら内面化せしめた結果として，女性は国民化したのだという。優れたプロパガンダとは強制ではなく，同意を促すことで，国民を統治するのである。戦前日本の女性表象についての若桑の理論的枠組みは，強権的なソヴィエトの事例を分析する上で，有益な観点を供する。本章では，革命から独ソ戦にいたる時期のソ連で，政治性の強いプロパガンダの女性図像において，性差の権力関係がいかに制度化されていったのか考察することとする。

　第1節では，革命から1920年代の社会主義リアリズム創成期の先行研究を概観する。第2節では1930年代の女性政策が保守化した時期に注目し，スターリニズムの統治システムとしての女性図像を分析する。第3節では，戦時下のプロパガンダポスターと戦時中に建設された地下鉄駅の総力戦を顕彰する装飾を分析する。戦前に形成されたプロパガンダの表象体系とジェンダー秩序の継続性および総力戦体制の特徴と傾向を検討する。

1. プロパガンダポスターのジェンダー秩序

　社会主義リアリズムの様式が確立する1920年代から1930年代にかけての女性図像をめぐる分析と解釈は，すでに一定の研究成果が英語圏で蓄積されている。それらは女性政策やジェンダーをめぐる公式見解とプロパガンダの女性図像とが必ずしも一致しないことに注意を促す。実社会では，革命直後

婚姻の自由が認められ，離婚の制度が整えられ，子供の認知・養育の条件が定められた。1920年代には事実婚に法的拘束力が認められ，人工妊娠中絶の合法化もなされた。女性を家事・育児の負担から解放するという理念の下，公共サービスの充実がはかられた。しかし，イメージは現実社会を忠実に模写し，再現したものではないし，公的言説の反映ではない。女性解放の掛け声とは裏腹に，プロパガンダで用いられる女性像は少数派で，女性を中心に据える構図も限定的だった。逆に，家族観・ジェンダー観が保守化した1930年代に，社会で活躍する女性＝英雄像が熱心に生産された。

この時期男性像がしばしば単独で描かれたのに対し，単独の女性像は極めて少数派であったと指摘されている。つまり，女性像は，男性像とセットで描かれ，男性との関係性においてのみ分節化されているという。

先行研究が一致して指摘するのは，ボリシェヴィキはプロパガンダの重要性を非常によく理解し，当初から，新政権を象徴する図案の創出に熱心に取り組んでいたということだ。しかし，1917年の10月革命にて政権を握った直後は革命と内戦の混乱で，公式見解の合意をみていなかった上，乱立した制作団体の統制は難しかった。表現の自由が残されていたこともあり，政治アートは芸術家にとっては，それなりに魅力的な分野だった。最初の数年はプロパガンダのノウハウを持ち合わせておらず，新体制にふさわしいプロパガンダの創出に試行錯誤していた。ソ連建国の最初の15年のプロパガンダの図像を分析したウォーターズは，コインや切手，記念碑，ポスターなど公的な図案を精査して，そこに登場する圧倒的多数が男性像であることを明らかにした。確かに，ひとつの潮流として，赤いプラトーク（スカーフ）を被った若くて魅力的な女性労働者の新しいイメージが賛美されたのは事実であるが，女性の肖像が旗，勲章，記念碑といった政治的に高位の図像に用いられるケースはほとんどなかった。彼女はその理由を，第一に，女性は政治的・文化的に立ち遅れ，進歩の象徴とみなすにふさわしくないと考えられたこと，第二に，マルクス主義者たち自身が性別役割分業をうけ入れ，女性を家庭と家族に結びつけて考えていたことにあると説明している（ウォーターズ 1994: 12-13）。ボリシェヴィキ体制を擬人化するのは総じて男性像であった（Waters

1991: 227-228)。

　民衆の支持を取りつけることが目的であるプロパガンダポスターでは，描かれるのは男性だけではなかった。経済の生産性から識字率向上，健康改善にいたるあらゆる面で，生活の変化を提案しようとするポスターは，訴える対象に女性もふくんでいたからだ。内戦時の呼びかけは男性が対象だったため，もっぱら男性の図像が描かれたが，1921年にネップ（新経済政策）が始まると，新しいソ連社会の労働者の中に女性がふくまれるようになる。むしろ，女性を啓蒙の対象とし，女性特有の分野をテーマとしたポスターでは，女性の目を引くことを目的として，赤いプラトークの女性労働者のイメージが流布される。そしてそのような分野では女性は単独で主役として登場することが許された。他方で，男女がペアで描かれるポスターでは，男性優位女性劣位のジェンダー秩序が明確に見うけられる。男性が上部や左手に位置し，能動的な身振りに立つのに対し，女性は男性の下部や右手に入り，受動的な身振りで，社会主義国家建設に邁進する男性を支え，補助する（Waters 1991: 233-235）。ウォーターズによる1920年代の図像分析は，プロパガンダにおける女性図像がその当初から周縁化された存在であり，それゆえに，主流である男性イメージとの関係性に注意を払うべきであることを示唆している。

　ボンネルは，ボリシェヴィキが確たるプロパガンダの方針を持っておらず，西洋画，ロシア正教の宗教画，ロシア絵画・民衆芸術など既存の芸術様式から雑多なイメージを流用しながら，国家や革命の理念を図案化していることを指摘した。宗教画からは聖ゲオルギウスや聖母子像，西洋画からは「勝利の女神ニケ」の寓意像といった具合である。「英雄」のイメージもまた西洋からの流用である。革命にとって英雄は必要不可欠である。フランス革命にとっての英雄ヘラクレスに相当するのが，10月革命では労働者階級だった。革命後数年たつと，労働者像はハンマーを鉄床に振り下ろす男性＝鍛冶工のイメージに落ち着く。そして1920年代を通じて，鍛冶工は単純な労働者階級の象徴から，ボリシェヴィキの労働者，とりわけレーニンを信奉する党員の象徴へと変容する。こうした男性＝労働者＝英雄の特権性は構図に表れている。男性＝労働者像が単独で描かれたり，大きく描かれるのに対して，女

性＝労働者や男女の農民は単独では表現されず，必ず二人一組か集団で描かれる。男女の農民のペアとして，あるいは男女の労働者のペアといった具合だ。英雄の位階秩序のトップに立つ男性＝労働者は，他者の存在を必ずしも必要としないが，農民や女性が視覚化される上では，他者との関わり方が重要なのだ。我々の議論にとって興味深いのは，労働者＝英雄に匹敵する地位を唯一得ているのが，内戦時の赤軍兵士像であるということだ(Bonnell 1997: 21-28)。

2. 家族の再定義と女性像の象徴性

1930年代はプロパガンダの目的そのものが変化し，男性像・女性像の視覚的イメージと機能も変容する。最大の特徴は「未来を語る」という至上命題の出現である(大武 2009: 10)。1920年代後半から30年代前半にかけては，ソ連が政治的・社会的・経済的に大きな変化をこうむるが，スターリンの権力掌握と体制展開と一致する。プロパガンダは国内統治のシステムとして機能する。したがって，1930年代のプロパガンダの図像を考察するとき，スターリニズムの政治構造との関連性を考慮する必要がある。

この時期の主要な政治的な動きは下記の通りである。1924年にレーニンが死去し，その後党の実権はスターリンが掌握することになる。1921年に始まった新経済政策(ネップ)は1927年頃には終焉を迎え，あらゆる局面で党による管理が強化される。文芸も例に漏れず，1932年に共産党中央委員会が「文学・芸術団体の改変に関して」決定を出し，乱立していた団体も解散の上，一元管理されるようになる。ここで，社会主義リアリズムと呼ばれる芸術様式が提唱される。ソヴィエト作家同盟は社会主義リアリズムを革命的発展の中に現実を描くことと規定しているが，これという明確な定義があったわけではない[1]。他方，農村では個人農が解体され，集団化され，農民から激しい抵抗をうけた。1932年から33年に大飢餓が頂点に達し，550万人から600万人といわれる餓死者を出している。1936年から37年にかけての悪名高い大粛清では，エリート党員から農民までおびただしい犠牲者が

銃殺に処せられ，強制収容所に送られ，巨大な収容所産業が成立した。現実は陰惨であったが，「未来を語る」という掛け声が明るく響きわたり，社会主義建設に邁進する女性がポスターだけでなく，映画や美術においても描かれた。それらは陽気で明るく，娯楽的ですらあった(貝澤 2011: 124-125)。たとえば，農村の深刻な飢餓を覆い隠すかのように，豊富な食料に覆われた食卓や山となす黄金に輝く小麦のシーンが映画や絵画にあふれたのである。

　また女性政策は退行し，1930 年の婦人部解体，1936 年のスターリン憲法，同じ年に中絶法等女性の生殖能力の管理強化，多くの子を持つ母親への公的補助の拡大，子への扶養料取り立て強化，離婚手続きの複雑化，産院，託児所施設の拡充が決定され，母性重視の傾向が強まる。河本和子によると，家族解体から強化への方向転換がドラスティックであった割に，政策担当者たちがこの大転換について意見を戦わせた痕跡を見つけにくいという。1926 年法では広く激しい議論がおこなわれたことと比較すると対照的である。1936 年決定の法文に以前の政策との連続性が強調されているのだが，本来は家族が死滅すると予測された社会主義到来の，まさにその成立したと考えられる時期に，家族を強化する方向に転換されていることは不可解であるという。考えられる理由としてあげられているのは，1920 年代に起きた離婚増加，中絶数増加にともなう出生率低下，浮浪児の増加および少年犯罪増加である。さらに工業化に資金を傾けた結果，これらの問題解決のためのリソースを政府が持ち合わせていなく，家事・育児を公共サービスとして提供する資金にも欠けていた。周辺的な事情としても，こうした問題解決をはかろうとする政権の保守化やあるいは伝統的な家族の役割を好む社会階層に妥協したという指摘もある。このような全体的な流れの中で，家族に伝統的な役割を付与することが安上がりで，広範な理解を得られやすかったのではないかというのが河本の推論だ。ただし，決して伝統的な家族観に立ち戻ったのではなく，新たな社会主義的家族の創出であると主張している(河本 2012: 198-200)。

　若桑は，近代国家は個人を家族の枠組みの中に組み込み，家族を基礎単位として管理することで，国民を効率的に支配する仕組みを持つと述べている。

女性の生殖の管理は、近代国家にとっては国家的利害につながる。女性を生命の維持装置として、生命の生産者とすることで、国家を支える労働力と兵力が確保されるからだ(若桑 2001: 10)。この観点から再考すると、1936年決定には家族を国家統治の基礎単位として位置づけ直す意図がうかがえる。妊娠中絶の選択肢を女性から取り上げることで、その再生産機能を国家の管理下におくことができる。国民が気まぐれに家族の結成と解散を繰り返せば、基礎単位としては成り立たない。そこで、扶養料を高くし、離婚しにくい状況を作り出すことで家族の固定化と継続性を狙ったのであろう。出産・育児への支援強化は、国力増強のため、国民の再生産の環境を整えるための方策である。

しかし、ソ連の場合、第一次五カ年計画(1928-32)による工業化の推進が、労働力不足を招き、その解決策として女性が一層当てにされるようになった。女性は労働力の供給源であると同時に、再生産の動力源でもあったため、仕事と家庭を両立しうる労働システム構築が重視された。前述の河本はそうした公共サービスを理想的な形で実現するには資金が足りなかったと指摘しているが、ここで重視すべきは理念である。チャタジーによれば、出産・育児・家事といった家族の再生産機能を支える公共サービスが整えられることで、母親業はパブリックな行為として規定される。これにより、生物学的再生産は社会的行為であり、市民としての義務とみなされるようになった(Chatterjee 2001: 60)。現実的な実行可能性よりも、女性の再生産機能が理念として公共領域に回収されたことが重要だ。加えて、女性は就労することによって、社会的な上昇の機会を得ることともなった。職業人として成功すれば、経済的自立と社会的威信を獲得し、それは家族内の権力関係を組み替えうる力を与えたのである。そのため、女性のアイデンティティは職業と強く結びつくこととなった。女性の賃労働の定着は、経済的自立をもたらしただけでなく、アイデンティティに大きな変革をもたらした。それゆえ、ロシア女性の生活にとっては、10月革命より、スターリン革命というべき1930年代の変化のほうがずっと決定的な瞬間だったというチャタジーの主張は説得力がある(Chatterjee 2001: 56)。

したがって，男女平等の理念が後退した時代に，女性イメージが公的な表象の舞台により一層頻繁に登場することは，決して矛盾した現象ではない。女性は公的領域から駆逐されたのではなく，公的領域の中で再定義されたとみなすのが妥当であろう。その点で，1930年代に女性図像はソ連の後進性を象徴するものから，近代化を象徴するものへと転換したというチャタジーの指摘は興味深い(Chatterjee 2001: 49)。ウォーターズは赤いプラトークの女性＝労働者のイメージが，1920年代にそうであったような，もっぱら女性にむかって呼びかける役割を脱し，1930年代にもっと広く大衆の目の前に登場するようになったのは，数十万人単位での女性の就労がおこなわれた結果だとする(Waters 1991: 238-239)。しかし，これは必ずしも現実の世界で女性が近代化を促進する存在となったからではない。そうではなくて，女性がソ連の後進性を象徴していたからこそ，工業化によって「進歩」するソ連の生活水準の向上を，旧体制下と比較して，より鮮やかに印象づけることができるシンボルとなったのである。

　また，レイドは，農村の集団化を促進するために女性＝農業従事者図像が多用されたことについて，次のように説明している。女性が頻出するのは，集団化に協力的であったからではない。むしろ，伝統的な生活スタイル破壊に抵抗し，集団化の障壁となっていた(Reid 1998: 136)。女性を懐柔するために，近代化の先鋭として女性を視覚化する必要があったという。ボンネルによると，まっすぐ正面を見据え，牛馬を引く若い女性の姿が前面に描かれたテルプシホロフ作『集団農場へ！』(1930)は，強制的に集団化された農民が家畜を殺すことを止める目的で，10万枚印刷され，各地の言語に翻訳された。1930年代以前は，農業に従事する女性は，無学で粗野に描かれており，このような構図は見られないという。1930年代の集団農場で働く女性は，女性＝労働者同様にプラトークをうなじで結び，ときには都会風の断髪で描かれるようになった(Bonnell 1997: 102-105)。このように女性＝労働者も女性＝農業従事者もその象徴性に大きな変化が見うけられる。

　ここまでの議論を整理しよう。女性イメージは，1920年代には旧体制の抑圧と後進性を象徴していたのに対し，1930年代には近代化の最前線を

担った。要因として考えられるのは，第一に，政治学的な正当化の対象が10月革命からスターリニズムへと変化したことの反映である。第二に，プロパガンダの目的が，望ましいとされるふるまいを示す方向に変化した。だが，ここでも女性が男性に対して劣位に位置づけられていたことに変わりはない。男性が文化，合理性と結びつけられれば，女性が自然，感情と結ばれる伝統的なジェンダー秩序が見られる。また女性の賃労働従事が一般化したといっても，もっとも重要な重工業を担うのは男性であり，女性が連想されるのは農業，食料品生産，消費，生物学的再生産であった(Reid 1998: 147)。このような例は枚挙に暇がないが，もっとも人口に膾炙したイメージとして，1937年のパリ万博にてソ連のパヴィリオンを飾ったムーヒナの彫刻『男性＝労働者と女性＝農業従事者』があげられる。モスフィルムのロゴとしても有名なこの作品では，男性が工業，女性が農業を体現している。キリスト教世界でより優位とされる右側に立つのが男性であり，身体も大きく，背も高い。女性は左側に位置し，身体はより小さい。視覚的なメッセージとして，非対称的なジェンダーの位階制が明白に読み取られる(前田 2014: 25-26; Waters 1991: 240-241; Bonnell 1997: 121)。

　もう一点新たな秩序の制度化として注目すべきは，指導者崇拝である。トゥピツィンは，ナターリヤ・ピヌスとグスタフ・クルーツィス合作『集団農場の女性は大きな力だ』(1933)を引いて，女性をスターリンの権威の記号として位置づける(Tupitsyn 1996: 164)。このプロパガンダポスターは，三等分された構図の真ん中に議場で演説するスターリンがフォト・モンタージュで示される。両側には女性が集団農場ではたらく姿が描かれる。右側は大鎌で小麦を刈り取る女性，左側はトラクターを運転する女性である。上段の一文は，スターリンの演説の一部を切り取ったものであり，下段に小文字でその演説のフレーズが掲載されている。「集団農場の女性は大きな力だ。その力を放置することは，すなわち罪である。我々には集団農場の女性を前進せしめ，事業を達成せしめる責務がある」。ポスターの主役はスターリンであり，女性たちはスターリンの言説の視覚的イメージとして立ち現れたものである。

　スターリンを頂点に抱く近代的家父長制の象徴秩序における女性図像の役

割を明快に示すものとして，集団農場の綿花の収穫で表彰されたウズベク人女性フェドトワを描いたシェガリの絵画『指導者よ，教師よ，友人よ』(1937)についてのレイドの分析は秀逸である。構図の上部を大きく占めるのはレーニン像である。壇上では，スピーチの原稿を握りしめる素朴な娘に対し，その右わきからスターリンが優しく語りかけている。タイトルも示すように，ここで中心を占めるのは，経験が浅い若い女性ではなく，彼女を教え導くスターリンである。この女性＝英雄はあくまでスターリンの権威の象徴だ(Reid 1998: 151-153)。彼女が英雄として輝くのは，彼女自身の個の力によるものではなく，男性＝指導者の卓越したパワーの反映である。翻せば，並外れた個性によって大衆を魅惑するのは，スターリン一人で十分なのだ。なお，この時期は男女を問わず，英雄が矮小化される傾向が視覚イメージのみならず，文学においても指摘されている。1930年代はスタハーノフ運動に代表されるように，平凡なありふれた労働者が英雄として顕彰された。しかし，それは個としての英雄ではなく，没個性的で匿名化され，集団的な英雄としての表現である(Bonnell 1997: 34-35)。スターリン崇拝の可視化と英雄の矮小化の現象には相関関係がある。

　スターリンとフェドトワの関係性には，さらにその男性／女性の非対称的関係性によって，家父長制的位階制が強調される。女性＝英雄は，スターリンが尊敬すべき父として，正しい道に導くべき子供として位置づけられている。彼女は慣れない大会場とスピーチに緊張し，観衆を前に困惑している。フェミニンな装いや表情で，どこかおぼつかなげに立つ様子は，英雄どころか，自立した大人という印象すら奪う。まるで保護すべき子供のようだ。そのため，父性の権威に挑む危険性が排除されている。指導者／国民の関係性に，父／子の疑似家族的な関係性が投影されているのだ。さらに，女性＝英雄に与えられる権威とは，実のところ，権威ですらなく，スターリンの威光の反射にすぎない。結局女性＝英雄とはその存在そのものが，スターリンの唯一無二の英雄性を際立たせるため，その輝きを反射する鏡映なのだ。

3. 総力戦体制とプロパガンダ

　1941年6月の独ソ戦の開戦から半年でナチ・ドイツ軍はソ連の内陸深くまで進攻し，ロシアの中部地帯が主戦場となった。戦局好転のひとつのきっかけがスターリングラード攻防戦における1943年2月のソ連側の勝利である。この後，ソ連軍が占領地域を次々と「解放」し，さらに1945年5月のベルリン陥落にいたる。不可侵条約を犯されて侵略され，やむなく武器を取り，自ら勝利を勝ち取ったという独ソ戦の勝利の神話は固く信じられている[2]。

　戦時プロパガンダについては，敗退を重ねる緒戦期（1941-42）と戦局が好転し，攻勢に転じる時期（1943-45）の二つに大きく分けられる。主役は赤軍兵士の男性図像である。緒戦期は，悲壮感にあふれ，愛国主義を喚起し，祖国防衛を国民に呼びかけるが，後半は，そのような雰囲気は消え，解放の喜びにあふれた明るい図像を特徴とする（前田 2014: 22-23）。

　これに対し，女性図像は周縁的なテーマを扱うが，兵士のみの男性像よりもバリエーションが豊かである。主要な主題は，「敵に迫害される若い女」，「息子を送り出す母」「総力戦体制への動員」の三つに整理される。

　敵に迫害される女性を描いたコレツキー作『赤軍兵士よ，助けて！』（1942）【図3-1】は，この種の図像の中でも人気が高く，今日一般に流通するポスター集やポストカードの定番である。子供を抱いた若い母親は聖母子像の構図を引き継ぎ，顔立ちはスラブ系である。ナチ・ドイツ軍によって蹂躙され，助けを求める母子の姿は，愛国心を掻き立て，男性を祖国防衛という聖なる任務に駆り立てようとしている。同種の図像の中でも，このポスターが優れている所以は聖母子像を連想させる構図であろう。

　ボンネルによれば，初期のボリシェヴィキは既存の芸術様式からイメージを借用し，その中に聖母子像も含まれていた。実際，この頃はまだ信仰を維持している国民も多く，このような聖なる図像は大衆に訴えかける感傷性に優れていたと推測される。怯える子供をひしと抱きしめながら，我々には見

80　第Ⅰ部　抑圧された記憶と周縁化された身体

図3-1　コレツキー『赤軍兵士よ，助けて！』(1942)
　　　（Snopkov et al. 2004: 93）

えない敵を見据える目は激しい抵抗の意思を表わしている。敵の銃剣には今まさに殺されたのであろう犠牲者の血痕が生々しく滴り落ちている。彼女の最期の瞬間が目前に迫っていることは明らかである。たくましい顔立ちや身体つき，プラトークの巻き方から推測すると，彼女は母であるだけでなく，社会主義国家建設に寄与する集団農場で働く素朴な農婦であろう。この点でいうと，戦前からの女性＝農業従事者の系譜を引く。しかし，象徴性も社会的機能も大きく変化している。ここでは，母親と農婦という二重の属性が大地との関連性を強調している。蹂躙される女性のイメージは，蹂躙される大地，愛しい故郷の代理表象として機能する。この図像は郷土愛を刺激し，それによって愛国心が喚起され，士気を高める目的を発揮したと考えられる。ただし，か弱き性である女性を守ることができず，死なせてしまうという状況は，男性の自尊心を傷つけ，悔やみきれない汚点を残しかねない。レイプの示唆をふくめ，敵に踏みにじられる女性のイメージが，戦局好転後に消え，戦後の記念碑や芸術でもほとんど視覚化されないのは，自らの男性性を危険にさらさないための回避だと考えられる。

第 3 章　ソヴィエト・ロシアのプロパガンダにおける女性図像と象徴性　　81

図 3-2　コレツキー『英雄になっておくれ』(1941)
(Snopkov et al. 2004: 89)

　第二に，息子を戦場に送り出す母親のイメージの代表として，同じくコレツキーの『英雄になっておくれ！』(1941)【図 3-2】をあげたい。これは若桑のいうチアリーダーとしての女性像である (若桑 2000a)。この種の画像は，すでに第一次世界大戦時に広く普及したプロパガンダポスターに表われている。素朴な農家の内部で，プラトークを頬かむりする母親＝農婦が息子の首に十字架をかけようとするシーンで，上部に「祖国を守るために，（前線に）行け」との文字が書かれている (Aksenov 2015: 21)。こうしたポスターが呼びかけるのは，男性への前線志願のみではない。むしろ，対象は女性＝母親であり，手塩にかけて育てた息子を戦場に送り出すことを促すことに主眼がおかれているとみなすべきだ。一般的に，子を死地に送り出すことを喜ぶことは難しい。オーラル・ヒストリー収集やアルヒーフに保管されていた秘密警察の取り調べ史料を検証したメリデールやブレースウェートは，革命の混乱，飢餓，大粛清の記憶が生々しい独ソ戦の開戦前後は，徴兵忌避，逃亡が相次ぎ，ナチ・ドイツ軍の到来を心待ちにしていた人びとも多かったことを明らかにしている (メリデール 2012: 115-116; ブレースウェート 2010: 120)。

緒戦期のソ連国民は決して一枚岩的に団結してはいなかった。現在のロシアでも，母親が徴兵忌避に奔走する姿は珍しくない。ソヴィエト政府への不信が強かったこの時期に，若い世代はともかく，母親の世代に，大事な息子をソヴィエト政府に捧げたいと願う女性＝国民が多かったとは考えにくい。兵士として動員しうる男性を徴兵するのに，それに同意しようとしない母親のほうが多数を占めていたと考えるほうが整合性がある。息子を国家防衛という神聖な任務に捧げることを通して，女性もまた国民として顕彰されうる存在であることを啓蒙する必要性がうかがわれる。その意味で，この図像は，集団化の阻害要因であった女性を懐柔するために，女性を近代化の象徴として前面に押し出した戦略の流れを汲むとみなされよう。ただし，国家に捧げるべき犠牲が牛馬ではなく，息子というわけだ。なお，息子を戦場に送り出す雄々しい母親のイメージは，戦後の記念碑において，戦死した息子を悼む母親という形で姿を変えて再来する。

　第三の総力戦体制の動員についても，多くのプロパガンダポスターが生み出された。男性が前線に駆り出されたため，従来女性の比率が高かった食料部門や軽工業部門はもとより，軍需産業の基盤である重工業も，高齢者，若年層，女性労働者に頼らざるをえない。この際，銃後を担う人びとの集合的イメージとして視覚化されたのが女性であった。このような女性の姿は，開戦から，戦後復興までプロパガンダポスターに多数描かれた。興味深いのは，銃後を支える国民のイメージが，すでに戦時中にポスターという即席のプロパガンダ空間を飛び出て，首都地下鉄の駅装飾に採用されていたことだ。ソ連はモニュメンタルな都市空間の建設に熱心であったが，緒戦期にはそのような余裕はなかった。しかし，戦局好転後の 1943 年には，素材は石膏とはいえ，モスクワ攻防戦の勝利を記念する碑「勝利の凱旋」がモスクワのレニングラード街道に建立された。これは男女の兵士像で，ムーヒナの彫刻同様，一見平等を謳いながら，サイズや位置関係に男性像の優位性が見られる(前田 2014: 25)。

　そして，1943 年から 44 年にかけ，第三期のモスクワ地下鉄工事がおこなわれ，自動車工場駅(当時スターリン記念工場駅)，ノヴォクズネツ駅，パル

第3章　ソヴィエト・ロシアのプロパガンダにおける女性図像と象徴性　83

図3-3　電機工場駅　農婦のレリーフ（1944）
筆者2012年3月撮影

チザン駅（当時イズマイロフ駅），電機工場駅が開通した。これらは絢爛豪華な石材，レリーフ，壁画，モザイク，彫刻で飾られた「宮殿」であり，赤軍兵士，パルチザン，軍需産業労働者，銃後社会を支えた国民が顕彰されている。兵士像は男性に占有されているが，銃後を支える国民の列に女性の姿が多数見られる1944年開通の電機工場駅の中央ホールの大理石のレリーフは，彫刻家モトヴィロフによって独ソ戦の前線と銃後を主題に作成された。ここでは銃後の国民の総力戦体制への貢献が顕彰されている。作品10点のうち，農業と軍需産業を主題とする2点を例にあげよう。【図3-3】は食料部門での女性の活躍が称えられている。5名の農業従事者のうち4名が女性である点に，男性が前線に動員されたことで，女性が銃後を支えることとなった状況が示されている。中央に堂々と立つ女性は，立派な身体つきで小麦の束を肩に背負い，大地を両の足でしっかり踏みしめる。プラトークは都会風にうなじで結んでいて，1930年代の女性＝農業従事者のイメージを彷彿とさせる

図3-4　電機工場駅　戦機制作のレリーフ（1944）
（Trofimov 2007: 113）

近代化の象徴である。他方で，左端には唯一の男性がたくましい筋骨を強調してトラクターに寄りかかっている。女性が多数を占め，中心人物が豊かな胸の女性であるとはいえ，農業の機械化を象徴する男性＝トラクター運転手の存在が，男性の優位性を物語って余りある。トラクターは農業分野における近代化の象徴であり，その運転手は花形職業であった。

【図3-4】は単なる重工業ではなく，前線への兵器・武器の供給を担う軍需産業工場における女性労働者を描いている。戦機にプロペラを取りつける労働者4名のうち3名が女性であり，軍需産業においても男性が前線に駆り出された空白を埋めたのが女性であることが示される。他方で，中央に大きく占めるのは男性＝労働者であるので，その指導的な役割は明白である。多数派とはいえ，あくまで女性たちは補助者なのである。このように，総力戦体制下のプロパガンダにおいても，女性のイメージは男性の下位におかれる。

最後に，戦う女性のイメージに言及したい。銃後への動員と比較すると，女性に対し前線への志願を呼びかけるポスターはほとんどない。確認できる

のは，看護婦としての従軍である。戦闘員としての女性兵士の姿は見られない。独ソ戦期の赤軍は，100万人の女性兵士を創出したことでよく知られているが，実のところ，政府が積極的にとった政策ではない。開戦直後，政府は殺到した女性志願者を追い返していたが，緒戦の敗北で消耗した戦力を補うため，開戦半年後，やむなく女性の動員に踏みきったのだった。そのため前線では心理的にも物理的にも女性をうけ入れる準備が整っておらず，現場が拒否する事例が多発した。その中で，女性むけとして認められていたのが，医療の分野である。武器を持って生命を奪うのではなく，生命を救う女性は歓迎され，求められた。

　武器を持つ女性の可視化が許される唯一の場が，パルチザンの描写であった。正規軍ではない。ソ連は広大な国土を占領されたため，敵軍の背後から攻撃を仕掛けたり，補給線に打撃を与え，諜報活動に携わるパルチザン活動は重要な戦略で，正規軍より危険な任務であったといえる。捕虜から脱走した将兵などが，森林に潜み，パルチザン攻撃を仕掛けたのが原点であるが，その後モスクワの統率をうけるようになり，組織化され，強力な戦力となった(ブレースウェート 2008: 472-273)。しかし，パルチザンへの志願を呼びかけるポスターや顕彰碑において視覚化されるのは，男性＝高齢者と女性だ。パルチザンは年齢，ジェンダーの雑多な集団として表現されることが多く，壮健な男子は見当たらない。ソ連では一度でも敵の捕虜となった将兵は，裏切り者とみなされたので，そのような出自を連想させる容姿の男性を視覚化することは公的言説の規範に反するものであったかもしれない。そして，敵地で活動するには，一般市民と見せかけられる女性や高齢者のほうが都合が良いのは間違いない。

　1944年に開通したイズマイロフ駅には，階段の踊り場にマニゼルによる3名のパルチザンの銅像が設置された【図3-5】。実のところ，1938年時点での駅名はスターリン記念スタジアムが予定されていた。1943年の素描でも，今日パルチザン像が立つ踊り場にはスターリン像が描かれている(Trofimov and khafizova 2007: 118-119)。パルチザン像では，男性＝高齢者，少年，女性の3者によって聖なる三位一体が構成されている。いずれもスラブ系の顔立ち

図3-5 パルチザン駅　パルチザン像(1944)
筆者2012年3月撮影

であるが，中央を占めるのは，威厳に満ちた老人である。もっとも高くに位置し，右手をあげ，呼びかけている。この能動的な身振りにより，指導者的な位置にある。第一次大戦や内戦の経験，場合によっては日露戦争の従軍経験もあるかもしれない。知恵と経験によって，民衆の抵抗を率いるリーダーの貫録を備えている。左手の少年の姿勢と表情は，偵察あるいは待機中であることを示唆し，地面にかがみ，油断なく敵の行方を見つめている。正規軍

第 3 章　ソヴィエト・ロシアのプロパガンダにおける女性図像と象徴性　87

図 3-6　パルチザン駅　ゾーヤ像（1944）
筆者 2012 年 3 月撮影

に召集されるには幼いが，愛国心にあふれている。右手の女性は 3 者の中でもっとも奥に位置する。一見したところ，女性は若くもなく，高齢でもなく，中年と思われる。3 者の年齢はそれぞれの世代を代表し，若年層から老齢までの年齢を問わず，世代を超えた団結の象徴として機能している。女性の手にも，赤軍のシンボルでもある短機関銃 PPSh が握られているが，姿勢は受動的で，男性二人の背後に控えている。農民風のスカートとプラトークの服装で，強い意志を称えながら静かに控えめに立つ様子は，女性としての徳性も備え，従来の女性図像の延長線上にある。武器を手にするとはいっても，抵抗の意思表明であり，攻撃性をともなうものではないことに注意を払うべきだろう。

　この駅のホームにはソ連邦英雄ゾーヤ・コスモデミヤンスカヤの銅像がある【図 3-6】。ゾーヤは，1941 年モスクワ攻防戦においてパルチザンに志願し，

ナチ・ドイツ軍の占領地域で民家に放火する任務中にとらえられ，拷問され，処刑された。ゾーヤは独ソ戦で初の女性英雄となった。彼女の自己犠牲の物語は，新聞報道で称賛されたばかりでなく，格好の戦意高揚の材料として絵画や映画で描かれ，あらゆるメディアを総動員して神格化された。銃を肩にしたスカート姿の少女の像は，戦後各地に乱立することになる。ゾーヤの神話形成に重要な役割を果たしたのが，その任務と生い立ちを描いた映画である。ゾーヤを描いた映画は戦後何度もリメイクされるが，その最初の一本は，1943年にアルンシタム監督で撮影，1944年に公開された。

　トマルキンによれば，この映画はゾーヤを神格化するために大きな脚色がほどこされている。たとえば，戦争が始まると前線に赴いたことになっているゾーヤの父は，実際は，祖父とともに大粛清の際に銃殺されている。熱心な共産主義者だった叔父に感化され，コムソモールに入団したが，ゾーヤをパルチザンに志願させたのは，家族の汚名を晴らしたい母だった。ゾーヤの死後，母親は娘を国民的英雄とするため熱心に活動をした。もっとも大きな脚色は，実際には数カ月早く生まれているのに，レーニンが死んだ同じ日に誕生したということだ。また，ゾーヤは最期にスターリンを礼賛した言葉を叫んだとされているが，映画では「スターリンが来てくださる！」と叫ぶ (Tumarkin 1994: 77-78)。人生の始まりと終わりにおける二人の指導者との交錯は，象徴性の付与という点で重要である。ソヴィエトの精神をうけ継ぐ新世代として誕生し，救国の英雄たる指導者によって勝利がもたらされることを予言する。実際のところ，彼女の任務にも死にも戦略上の意味はない。戦争のおびただしい犠牲のひとつであって，彼女自身が何かをなした英雄ではない。たとえ伝説的な国民的英雄であっても，ゾーヤは個としての英雄ではなく，スターリニズムの統治構造を支える無数の集団的な女性＝英雄の一人にすぎない。しかし，ゾーヤはこれらの集団的英雄の頂点に君臨している。総力戦体制の構築という目的は，家父長制的象徴秩序をより強化する方向にはたらくことが見て取れる。

　以上のように，戦時プロパガンダポスターと地下鉄駅の装飾を分析すると，プロパガンダの目的を総力戦体制の構築へと修正しながらも，1930年代に

形成されたスターリニズムの統治の力学を継承していることが読み取れる。女性は社会主義国家建設においても，総力戦においても，主人公とはなりえない。女性は男性を支えるか，男性に守られるべき存在である。英雄となりえるのは，スターリンの威光によって選ばれた者であり，その功績によるものではない。なお，こうして戦時プロパガンダが典型化した図像は，フルシチョフの第二次スターリン批判(1961)をうけて公共空間からスターリンの名とイメージが排斥された後，新しいナショナル・アイデンティティの拠りどころとして独ソ戦が記念化される過程で，再び注目されるようになる。ブレジネフ期(1964-82)を中心にソ連各地に壮大な戦争記念碑が乱立していく中で，女性のイメージは新たな象徴性が付与されて，息子＝兵士を失って嘆く母親の像が前景化する。生物学的再生産機能に依拠する母性が一層重視されていくのである(前田 2014)。

おわりに

　プロパガンダポスターは新たに創出されることはもはやないが，画集やポスター集，ポストカードとして今日もひっきりなしに書店に並ぶ。また，よくできたポスターは，しばしば小話の種としてパロディ化される。歴史博物館や戦争博物館では，オリジナル，レプリカ問わず雰囲気を盛り上げるための小道具として珍重されている。プロパガンダポスターは愛国主義を盛り上げ，当時の雰囲気をノスタルジックに演出するための必須アイテムでもある。
　他方，かつて「宮殿」と称賛された地下鉄駅では，そのモニュメンタルな空間は今日も維持されている。むろん，戦時中に建設され，総力戦体制を顕彰した装飾もそのまま残っている。ソヴィエトの国家の権威を喧伝するために作られた壮大なモニュメンタルな空間は，その壮大さゆえ，光景として人びとの日常の生活に組み込まれている。逆にいえば，その壮大さゆえ，撤去が難しく，残らざるをえない。今日も人びとはソヴィエトの精神を顕彰する空間を日常的に行きかっているのである。
　本章は，そうした今日も残るソヴィエトの戦争のメモリースケープを，プ

ロパガンダの創成期および形成期に遡って，ジェンダー秩序に注目して解読を試みた。女性解放という革命の理念は，プロパガンダの女性図像を分析すると，当初から男性優位女性劣位の位階制を内包するものであった。1930年代の母性重視への政策転換と社会進出する女性イメージが頻出する現象の関係性を考察したところ，女性は公的領域から排除されて，家庭に押し戻されたのではなく，女性の再生産機能が公的領域において位置づけられたとの結論を得た。また，プロパガンダの目的が明るい未来を描くという大きな転換を遂げる。ここでは，女性は後進性の象徴から，近代化の象徴へと位置づけ直されることとなった。この時期は，スターリンの権力掌握の時期と重なり，女性のイメージが家父長制的位階秩序をともなうスターリニズムの象徴秩序の構築に動員されていることを，女性＝英雄の権威の分析を通じて，明らかにした。女性＝英雄は，そのか弱き性たる女性性が強調され，教え導く指導者の威光によって，権威が与えられる。これらの構図と象徴性は，戦時プロパガンダにも継承されている。敵に迫害される若い女，息子を送り出す母，総力戦体制への動員といったいずれの主題においても，女性はその体制を支える大事な構成要因であるというメッセージ性が視覚化される。同時に，社会主義国家を建築する男性を支えることが女性の役割であり，かつスターリンを長とする疑似家族的な共同体としてのソヴィエト社会を，家父長制的な位階秩序において，視覚化する役割を果たしたのである。

　最後に，スターリニズムのジェンダー秩序を内包する社会主義リアリズムが，第二次世界大戦後どのように変化し，そしてアジアで受容されたか，ごく簡単に触れておきたい。ソ連では，第二次スターリン批判(1961)の後スターリン像が撤去され，その空虚な空間を埋めるように，独ソ戦を顕彰する碑が建設される。ソ連崩壊時には全土で7万を数えたという。芸術様式も変化し，後期社会主義と呼ぶ者もいる。ベトナムでは，ベトナム戦争中の戦時プロパガンダポスターには独ソ戦の戦時ポスターの影響がうかがえるが，戦後復興の中で建築された記念碑や公共建築物は後期社会主義様式の要素を色濃く反映している。他方で，中国はスターリン期に確立した社会主義リアリズムを受容したが，1956年のスターリン批判後の国交断絶の影響で，後期

社会主義様式はほとんど見られない。朝鮮民主主義人民共和国においても，少なくとも金正恩体制の下では，スターリン時代由来の社会主義リアリズムの現地化した様式が展開している。儒教的な価値観が，男女平等のイデオロギーに勝り，社会的には女性は男性よりも劣位におかれている。しかし，プロパガンダの視覚イメージにおいては，ソ連とは比較にならないほど頻繁に女性兵士像に出会う。特に，指導者と女性兵士が同席するタイプの戦争絵画は，独特で，興味深い。今後の文化コードの解読が待たれるところである。

注

1) ソ連研究では社会主義リアリズムは古典主義を基盤とする様々な様式の折衷と考える（たとえば，シニャフスキー(1970)，Clark(2000)，浦(1996)，望月(2003)参照）。それは「誕生のはじめからそれはソ連のしかるべき芸術規範は何かという設問に対する様々な解釈，提言，善悪のモデルへの言及をまとって登場した雑食の概念であり，またそれゆえに国家の文化政策の揺れを柔軟に吸収する装置として機能してきたのである」(望月 2003: 95)と考えられている。しかし，本書の下となった科研費プロジェクトの研究会で交流した中国・ベトナム研究者が「社会主義リアリズム」の概念を明確に定義しうるものとしてアプリオリに使用していることに気づいて驚いた。それも，中国研究者とベトナム研究者の間にも概念のずれが認められた。これは，中国・ベトナムでの「社会主義リアリズム」の概念受容の時期，解釈，現地化のプロセス等，様々な要因が考えられる。この点でチェコのケースを扱った大平(2015)は参考になる。
2) ソ連崩壊後，ロシアとの関係性によって，旧ソ連諸国の独ソ戦の記憶に対する態度には異同がある。バルト諸国やウクライナ西部では，独ソ戦は否定的に捉えられてきた。最近のウクライナの内戦とロシアとの関係悪化にともない，ウクライナ全土で，独ソ戦の記憶の見直しが進んでいる。他方，ロシア国内では国際的な孤立感が愛国主義を煽り，独ソ戦神話への信仰が深まる傾向が見られる。

参 考 文 献

五十嵐徳子(1998)「ロシア人女性の家庭と労働に関する意識：サンクト・ペテルブルグでの調査を中心に」『ロシア・東欧学会年報』第25号，110-119頁。

浦雅春(1996)「社会主義と文学：社会主義リアリズムの消滅」原暉之代表編者・川端香里ほか編『講座スラブの世界1　スラブの文化』弘文堂，265-290頁。

大武由紀子(2009)「喧伝される社会主義：未来を語っていた時代の物語」『民博通信』125号，10-12頁。

大平陽一(2015)「戦間期チェコにおける社会主義リアリズムをめぐる論争：アヴァン

ギャルド，構造主義，社会主義リアリズム」『アゴラ』特別号 2 号，3-74 頁。
貝澤哉 (2011)「スターリン期ソ連文化におけるジェンダー表象」小長谷有紀ほか編『社会主義的近代化の経験』明石書店，123-152 頁。
河本和子 (2012)「家族と法」塩川伸明ほか編『ユーラシア世界 4　公共圏と親密圏』東京大学出版会，189-216 頁。
シニャフスキー (1970)「社会主義リアリズムとはなにか」内村剛介・青山太郎訳『現代ロシヤ抵抗文集 3　シニャフスキー・エッセイ集』勁草書房，101-177 頁。
ナゴルスキ，アンドリュー (津守滋監訳，津守京子訳) (2010)『モスクワ攻防戦：20 世紀を決した史上最大の戦闘』作品社。
ブレースウェート，ロドリク (川上洸訳) (2008)『モスクワ攻防 1941：戦時下の都市と住民』白水社。
前田しほ (2009)「現代ロシア女性文学におけるジェンダー理解とその可能性」(新学術領域研究「ユーラシア地域大国の比較研究」第二回全体集会研究発表ペーパー，2009 年 7 月 11 日)。(http://srch.slav.hokudai.ac.jp/rp/group_summary/achievements/files/20090711_maeda.pdf)
前田しほ (2014)「ロシアの戦争記念碑における兵士と母親イメージ：国民統合のジェンダー・バランス」『地域研究』14(2)，17-42 頁。
前田しほ (2015a)「スターリングラード攻防戦の記憶をめぐる闘争：象徴空間としての戦争記念碑」『思想』1096，153-170 頁。
前田しほ (2015b)「女性兵士の語りと表象：戦争神話とスヴェトラーナ・アレクシエーヴィチのドキュメンタリー作品『戦争は女の顔をしていない』)」『遠い東，近いロシア：ヨーロッパ的展望からのロシア文化の展開』(ベオグラード-ソウル-埼玉 (埼玉大学) (ロシア語)。
メリデール，キャサリン (松島芳彦訳) (2010)『イワンの戦争：赤軍兵士の記録 1939-45』白水社。
望月哲男 (2003)「社会主義リアリズム論の現在」小森陽一ほか編『岩波講座文学 10 政治への挑戦』岩波書店，93-111 頁。
若桑みどり (2000a)『戦争がつくる女性像：第二次世界大戦下の日本女性動員の視覚的プロパガンダ』ちくま学芸文庫。
若桑みどり (2000b)『象徴としての女性像：ジェンダー史から見た家父長制社会における女性表象』筑摩書房。
若桑みどり (2001)『皇后の肖像：昭憲皇太后の表象と女性の国民化』筑摩書房。

Aksenov, Vladislav Benovich (2015) "From the Motherland as Tsarina to the Motherland as Baba: Development of the Feminine Allegories of Russia in the World War I." *Labyrinth. Journal of Philosophy and Social Sciences* 4/2015: 9-27. (http://journal-labirint.com/wp-content/uploads/2015/11/Aksenov.pdf)
Aleksievich, Svetlana (1985) U voiny ne zhenskoe litso..., Minsk: Mastatskaya Literatura.

(スヴェトラーナ・アレクシエーヴィチ著, 三浦みどり訳(2008)『戦争は女の顔をしていない』群像社は 2000 年代の大幅な改訂版を底本としている。本書は 1985 年版を参照している。)

Bonnell, Vicotria E. (1997) *Iconography of Power: Soviet Political Posters under Lenin and Stalin*, Berkeley, Los Angeles, London: University of California Press.

Chatterjee, Choi (2001) "Soviet Heroines and the Language of Modernity, *1930-39*" Meranie Ilič (ed.) *Women in the Stalin Era* UK: Palgrave Macmillan: 49-68.

Conze, Susanne (2001) "Women's Work and Emancipation in the Soviet Union, 1941-50" op. cit.: 216-234.

Clark, Katerina (2000/1980) *The Soviet Novel: History as Ritual*. Third Edition, Bloomington and Indianapolis: Indiana University Press.

Ivanova, Yu (2003) *Khrabreishie iz prekrasnykh: Zhenshchiny Rossii v Voinakh*, Moscow: Rissiiskaya politicheskaya entsiklopediya.

Kirschenbaum, Lisa A (2000) "'Our City, Our Hearth, Our Families': Local Loyalties. and Private Life in Soviet World War II Propaganda." *Slavic Review* 59(4): 825-847.

Reid, Susan E. (1998) "All Stalin's Women: Gender and Power in Soviet Art of the 1930s." *Slavic Review* 57(1): 133-173.

Snopkov, Aleksandr, Pavel Snopkov, Aleksandr Shklyaruk (2004) *600 Plakatov*, Moscow: Kontakt-Kul'tura.

Tumarkin, Nina (1994) *The Living and the Dead: The rise and fall of the Cult of World War II in Russia*, Basic Book.

Tupitsyn, Margarita (1996) *The Soviet Photograph 1924-1937*, New Haven and London: Yale University Press.

Trofimov, Andrei and Liliya Khafizova (eds.) (2007) *Moskovskoe Metro*, Moscow: KnigiWAM.

Waters, Elizabeth (1991) "The Female Form in Soviet Political Iconography, 1917-32." Barbara Evans Clements, Barbara Alpern Engel and Christeine D. Worobec (eds.) *Russia's Women: Accommodation, Resistance Transformation*, Berkeley, Los Angeles, Oxford: University of California Press: 225-241.(エリザベス・ウォーターズ著, 秋山洋子訳(1994)「革命と女性の図像学」『美女／悪女／聖女：20 世紀ロシアの社会史』群像社, 41-74 も参照した。邦訳には原著に収録されていない図案が豊富に掲載されている。)

第4章 「救国の妓女」を描く中国映画
―― 社会主義文化における女性の身体と国家の想像

田 村 容 子

はじめに

　煙は寒水を籠め月は沙を籠む　夜秦淮に泊して酒家に近し
　商女は知らず亡国の恨み　江を隔てて猶お唱う後庭花

　これは，晩唐の詩人・杜牧(803-852)による「秦淮に泊す」という七言詩である。「秦淮」とは南京に流れる河の名であり，南京は隋に滅ぼされた陳のかつての都であった。この詩は，亡国の曲をそれと知らずにうたい興じる「商女」，すなわち妓女の姿を詠んだものである。
　中国における「妓」とは，本来は歌舞音曲を生業とする女性を指す。だが，宴席のみならず，ときに枕席にも侍ったことから，その含意は広がっていった。「妓」はまた，身分の低い女性を意味する語でもあるが，妓女の長い歴史においては，技芸と教養をそなえた高級妓女から奴隷として扱われる女性まで，その身分も一様ではない。
　妓女は中国の文芸においても特別な位置を占めており，とりわけ知識人男性と彼らの相手をつとめる名妓との間の交情は，詩や小説，戯曲に繰り返し描かれた。冒頭の詩「秦淮に泊す」では，酒色にふけり国を滅ぼした陳の後主と，彼の作った曲をうたい興じる妓女との対比が用いられており，「商女は知らず亡国の恨み」の一句は，国家の存亡と妓女を対置する叙事のひとつの典型となった。この句は後世においてもしばしば引用され，やがて「亡国」のイメージを反転させた存在としての，「救国の妓女」という像が作り

出された。

　アンダーソンは，「国民(ネーション)」を「国民とはイメージとして心に描かれた想像の共同体(イマジンド・ポリティカル・コミュニティ)である」と定義し，「国民は一つの共同体として想像される。なぜなら，国民のなかにたとえ現実には不平等と搾取があるにせよ，国民は，常に，水平的な深い同志愛として心に思い描かれるからである」(アンダーソン 2007: 24-26)と述べている。本章の論題にある「想像」とは，この定義を踏まえたものであり，「救国の妓女」もまた，「水平的な深い同志愛」が思い描かれる過程で生み出された，想像の産物であるといえるだろう。

　20世紀以降の中国においては，まず紅い戦争である日中戦争期に，国難に際し救国や抵抗の行動をとった明清時代の名妓の物語が相次いで語り直されるという現象が起きた。社会主義国家となった中華人民共和国初期においては，妓女を描くことが忌避され，「救国の妓女」の空白期となる。しかし，女性の身体と国家にまつわる想像は，「戦闘する女性」に形を変えて叙述された。その後，21世紀以降の戦争映画において，「救国の妓女」はふたたび召還され，女性の身体と国家のアイデンティティについて，新たな表象が生み出されている。

　本章では，主として20世紀から21世紀にかけての中国映画に描かれる「救国の妓女」に着目し，父権制と国家のイデオロギーに対置させられる女性の身体というイメージの変容を概観する。女性の性的な身体が国家の存亡と結びつけて語られる事例を考察の対象とするため，妓女のほかに，慰安婦や女スパイ，女性兵士の表象についても言及し，適宜小説も参照する。中華人民共和国の初期から現在にかけての女性の身体と国家にまつわる想像を，社会主義文化との関連から読み解き，その特徴について論じていく。また，社会主義文化における女性の身体の表象を，先行するソ連の事例と比較し，共通性と差異を整理する。それにより，公的な紅い戦争の叙述と，抑圧された記憶と周縁化された身体とがいかに結びつき，社会主義体制が今もつづく中国において，いかなるメモリースケープを形成しているのかについて考察を試みる。

1. 日中戦争期における「救国の妓女」

1-1.「救国の妓女」から「反動脚本」へ

　近代中国における妓女表象の変遷を整理した江上の研究によれば，清末以降，妓女に代表される女性の地位の低さは，中国の弱体を表わすものとみなされ，革命派知識人によって廃娼が唱えられた。1930 年代前半には，そうした男性知識人の妓女に対する「憐憫／侮蔑」の視線に対抗しうる，「自立」を求める主体的妓女像が小説，映画などにおいて描かれたが，その後の中国ではあまり表象されることがなく，「夭折ともいうべき状況になった」という (江上 2016: 144, 157)。

　1930 年代後半，日本軍による侵略戦争が激化する中，中国において作られた抗戦の物語には，「救国の妓女」という女性イメージを見出すことができる。義和団事件 (1900-01) の折，八カ国連合軍総帥ヴァルダーゼーと交渉し，李鴻章の講話談判を助けたという清末の名妓・賽金花や，明朝滅亡の際に命をかけて抵抗した名妓・李香君，葛嫩娘らの物語は，1936 年から 39 年にかけて，租界地上海で相次いで舞台劇として上演された。これは，抗戦活動に制限が加えられた状況の下，古人の事蹟に仮託することによって，日本軍への抵抗を表わそうとしたためである。

　1936 年に発表された『賽金花』は，左翼系劇作家・夏衍 (1900-95) の執筆した作品である。同年，上海で上演され，当時提唱されていた「国防戯劇」のスローガンを実践する作品として評価された。先行研究によれば，夏衍は『賽金花』を歴史劇ではなく諷喩史劇として描こうとしており，ヒロイン賽金花を清朝政府の官僚の堕落や売国の精神と対比させることが意図されていた。ここには，「商女は知らず亡国の恨み」と詠まれた妓女のイメージを，国家の大事をあずかる男性主体と反転させることで，「漢奸」(売国奴) を貶めるという着想が見出される。

　この作品の発表時期は，中国共産党が国民政府との対立路線から，抗日民

族統一戦線へと方向転換する過程に当たっていた。「国防戯劇」とは演劇界の統一戦線組織によって提唱されたスローガンであり，反帝国主義，抗日，反漢奸をテーマとする作品が創作された。形式においては大衆に訴求する通俗化路線が求められたものの，『賽金花』に対しては，賽金花のロマンティックな人物イメージに対する否定的評価のほか，官僚の堕落や奴隷性の暴露と，残酷な帝国主義の暴露を有機的に結合し表現しなければならない，といった評価が与えられた(小山 1998: 70-71)。

　国民党当局を清朝政府になぞらえて批判したため，一度は禁演にまでなった『賽金花』は，その影響力によって「国防戯劇」の重要な成果とみなされた。これ以後，「妓女」や「舞女」(踊り子)と「国防」を結びつけた後継作品が大量に生み出され，日中戦争期の「救国の妓女」というプロパガンダ・メディアの形成に先鞭をつけたのである。

　しかし，後の文革期においては，共産党の抗日民族統一戦線の路線が否定される過程で，『賽金花』は「漢奸の妓女を民族英雄に持ち上げ，階級立場を喪失し，また民族立場をも喪失した」，「反動脚本」として批判を浴びる(吉田・萩野 1994: 229)。かつて賽金花を演じた女優・王瑩(1908-74)は，主役の座を逃した女優の藍蘋こと後の毛沢東夫人・江青(1914-91)によって，逮捕，投獄され獄死している(王徳威 2003: 150-151)。

　妓女賽金花の物語が「救国の妓女」として語られ，「国防戯劇」の評価を与えられたものの，文革期になると「漢奸の妓女」とされる一連の変転は，「救国の妓女」というプロパガンダ・イメージが，政治情勢の変化によって読み換え可能なものであることを示している。『賽金花』は，その変転もふくめ，中国の社会主義文化における「救国の妓女」の位置づけを示す例であるといえるだろう。

1-2.「救国の妓女」と家父長制イデオロギー

　1937年7月7日に盧溝橋事件が勃発し，8月13日に日本軍が上海に侵攻すると，11月12日には租界を除く地区が日本軍の占領下におかれた。租界内においても，抗戦活動は厳しく制限され，多くの演劇関係者が上海を離れ

たが，一部の左翼系演劇人は上海にとどまった。1938年，フランス租界において成立した上海劇芸社は，1939年，明末の妓女・葛嫩娘をヒロインにした『明末遺恨』(別名『碧血花』)を上演する。これは秦淮の名妓・葛嫩娘が従軍し，清軍にとらわれた後，舌をかみ切って敵に血を浴びせるという物語である。

『明末遺恨』の作者「魏如晦」こと劇作家の阿英(1900-77)は，同作の着想をやはり明末の名妓・李香君を描いた『桃花扇』(欧陽予倩作)に得たと述べている。また，軍装に身を包み，従軍する妓女のイメージは，1939年2月に封切られた映画『木蘭従軍』[1]の影響もうけていると考えられる。この映画は，当時の上海映画界の興行成績記録を作るほどのヒット作であり，以後，時代劇の衣装を身につける「古装」および「女性」という題材の流行現象を巻き起こした。

『木蘭従軍』は，北魏の民間歌謡にうたわれた花木蘭(ホアムーラン)という女性の伝説を，長編映画に仕立てたものである。花木蘭は父に代わって男装して従軍し，戦功をあげて勝利した後，帰還して女性の姿に戻る。映画では，民間歌謡では詳細に述べられていない戦場での花木蘭の活躍や近代的な自由恋愛を描き，ヒロインを「愛国の新女性」として造型している。

『明末遺恨』と『木蘭従軍』を対比させると，戦時期に「救国の妓女」に求められたものが鮮明に浮かび上がる。木蘭の男装はあくまでも仮の姿であり，彼女は家＝父のもとに帰ると，未婚の娘の姿に戻る。映画では戦場でともに戦った男性との結婚が示唆され，木蘭は国に奉仕した後，妻として家に帰属することを選ぶ。家父長制イデオロギーから逸脱しない女性像といえる。

一方，葛嫩娘の物語は同じく1939年に映画化されるが[2]，彼女は桐城の名士・孫克咸(そんこくかん)について妾として従軍するため，男装して性別を偽る必要がない。女性の姿のまま軍装した葛嫩娘は，木蘭のように戦功をあげるわけではなく，捕虜の辱めをうける前に自尽する。父権制社会において周縁的な存在であり，帰属する家を持たない葛嫩娘は，国に殉じることによって初めて「救国の妓女」となり，愛国のイコンとなりうるのである【図4-1】。

戦時下において，同様に愛国の叙事として語り直された木蘭と葛嫩娘であ

100　第Ⅰ部　抑圧された記憶と周縁化された身体

図4-1　映画『明末遺恨』(1939)より

るが，未婚の(いずれ嫁ぎ，子孫を残すことが期待される)娘か，正規の婚姻外におかれた女性かという違いによって，その役割は明確に分断されている。こうした役割の分断は，愛国の叙事が家父長制イデオロギーによって規定されており，「救国の妓女」もまた，その中において表象されるものであることを表わしている。

2. 対抗的な表象

2-1. ある「慰安婦」の物語

　女性作家・丁玲(ていれい)(1904-86)が1941年に書いた短編小説『我在霞村的時候』(霞村にいたとき，以下『霞村』と表記)は，上述したような女性の役割の分断に鋭い視線をむける作品である。この小説には，日本軍に連れ去られ，慰安婦にされた貞貞(チェンチェン)という人物が登場する。貞貞は敵の辱めをうけた女性であり，家父長制イデオロギーに照らせば，汚辱をうけた女性は自死をもって名誉を守るほかに選択肢がない。しかし貞貞は死を選ばず，党の要請で村と

日本軍を行き来し，病気に感染しながらも情報のうけ渡しをおこない，諜報活動に従事する。

このようにまとめると，自身の身体を犠牲にして諜報活動をおこなっていたという点では，貞貞もまた「救国の妓女」に類する女性像とみなせるかもしれない。実際に，作中においても，党の活動に積極的な村の若者は，「彼女こそ英雄だったんです」と述べる。

しかし，丁玲の『霞村』は，こうした英雄視のはらむ危うさへの意識が見られる作品である (江上 1988: 167)。この小説の語り手は，党政治部に派遣されて二週間だけ霞村にやって来た女性作家の「私」であり，貞貞の物語は彼女の目を通して語られる。「私」の見る貞貞は，率直で曇りのない目を持っており，一方で「私」は貞貞の噂話をする村人の視線に，奇妙な熱っぽさや目くばせがふくまれるのを感じ取る。貞貞には，かつて親によって決められた，年長の男性の後妻となる婚姻から逃れた過去があり，慰安婦にさせられてから村に戻ると，幼なじみで恋仲であった男性，夏大宝(シアダーパオ)に求婚される。だが物語は，貞貞が求婚をうけ入れず，治療のため村を出て「私」の戻る革命の根拠地にむかい，再生の道を摸索するところで閉じられる。

『霞村』では，家への帰還や婚姻は，貞貞にとって失われた自尊心を取り戻す契機として描かれない。貞貞は自身を「きれいな身ではない」とみなしており，村民からむけられる好奇と蔑みの視線を内面化している。この小説では，貞貞の口から敵である日本人への憎悪が語られることはほとんどなく，帰還した貞貞が「私」に語って聞かせるのは，日本軍のところで見た，日本の女性がきれいな文字で「鬼子兵」（日本兵）に書き送ってきた数々の手紙の話であり，彼女は「私」に勉強を教えてほしいという。こうした描写からは，貞貞にとって「救国の妓女」たることも，結婚して家や村といった共同体に帰属することも，もはや周囲が期待するような意味を持たないことが示唆される。対照的に，彼女に対する贖罪の意識に苛まれ求婚するものの，貞貞にとって救済にはならない大宝のような共同体内部の男性像が描かれている点も注目に値する。

家を選ばず，革命根拠地をめざすヒロインは，家に帰属せず，国に殉じる

戦時期の「救国の妓女」と軌を一にするかのようにも見える。だが，作者の丁玲は，『三八節有感』(三八節(国際女性デー)に感あり，1942)という一文において，延安の女性もまた結婚の問題から自由になれないことについて述べ，社会主義中国の中に伝統的なジェンダー観が残存することを指摘している(江上 1988: 169)。そのことを考え合わせると，『霞村』は，「救国の妓女」像が家父長制イデオロギーと密接に結びついたものであることを看破し，その構造に疑義を呈した作品と読むことも可能であろう。

2-2. 不在の「救国の妓女」

『賽金花』の例に見たように，「救国の妓女」像の背景には，父権制社会において周縁的存在である妓女を，国家の存亡に関わる漢奸の男性主体と対比するという着想がある。日中戦争期にそうしたプロパガンダ・イメージがもてはやされたとすれば，戦後，そうした対比の構造を解体するような短編小説が描かれていることにも触れておきたい。

女性作家・張 愛玲(ちょうあいれい)(1920-95)によって 1950 年代に執筆開始され，1978 年に発表された短編小説『色・戒』(ラスト，コーション)は，2007 年に台湾出身の李安監督によって映画化されたために一躍有名になった。映画版については，戴錦華(2007, 2010)，賀桂梅(2010)，張小虹(2010)などによる先行研究が，李安自身のアイデンティティや，スパイ映画の叙述構造，ジェンダー論といった観点から，同作が国民国家のイデオロギーや民族のアイデンティティを脱構築する意図を持つことを明らかにしている。小説については，邵迎建が「女の身体をもって，男性と国家との共謀／背反関係を明示した」と指摘しており(邵迎建 2001: 27)，本節ではこれを踏まえながら，対象を小説に限定し，「救国の妓女」像との関連について考えてみたい。

『色・戒』は，マージャン卓を囲む高官夫人たちの描写の間に，ヒロイン王佳芝(ワンジアジー)の大学時代から数年にわたる経験が挿入される叙述形式をとっている。王佳芝は戦火を逃れて香港で過ごした大学時代，学生劇団の仲間に誘われて愛国活動に参加し，対日協力者汪精衛(汪兆銘)の側近である易氏(イー)に接触するため，ハニートラップの仕掛け人「麦夫人(マイ)」を演じる。香港での暗殺計画は

未遂に終わるが，2年後，上海でふたたび計画は始動した。いまや易の愛人となることに成功した麦夫人こと王佳芝は，易邸でのマージャンを抜け出して易と逢い引きし，暗殺の実行場所である宝石店に彼を誘い出す。約束のダイヤの指輪を買ってもらいながら，王佳芝は実行の瞬間を待つ。しかし，彼女は突如翻意して易を逃走させ，その数時間後，王佳芝ら実行グループは，易の指令によって処刑された。以上のような物語が，昼下がりから夜中まで続くマージャンの間にはさまれ，夫人たちのとりとめのないお喋りと腹の探り合いの中，冒頭の場面にいた麦夫人の姿だけが消えている，というのがこの小説の締めくくりである。

　女性の性的な身体と国家の想像が結びつけられたイメージが「救国の妓女」であるとするならば，王佳芝は愛国活動のために自身の身体を捧げたものの，「救国の妓女」を演じることを放棄した女スパイといえる。彼女は香港での計画の過程で，既婚女性の「麦夫人」として易を誘惑するために，娼婦を買った経験のある同級生と性関係を持つにいたる。このことは王佳芝にとって忌まわしい記憶となっており，後に上海でふたたび易に接触し，彼の愛人となったとき，心の鬱積が晴らされる思いがした，すべての行為に目的が見出されたからだ，と述べられる。

　自らの身体を交渉の道具にしてしまった王佳芝にとって，漢奸である易の暗殺計画の成功は，その代償となるはずだった。にもかかわらず，彼女が翻意した瞬間を，小説は次のように描写する。「この人は本当にわたしを愛している，彼女は不意にそう思い，胸の奥で音が響くと，何かが失われたような気がした」。直後に，王佳芝は易に逃走を促す。

　王佳芝は，自身が身体を捧げたのは，国ではなく，漢奸でもなく，「本当にわたしを愛している」男性だったのだと思うことによって，「救国の妓女」の演技を中断する。ここでは，国家のイデオロギーは後景に退き，王佳芝が己の身体を初めて主体的に行使しようとした瞬間が表わされている。しかし，「本当にわたしを愛している」のは王佳芝が自らの内部に作り出した易の視点にすぎず，彼女はそれによって己の身体を自ら客体化してしまっているともいえる。

小説はそのような王佳芝の身体が，結局は他者の欲望から自由にはなれないことを，冷徹な筆致で描き出している。王佳芝の死後，易が彼女の存在を思い返すとき，彼は王佳芝との関係を太古の狩人と獲物のようなものだと考え，彼女の霊魂すら自身に帰属するものだとみなす。王佳芝の身体は，易の認識においては死してなお彼の所有物なのである。結末の場面で，女性たちが囲み続けるマージャン卓から消えたまま戻ってこない「麦夫人」の姿は，不在の「救国の妓女」の表象となっている。『霞村』の貞貞のように，傍らに寄り添ってくれる同性の「私」のような叙述者も，王佳芝には用意されていない。

3.「救国の妓女」の空白期

3-1.「虐待される女性」から「戦闘する女性」へ

ヒロインが「救国の妓女」を放棄する『色・戒』は，1950年代に香港で執筆が開始され，1978年に台湾で発表された。作者の張愛玲は1949年に中華人民共和国が成立した後，1952年に香港に渡り，その後渡米している。この小説が書き始められた時期が，中国が社会主義国となり，国民党の統治する台湾との間に政治イデオロギーの対立をかかえることになった時期であることは，示唆的であるといえるだろう。邵迎建は同作について，「佳芝の精神分裂は共同体の内なる精神分裂及び不安定性から生み出されている」と述べ，発表された場所である「台湾」自身の物語としても読むことが可能であると指摘している（邵迎建 2001: 28）。

では，中華人民共和国では，「救国の妓女」はどうなったのか。中国共産党は，国民党との内戦の時期から廃娼を推進していた。建国後は，妓院が閉鎖され，妓女に対する性病治療や思想教育，職業訓練がおこなわれるようになり，国家の社会主義的改造の中で，売春業は表面的には影をひそめる。こうした状況の下では，女性の性的な身体を想起させる「救国の妓女」ももはやプロパガンダ・メディアたりえなくなる。そのため，妓女が国を救うとい

う物語も存在せず，この時期は「救国の妓女」の空白期といえるだろう。代わって登場したのが，1960年代から70年代にかけての映画に見られる「戦闘する女性」の群像である。

たとえば，1962年の映画『地雷戦』[3]では，日本軍の掃討作戦に苦しめられる中国の農民が描かれるが，戦時期の映画に見られたような，日本兵に蹂躙される女性の身体はもはや登場しない。反対に，女性民兵たちが手作りの地雷を仕掛けて日本兵を追いつめ，銃剣を奪い，敵兵を殺害する場面が挿入されている。

日本軍の中国女性に対する性暴力は，戦時期のプロパガンダポスターや映画において日本軍の蛮行を示すものとして視覚化され，憎むべき「敵」としての日本兵のイメージを作り出した。だが戦後になると，世界各国のプロレタリアートと連携し，共産主義の理想を実現するという理念をかかげていた中国共産党は，「日本人民」と「日本軍国主義者」を分けて考えるよう国民を教育し，国民の内部に残る反日感情を緩和させる方針をとった。その結果，プロパガンダ映画における日本兵の表象も，残虐な敵から女性民兵にやりこめられる滑稽な存在へと方向転換がはかられたのである（劉文兵 2013: 116-119）。

戦時期のプロパガンダにおいて，日本兵に蹂躙される中国女性が，侵略される中国のアナロジーとして機能していたとすれば，社会主義期に入ってからの「戦闘する女性」は，革命によって生まれ変わった新中国の象徴として造型されたといえるだろう。

1960年代の「戦闘する女性」の表象は，1970年代になるとプロパガンダ映画（革命模範劇，中国語で「様板戯ヤンバンシー」）における女性兵士像に発展した。興味深いのは，1970年から71年にかけて作られた革命バレエの映画化作品『紅色娘子軍』[4]において，「虐待される女性」から「戦闘する女性」への女性の身体の「変身」，あるいは「革命的成長」が描かれることである。

『紅色娘子軍』は，1931年，中国南部の海南島における共産党女子遊撃隊と，国民党と結託した地主との抗争の物語である。貧農の娘であるヒロインの呉清華ウーチンホアが，党の男性指導者洪常青ホンチャンチンに救出され，遊撃隊に入隊し，敵との戦闘の最中に犠牲になる洪の意志を継いで，女性兵士として成長する姿を描

図 4-2　師永剛・張凡(2009)『様板戯史記』
作家出版社

く。

　同作は，1960年の同名劇映画が原型となっている[5]。その脚本の段階では，ヒロインがかつて地主による性暴力をうけたことが示唆されていた。実際の映像では，直接的な描写は避けられているものの，拘束され，男性に鞭打たれる女性奴隷として描かれている。1970年代の革命バレエ映画においては，女性奴隷としての呉清華は，赤い衣装をまとい，太い鎖で拘束され，地主の配下である男性に虐待される女性の身体が，よりネガティブな「女性性」を強調した形で表現される【図4-2】。これは軍装に着替え，女性兵士に「変身」した後の呉清華が，男性指導者の身体に同化する身ぶりをとることによって，「革命性＝男性性」のイメージを獲得することと対をなす【図4-3】。ここで述べる「女性性」，「男性性」とは，女性を劣位に，男性を優位におくという非対称的なジェンダー構造が，革命模範劇においては人物が革命性を獲得しているか否かを示す際に用いられていることを指す(田村 2014: 99-100)。

　社会主義期(以下，本章における「社会主義期」とは1949年の中華人民共和国建国から1976年の毛沢東死去までの時代を指す)においては，男性に蹂躙される女性像は，資本家に搾取される労働者階級の象徴となり，中国共産

第 4 章　「救国の妓女」を描く中国映画　107

図 4-3　張雅心編（2009）『様板戯劇照―張雅心撮影作品』
人民美術出版社

党の革命によって救出されるという役割でのみ，描くことが可能であった。『紅色娘子軍』の例に見られるように，文革期のプロパガンダ映画において，国＝党のために命を捧げるのは，基本的に共産党の男性英雄である。女性は「革命性＝男性性」を獲得した場合に限り，その後継者として戦闘に参加することが許される。

　社会主義文化という視点から注目しておきたいのは，中国においてもっとも独自の社会主義文化が発展した 1950 年代から 70 年代にかけて，国家の叙事と結びつけて描かれた女性の身体は，ネガティブな女性性を示す「虐待される女性」と，脱性化する「戦闘する女性」に分裂していったということである。さらに，『紅色娘子軍』では，原型となる劇映画と革命バレエ映画の双方において，「戦闘する女性」の群像を描くことで，女性同士の紐帯を強調している。この「戦闘する女性」の群像は，「救国の妓女」の空白期において，女性の身体と国家の想像を結びつける新たな表象となった。また，男性指導者から「革命性＝男性性」を授けられる女性後継者という構造は，社

会主義文化の中に残存した家父長制イデオロギーの変奏と読み解くこともできるだろう。

文革期のプロパガンダ映画では，男性(日本軍または地主)に虐げられる女性(奴隷)が示すように，階級間の闘争がジェンダーの非対称性を強調することによって表現される一方，男性(英雄)に導かれ，革命性を獲得する女性(兵士)といった党内における男性優位のジェンダー観は不問に付されている。この構造は，本書の前田論文(第3章)が指摘する通り，中国に先行するソ連の公的プロパガンダの女性像にも見出されるものである。他方，1930年代のソ連に見られるような母性重視の政策への転換や，女性の再生産機能の公的領域における位置づけといった現象は，中国の社会主義プロパガンダには見られない。この点については，序章でも述べられるように，社会主義革命と紅い戦争(独ソ戦争)の間に時間差があったソ連とは異なり，中国では両者が並行していたことを考慮する必要があるだろう。すなわち，中国においては紅い戦争(日中戦争・国共内戦)を経た後に中華人民共和国が建国され，戦後になってから，中国共産党の推進する社会主義的な女性解放が戦争を勝利に導いたと定義づけられたことが一因であると考えられる。

むしろ中国においては，前田のいう「指導者／国民の関係性に，父／子の疑似家族的な関係性が投影されている」スターリン崇拝の構図が毛沢東の神格化に接続された。そのため，文革期のプロパガンダ映画においては，中国共産党の代理たる男性英雄は，女性後継者を革命に導いた後，犠牲の死を遂げ画面からフェードアウトする。そのことによって，毛沢東が絶対的父権となる家父長制イデオロギーを内包した物語が描かれる傾向にあった。

3-2. 社会主義期のプロパガンダ映画による記憶の形成

社会主義期のプロパガンダ映画は，戦後世代の戦争にまつわる記憶の形成に，影響を与えたと考えられる。石井は，戦争経験者から戦後世代への記憶の継承が，集団農業という場における露天映画上映と，経験者たちの語りという相乗効果によってなされたことを，2006年から始めたインタビュー調査により明らかにしている。中でも，『地雷戦』(1962)，『地道戦』(1965)と

いった戦争映画に描かれる，村を襲撃する日本兵のイメージは，戦後世代の持つ漠然とした戦争記憶を補強する役割を果たしたという。

石井の研究では，「識字率が低く，娯楽の少ない農村で映画を用いて宣伝政策を行ったことは政策として適切であったが，結果としては様々な宣伝映画の中で，戦争映画が特に強く記憶され，また，共産党と民兵の戦争勝利を喧伝する目的は達せられず，逆に恐怖感や被害の記憶を定着させたことは，政策決定者の立場からすれば誤算であったと言えよう」と述べられる。また，調査地域の村においては戦争経験者の立場も一様ではなく，漢奸として批判されたり，戦後の思想政治教育運動の中で被害体験を強制的に語らされたりするなど，戦争の記憶が共産党の主導した大衆運動の管轄下において形成された，複雑なものであることが指摘されている（石井 2013: 102-103）。

社会主義期のプロパガンダ映画における日本兵や地主は，基本的に共産党員によって打倒される存在であり，滑稽，卑劣などのイメージが与えられていた。しかし，映画に描かれる敵による暴力や，「虐待される女性」の身体が示す加虐／被虐の関係性は，共産党が勝利する国家の物語とは裏腹に，社会主義体制が形成される過程において，人びとの中に抑圧された記憶を残したのではないだろうか。

1995 年に発表された女性作家・林白（りんぱく）(1958-)の中編小説『致命的飛翔』（危険な飛翔）では，『紅色娘子軍』の中の「虐待される女性」の身体や，女性同士の紐帯といったイメージが，李蒿（リーウオ）と北諾（ベイヌオ）という二人の女性像に投影されている。小説の後半，北諾が自身の身体を男性権力者との取引に用いる性交渉の場面では，男性に身体を貪られた北諾がその後に見る夢において，『紅色娘子軍』の地主・南覇天（ナンパーティエン）のイメージが引用される。「夢の中で，南覇天が自分の身体に這い上ってくるのを感じた。彼女の口をこじあけ，一丁の銃を口の中に押し込む。彼女は吐き出したかったが，どうしても吐き出せない。この銃はねっとりとして生臭いものを彼女の口の中に注ぎ込み，たえきれなかった」。

『致命的飛翔』は，『紅色娘子軍』のヒロイン呉清華になぞらえられる北諾の身体を，語り手である李蒿が凝視するという，同性の身体に対する女性の

視線の描写が特徴的な作品である。林白の叙述は，文革期のプロパガンダ映画に見られる脱性化した女性群像，女性同士の紐帯といった公的なイメージを，女性の私的な身体の記憶として書き換える意図を持っていると考えられる。

4.『南京！南京！』と『金陵十三釵』に見る「救国の妓女」

4-1. 不在の男性英雄と女性同士の紐帯

21世紀に入り，『南京！南京！』[6](2009)と『金陵十三釵』[7](2011)という2作の戦争映画において，相次いで「救国の妓女」が描かれたことは注目すべき現象である。現在，中国の戦争映画は，海外多国籍資本によるハリウッド型「大型抗日映画」と，国内市場の拡大にともなうローカル型「エンターテインメント抗日映画・ドラマ」に分化して発展している。この2作は，いずれも前者に属する戦争映画である。

この2作は1937年12月の日本軍による南京陥落を描いており，中国人男性英雄の死，妓女が身を挺して女性（女子学生）を救出する，中国人を救済する西洋性の優位，といった共通するプロットを持つ。賀桂梅は，2作が描くのは「去勢」された中国人男性主体としての南京陥落の記憶であると述べている（賀桂梅 2015: 542）。また孫柏は，『金陵十三釵』について，西洋の「父」の証明がなければ，正当性を得られない「自己消去」の歴史叙述であると指摘している（孫柏 2012: 185）。これらの先行研究を踏まえ，本節ではまず，この2作に見られる不在の男性英雄と，女性同士の紐帯の問題に焦点を当てて分析する。

戦時期における「救国の妓女」の物語は，妓女が国家の存亡を担う男性に勝る愛国心を発揮したために，美談として受容された。同様の構造を『南京！南京！』と『金陵十三釵』も持っており，2作において国を守るべき中国人男性英雄は，映画の前半において戦死し，画面から消失する。

『南京！南京！』では，中国人男性英雄亡き後，「安全区」（難民キャンプ）

第4章　「救国の妓女」を描く中国映画　111

図 4-4　映画『南京！南京！』(2009) より

に避難している南京の人びとは、日本軍による襲撃と略奪の危機にさらされる。日本軍は、安全区の人びとに食料と衣料と燃料を提供することと引き換えに、百人の女性を慰安婦として供出することを要求する。同作においては、安全区を管理するジョン・ラーベなどの外国人男性も無力な存在である。帰国女性教師である姜淑雲（ジアンシューユン）が苦悩する中、妓女の小江（シャオジアン）はたった一人挙手し、最初に慰安婦に志願する。彼女の行動に他の志願者も触発され、この場面における女性同士の紐帯は、不在の中国人男性英雄の代替として描かれている【図 4-4】。

　興味深いのは、女性が女性を救うという、一見女性の連帯が描かれているようにも見える叙事において、明確に妓女と知識人女性とが線引きされている点である。女性教師の姜淑雲もまた、安全区の人びとのためにわが身を犠牲にして奔走し、最後は日本兵によって射殺される。だが、この行為によって、姜淑雲は慰安婦となることからは免れる。映画では、キリスト教の信仰と英語を通じて彼女と意志の疎通をはかることが可能であった日本兵の角川が、日本兵に連行される姜淑雲の唇が「Shoot me (私を撃って)」と動いたのに気づき、弾丸を放つというように描写される。

　類似の構造は、『金陵十三釵』ではより鮮明に描かれる。同作においては、妓女が日本軍に召集された女子学生の身代わりとなり、女子学生の扮装をして死地に赴くというプロットが展開される。妓女たちがチャイナドレスを脱

図 4-5　映画『金陵十三釵』(2011) より

図 4-6　映画『金陵十三釵』(2011) より

ぎ，成熟した身体を女子学生の制服に包む過程は【図 4-5】，女子学生が妓女の身体を凝視する場面として印象的に描かれる【図 4-6】。女子学生の視点を通して画面に表わされる妓女の身体は，過剰なまでに客体化される「女性の性的な身体」が強調されており，それゆえ犠牲者の役割が与えられることを示しているかのように見える。

　3. で述べた通り，社会主義期のプロパガンダ映画においては，ネガティブな女性性を示す「虐待される女性」と，脱性化する「戦闘する女性」が分化していた。妓女と知識人女性を分断して描く 2 作の映画にも，同様の女性の役割分担を見出すことが可能である。2 作においては，この二つの役割が，ふたたび「救国の妓女」に統合されたとみなすことができるのではないだろうか。

ここでは，慰安婦として日本兵に蹂躙される「虐待される女性」は，妓女によって担われ，彼女はまた，自身の身体と引き替えに知識人女性の尊厳を守る，「戦闘する女性」でもある。こうした一人二役の役割が「救国の妓女」にはふくまれており，しかし彼女たちが「戦闘する女性」を担うためには，自らの身体の「女性性」を拠りどころとするほかないのである。

妓女によって守られ，南京から脱出した女子学生たちが生存者＝後継者を代表しているとするなら，これらの物語は，中国共産党の男性英雄や「革命化＝男性化」した女性兵士によって担われてきた救国の叙事に対抗するものとなっている。2作の映画が扱っているのは，戦争の記憶そのものというよりは，戦後の中国において形成されてきた戦争の記憶の内省なのであり，中国共産党の公的な歴史観に対する痛烈な諷刺というふうに読み解くこともできるのではないだろうか。

なお，『南京！南京！』では，日本人慰安婦という「虐待される女性」の表象も出現しており，語り手となる日本兵・角川と日本人慰安婦との間にも，兵士として期待される「男性役割」を果たせない男性と，犠牲となる妓女の物語が入れ子構造のように展開される。このプロットは，無力な中国人男性英雄とそのために身を挺さざるを得ない中国人妓女の鏡像として配置されているのではないかと考えられる。

4-2. 漢奸と家父長制イデオロギー

『南京！南京！』と『金陵十三釵』に共通するもうひとつの特徴に，漢奸の描き方があげられる。戦時期の中国において，漢奸の問題は複雑であり，外敵である日本軍以上に憎悪すべき「内なる敵」とみなされた。社会主義期のプロパガンダ映画においては，漢奸は滑稽な日本兵に協力する卑劣で小人物的なイメージを与えられることが典型となっている。

この典型を逸脱した漢奸の表象としては，姜文監督の映画『鬼子来了！』（鬼が来た！）（2000）が比較的早期の例といえるだろう。この映画では，敵としての日本兵に日本人俳優を起用し，脆弱さと残虐性の同居する生身の人間の不条理さを描いている。同様に，日本軍の通訳を務める漢奸の描写におい

ても，従来の戦争映画には見られないような葛藤の吐露をおこなわせている。

『南京！南京！』と『金陵十三釵』もまた，漢奸の男性を重要な登場人物としており，中国人男性英雄が早々に戦死するのとは対象的に，彼らは国を裏切り漢奸となることによって，最終的に自身の家（後継者）を守った男性として描かれる。

『南京！南京！』において，漢奸の唐氏は日本軍によって銃殺刑に処せられるが，処刑台に赴く彼は，日本人将校にむかって，南京から脱出させた自身の妻が妊娠していることを告げる。この場面における唐のセリフの内容は，文革期のプロパガンダ映画『紅灯記』(1970)を想起させる。『紅灯記』では，主人公である共産党の男性英雄・李玉和(リーユイホー)が，やはり処刑台において日本軍の憲兵隊隊長・鳩山にむかい，「中国人民，中国共産党の人間は，殺し尽くせないのだ！」と喝破するあまりにも有名な場面がある【図4-7】。漢奸にかつての共産党英雄のセリフをなぞらせ，処刑台で散るという場面を用意した『南京！南京！』は，子孫＝後継者を残すという点において，漢奸に英雄としての役割を与えているともみなせる【図4-8】。

家を守り，子孫を残す者を英雄視する叙述は，家父長制イデオロギーの強力な磁場の下におかれている。この点について，『金陵十三釵』に対して，賀桂梅は次のように指摘している。「人物の内在関係のモデルは，基本的に安定した父権制の家族構造によって組み立てられている」(賀桂梅 2015: 548)。同作には，女子学生を連れて南京を脱出するアメリカ人の「父」(映画においては偽神父という設定である)，語り手の女子学生・書　娟(シュージュエン)と漢奸の父，義父に売られた妓女・玉墨(ユイモー)と娘を亡くしたアメリカ人の偽神父といったように，擬似的なものもふくめ，幾重にも「父と娘」の関係性が描かれている。

擬似的な「父と娘」の関係性もまた，前述した『紅灯記』をなぞるものであることに注目したい。『紅灯記』は，祖母，父，娘という一家が，実は中国共産党の革命精神によって結びついた血のつながらない疑似家族であり，「父」の李玉和が処刑された後，「娘」の鉄梅(ティエメイ)がその遺志を継いで抗日戦争を戦うという物語である。『南京！南京！』や『金陵十三釵』において，家長の立場におかれる男性を，漢奸やアメリカ人の偽神父に設定した叙述は，

第 4 章 「救国の妓女」を描く中国映画　115

図 4-7　中国京劇団《紅灯記》劇組集体改編演出，中国人民解放軍八一電影製片廠《紅灯記》撮製組撮製 (1971)『紅灯記 (電影連環画冊)』人民美術出版社

家と国を一体のものとし，共産党の男性英雄を代理の家長として描いてきた社会主義文化における「家父長制イデオロギー」の構造を，巧妙にずらしながら複製するものとみなすことができるのではないだろうか。

図 4-8　映画『南京！南京！』(2009) より

おわりに

　戦時期において生み出された「救国の妓女」というイメージには，『賽金花』に見られる漢奸との対比や，『明末遺恨』に見られる弱者による敵への抵抗という意味がふくまれていた。国家を担う男性主体と対置させる女性として，妓女が特別な役割を果たすのは，家父長制イデオロギーにおいて家の存続に関わる後継者を産むことが期待されていない，という点による。こうした考え方は，『霞村』の貞貞のように，慰安婦にさせられた女性が諜報活動を要請されたり，村に帰還した後に白眼視されたりする描写につながっており，「周縁化された女性の身体」の表象といえるだろう。
　『霞村』では貞貞が村の家父長制イデオロギーを捨て，革命の根拠地で再生をめざす姿が描かれた。だが，それが最良の選択肢であるかどうかについては慎重な描写がなされており，貞貞を英雄視する男性の視点には，疑義が呈されている。戦後の中国が社会主義体制に移行していく過程で，『色・戒』には愛国のナショナリズムが家父長制イデオロギーと結託し，女性の身体を疎外するさまが描写された。この 2 作は紅い戦争（日中戦争・国共内戦）を経験した後，中華人民共和国に残った丁玲と，国外に脱出した張愛玲という対

照的な選択をした女性作家によって書かれたが，いずれもヒロインが戦時期の「救国の妓女」像をなぞらず，ナショナル・イメージと共犯関係を結ぶ性別役割から逸脱している点から，「対抗的な表象」とみなすことができる。

　中華人民共和国成立後，行き場をなくした「救国の妓女」のイメージは，1950年代から70年代にかけて，「虐待される女性」のネガティブな女性性と，「革命性＝男性性」を獲得した「戦闘する女性」の表象に分化されていく。こうした女性像と後者に見られる女性同士の紐帯は，中国における社会主義文化の女性表象を特徴づけている。先行するソ連の公的プロパガンダの女性像と比較した場合，家父長制イデオロギーを内包した構造は共通しているものの，1930年代のソ連に見られるような女性の再生産機能を公的な領域に統合するといった要素はなく，むしろ「戦闘する女性」の脱性化が強調された。

　同時期に形成された人びとの戦争の記憶には，プロパガンダ映画が仲介の役割を果たしていた。だが，中国共産党の勝利を描く，党の男性英雄による救国の物語という公的な紅い戦争の叙述とは別の，いわば抑圧された記憶というべきものがその中にふくまれている可能性を，20世紀末から21世紀にかけての口述調査や文芸作品は示唆している。それは，本書の今井論文（第2章）が述べる通り，ベトナムにおいて紅い戦争（インドシナ戦争，ベトナム戦争）が「語られる記憶」であるのに対して，中越戦争が「封印された記憶」であるのと類似の現象といえるだろう。また，越野論文（第1章）が取り上げるロシア・ベラルーシの戦争映画における「外部の敵」および「内部の敵」のイメージの変遷と考え合わせた場合，公的な紅い戦争の記憶を内省する視点を共通して見出すことができる。

　本章で述べてきた中国の社会主義文化における女性の身体と国家の想像，および紅い戦争の記憶の様相は，社会主義圏の別の地域と比較することで，社会主義文化の中の共通性と差異を浮き彫りにすることが可能となる。まず，「虐待される女性」のイメージは，中国の革命バレエに先行して社会主義バレエを作ったソ連からの影響が考えられる。1927年に初演された，レインゴリト・グリエール作曲のソ連のバレエ『赤いけしの花』(Красный мак)は，

ソ連の船長を救うために漢奸を裏切り,命を落とす中国の踊り子を描く物語である。ソ連による中国の「救国の妓女」イメージが見出される作品であり,1949年に作られた再演版は,1950年の周恩来のソ連訪問の際に上演された。むろん,ソ連の男性船長と中国の「妓女」が労働者階級の覚醒を導くというソ連優位のプロットは,中国側の不興を買ったという(朱仲麗 1987: 38-39,沈志華 2015: 306)。

「戦闘する女性」のイメージについては,秋山が,1971年に上演されたソ連の演劇『朝焼けは静かなれど』(А зори здесь тихие,劇団東演による日本上演時の邦題は『夜明けは静かだ……』)と1960年の劇映画『紅色娘子軍』を比較し,「女が武器をとって戦うことの意味づけにおいて,両者はみごとに対照をなしている。後者がそれを女にとっての解放と意味づけるのに対して,前者は避けるべき犠牲であり,誤りだったとするのだ」と指摘している(秋山 2001: 270)。秋山によれば,この差違は,ソ連においては中国に先行して社会主義的男女平等思想に対抗し,ジェンダーの差異を肯定する意識が復活したためであるという。

21世紀の中国において,「虐待される女性」と「戦闘する女性」のイメージが「救国の妓女」に統合され,国家のために「産まない」女性の身体が犠牲となり,漢奸や西洋の「父」が後継者を残すという叙述が現われたことは,同様に社会主義体制下のジェンダー観の揺り戻しであると考えられる。それはまた,社会主義的な家父長制イデオロギーの解体と,「父」の交替の表象とみなすことができるだろう。

しかし,家父長制イデオロギーがずらされながらも複製され,そこから「産む性」としての女性像が排除され,「母」のいない表象となっていることの意味については,さらに検討する余地がある。たとえば,文革後に「母」を描いた作品に,1979年の中越戦争を題材とし,1984年の中越国境紛争時に中国側のプロパガンダ映画として作られた『高山下的花環』[8](戦場に捧げる花,1984)がある(第2章50頁参照)。この映画では,前線に出たがらない息子を庇護する元「革命戦士」である党幹部の母親と,息子を前線に送り,勇敢に死なせた軍人の父親が対比的に描かれる。文革期であれば,脱性化した

「戦闘する女性」として描かれたであろう前者がネガティブな母親像となっている点は，文革後に反転されたイメージとして注目に値する。紅い戦争（日中戦争）を描く映画において排除される「産む性」としての女性像と，中越戦争のプロパガンダ映画に表われるかつての「革命戦士」を反転させたネガティブな母親像とは，いまなお社会主義体制の続く中国において，抑圧された記憶と周縁化された身体の交差する点に，女性の再生産機能の表象がおかれていることを示唆しているようである。

注

1) 卜萬蒼監督，欧陽予倩脚本，陳雲裳，梅熹主演。
2) 張善琨監督，魏如晦脚本，顧蘭君，梅熹主演。
3) 柳其輝，屈鴻超，陳広生脚本，唐英奇，徐達，呉健海監督，白大鈞主演。
4) 潘文展，傅傑監督，薛菁華主演。
5) 謝晋監督，梁信脚本，祝希娟主演。
6) 陸川監督・脚本，劉燁，高圓圓主演。
7) 張芸謀監督，劉恒，厳歌苓脚本，クリスチャン・ベール，倪妮主演。
8) 謝晋監督，李準，李存葆脚本，呂暁禾，唐国強主演。

参 考 文 献

(日本語)

秋山洋子(2001)「女性兵士の描かれかた：六〇年代の中国映画と七〇年代のソ連演劇」『女性学年報』22, 259-272 頁。

アンダーソン，ベネディクト(白石隆・白石さや訳)(2007)『定本　想像の共同体―ナショナリズムの起源と流行』書籍工房早山。

石井弓(2013)『記憶としての日中戦争：インタビューによる他者理解の可能性』研文出版。

江上幸子(1988)「落伍の烙印からの再生を求めて：「涙眼模糊中的信念」と「我在霞村的時候」をめぐって」『お茶の水女子大学中国文学会報』7, 157-176 頁。

江上幸子(1999)「日本軍の婦女暴行と戦時下の中国女性雑誌」中国女性史研究会『論集中国女性史』262-281 頁。

江上幸子(2010)「戦時性被害という「恥辱」の語り：丁玲『新しい信念』の誤訳と削除から」『近きに在りて』58, 32-43 頁。

江上幸子(2016)「近代中国における主体的妓女の表象とその夭折：民国期の多様なメディアから」中国女性史研究会『中国のメディア・表象とジェンダー』研文出版，

139-167 頁。

賀桂梅著(田村容子訳)(2015)「戦争,女性と国族(ネーション)の叙事：『南京！南京！』と『金陵十三釵』の変奏」『漂泊の叙事：一九四〇年代東アジアにおける分裂と接触』勉誠出版，531-549 頁。

小山三郎(1998)「国防戯劇『賽金花』の評価をめぐって」『教養論叢』108, 57-80(122-99)頁。

斎藤茂(2000)『妓女と中国文人』東方書店。

邵迎建(2001)「引き裂かれた身体：張愛玲「色，戒」論」『中国研究月報』55(12), 14-30 頁。

末次玲子(2009)『二〇世紀中国女性史』青木書店。

田村容子(2014)「革命叙事と女性兵士：中国のプロパガンダ芸術における戦闘する女性像」『地域研究』14(2), 92-110 頁。

田村容子(2016)「「孤島」期上海における劇種間の相互連関について」『漂泊の叙事：一九四〇年代東アジアにおける分裂と接触』勉誠出版，479-508 頁。

戴錦華(官尾正樹監訳)(2006)『中国映画のジェンダー・ポリティクス：ポスト冷戦時代の文化政治』御茶の水書房。

張小虹著(羽田朝子訳)(2010)「愛の不可能な任務について：映画『ラスト，コーション』に描かれた性・政治・歴史」『台湾文化表象の現在：響きあう日本と台湾』あるむ。

牧陽一・松浦恆雄・川田進(2000)『中国のプロパガンダ芸術』岩波書店。

劉文兵(2013)『中国抗日映画・ドラマの世界』祥伝社。

鷲谷花(2007)「花木蘭の転生：「大東亜共栄圏」をめぐる日中大衆文化の交錯」『大東亜共栄圏の文化建設』人文書院，137-188 頁。

吉田富夫・萩野脩二編(1994)『原典中国現代史　第 5 巻　思想・文学』岩波書店。

(中国語)

王德威著(宋偉杰訳)(2003)『被圧抑的現代性：晩清小説新論』麦田出版(原著 David Der-wei Wang (1997) *Fin-de-Siècle Splendor: Repressed Modernities of Late Qing Fiction, 1849-1911*. Stanford University Press，邦訳に神谷まり子・上原かおり訳 (2017)『抑圧されたモダニティ：清末小説新論』東方書店がある)。

賀桂梅(2010)「親密的敵人—《生死諜変》、《色・戒》中的性別／国族叙事」『文芸争鳴』2010 年 18 期，4-11 頁。

賀蕭著(韓敏中・盛寧訳)(2010)『危険的愉悦：20 世紀上海的娼妓問題与現代性』江蘇人民出版社(原著 Hershatter, Gail (1997) *Dangerous Pleasures: Prostitution and Modernity in Twentieth-Century Shanghai*. University of California Press)。

葛一虹主編(1997)『中国話劇通史』文化芸術出版社。

葛飛(2008)『戯劇，革命与都市漩渦—1930 年代左翼劇運，劇人在上海』北京大学出版社。

魏如晦(1940)『新芸戯劇叢書之一：碧血花：一名「明末遺恨」又名「葛嫩娘」』国民書店．
朱仲麗(1987)『難以忘却的昨天─王稼祥小伝』鷺江出版社．
沈志華主編(2015)『俄羅斯解密檔案選編：中蘇関係』東方出版中心。
孫柏(2012)『擺渡的場景：従文学到電影』中国電影出版社．
戴錦華(2006)『霧中風景：中国電影文化　1978-1998(第二版)』北京大学出版社．
戴錦華(2007)「時尚・焦点・身份─《色・戒》的文本内外」『芸術評論』2007 年 12 期，5-12 頁．
戴錦華(2010)「諜影重重─間諜片的文化初析」『電影芸術』2010 年 1 期，57-63 頁．
張愛玲(2001)「色，戒」『張愛玲典蔵全集 7　短編小説巻三　1945 年以後作品』皇冠文化出版有限公司，228-252 頁(邦訳に南雲智訳(2007)『ラスト，コーション　色・戒』集英社，垂水千恵訳(2010)「色，戒」『池澤夏樹＝個人編集　世界文学全集Ⅲ-5　短編コレクションⅠ』河出書房新社，85-120 頁がある)．
丁玲(1946)「我在霞村的時候」『解放区短篇創作選』第一輯，長城文芸，1-24 頁(邦訳に岡崎俊夫訳(1956)『霞村にいた時』岩波書店，江上幸子訳(2000)「霞村にいた時」『中国現代文学珠玉選　小説 1』二玄社，194-211 頁がある)．
林白(2001)『致命的飛翔』長江文芸出版社(邦訳に神谷まり子訳(2012)「危険な飛翔」『たったひとりの戦争』勉誠出版，313-369 頁がある)．
無署名(1992)『高山下的花環─従小説到電影』中国電影出版社．

第Ⅱ部
紅い戦争の記憶の行方

第5章　紅い刑事ドラマとチェコスロヴァキアの社会主義
―― テレビによる同時代史の構築

福田　宏

はじめに

　1989年の体制転換からすでに30年近い年月が経過した。だが，社会主義時代のチェコスロヴァキアで制作された刑事ドラマ『ゼマン少佐の30事件』(Třicet případů majora Zemana，以下『ゼマン少佐』と記す)については，現在でも多くの人が記憶にとどめている。このドラマは1970年代後半に全30話が放映され，当時の公式発表によれば86-94％の視聴率を獲得するほどの人気を博した(Bren 2010: 82)。それだけではない。『ゼマン少佐』は旧東ドイツでも放映され，旧西ドイツからもかなりの数の視聴があったと考えられている。体制転換後の1990年代末にはチェコとスロヴァキアのテレビ局が相次いで再放送をおこなったほか，2000年代に入ってからはDVDも販売されるようになった。今では，社会主義時代を経験していない若い世代においても，際物扱いという面はあるにせよ，『ゼマン少佐』の存在は広く知られている。さらには，社会主義時代に対する一種のノスタルジアとして，この作品が受容されているという側面もあるだろう(Pehe 2014)。

　しかしながら，この刑事ドラマは，いわゆる「正常化」体制期に生み出された極めて政治性の強い作品である。1968年8月，「プラハの春」と呼ばれた改革がワルシャワ条約機構軍の介入によって挫折した後，チェコスロヴァキア政府はそれまでの改革を全面的に否定し，「プラハの春」を社会主義からの「逸脱」と位置づけることとなった。こうした中，国営テレビは内務省による全面的な支援の下で『ゼマン少佐』を制作する。このドラマは，警察

組織である国民保安庁（SNB: Sbor národní bezpečnosti）の設立30周年（1975）を記念する作品として，さらには，1968年以降の「正常化」を正当化するツールとして生み出された。

『ゼマン少佐』は一年当たり一話のペースで展開され，終戦直後から1970年代前半までの約30年を振り返る構成となっていた。第二次世界大戦から帰還したゼマン少佐が名刑事として数々の事件を解決していく，というのが物語の柱である。ドラマの中で社会主義のイデオロギーが声高に主張されるわけではない。しかし，ここで展開される凶悪事件の背後では，西側帝国主義の陰謀や資本主義的欲望が渦巻き，反社会主義思想に取りつかれた自国民が暗躍する（福田 2016: 150-152）。ゼマン少佐は，共産主義者の父と最初の妻を殺害されるという個人的な悲劇に見舞われながらも，あるべき社会の建設にむかって確信を持って進んでいく。視聴者は，ゼマン少佐とともに，当局の理解に沿った歴史観の下，戦後30年の歩みを疑似体験することになる。本章では，この『ゼマン少佐』を素材として，テレビドラマによる紅い記憶の構築について検討していくことにしたい。

1.「正常化」時代におけるテレビドラマの重要性

1-1.「プラハの春」の教訓

1960年代に急速に普及したテレビは，「プラハの春」で大きな役割を果たした（福田 2015: 266-268）。この改革を主導することになるドゥプチェクは，1968年1月に共産党第一書記の座に就いたが，当初，事態がどの方向に進んでいくかについては不透明であった。この時点において，人びとに対して改革が進んでいることを鮮明に印象づけたのは国営テレビである。たとえば，作家同盟の会長であったゴルトストゥッケルがテレビで政府批判をおこなったにもかかわらず，排除されることなく定期的に画面に登場し続けた。また，前年の秋に警官隊が学生の抗議行動を力ずくで鎮圧したことに対し，当局の責任者がカメラの前で謝罪したことも大きい。政府の姿勢に懐疑的であった

人びとも、テレビの変化に呼応し、積極的に自分の意見を表明するようになった。居酒屋では、サッカーやホッケーではなく、政治が熱心に語られるようになったという。その意味において、テレビは改革への機運を高める上で重要な媒体であったといえる。

だが、テレビがこれまでにない強い動員力を有していたがために、ドゥプチェク失脚後に「正常化」を担ったフサーク新政権にとっては、この媒体をどう扱うかが重要課題のひとつとなった。1972年の段階において、テレビはすでに8割の世帯に普及していた。政府がプロパガンダに満ちた番組を作ったとしても、国民に歓迎されないことは明らかであった。加えて西ドイツやオーストリアとの国境地域においては、西側のテレビが視聴される恐れもあった。この時期、チェコスロヴァキア政府はソ連から東ドイツの事例を参考にするようアドヴァイスを受けてもいる (Bren 2010: 118-129)。東ドイツは、すぐ隣に同じ言語圏の資本主義国家をかかえていただけに、チェコスロヴァキア以上にテレビに対して警戒心を抱いていた。1970年代初頭に東ドイツでおこなわれた調査によれば、自国の番組だけを見ていたのはテレビを所有する世帯の約2割にすぎず、約6割の世帯が西ドイツのテレビ番組のみ、残り2割が西ドイツと東ドイツ双方の番組を見ていた。この結果を憂慮した東ドイツ政府は、家族がくつろぐ時間帯、すなわち西側でいうプライム・タイムの20時台に「軽い」番組を提供することを決定した。チェコスロヴァキアもまた、東ドイツの方針を踏襲する形で娯楽番組、特にテレビドラマを量産していくことになる[1]。

1-2.『ゼマン少佐』の特異性

では、どのようなドラマを作るべきなのか。当時の社会主義諸国において『ゼマン少佐』のモデルとなった可能性があるのは、ポーランドで1965-68年に放映された『命より大切なものを賭けて』、およびソ連で1966年に原作が出版され、1973年にテレビドラマ化された『春の十七の瞬間』[2] である (Bilek 2013: 51-57)。両者はともに第二次世界大戦期を舞台としており、前者についてはポーランド人のコリツキ(ドイツ語名クロス)、後者についてはロ

図 5-1　ゼマン少佐
出典：Graclik & Nekvapil (2014),
©Czech Television.

シア人のイサーエフ（ドイツ語名スティルリッツ）がナチ・ドイツに潜伏するスパイとして活動し，最終的にはソ連の勝利に貢献する。この二人は超人的な肉体を持ち，かつ知性と性的魅力を兼ね備えた万能の人間として描写されており，1962年に初めて映画化された007シリーズの主人公，ジェームズ・ボンドとも共通する部分がある。なお，『命より大切なものを賭けて』は1970年，『春の十七の瞬間』は1974年にチェコスロヴァキアで初めて放映され，両者ともに好評を博した。

　これに対し，『ゼマン少佐』は上記のいずれとも趣の異なる作品である。すでに述べたように，この作品において戦争そのものは描かれず，ゼマン少佐がナチ・ドイツの強制収容所より帰還するところから物語が始まる。彼本人は超人的な人間では決してなく，同僚や友人の助けを得ながら事件を解決していく。この作品で描かれる1945-73年の期間において，社会主義体制の建設をめぐっての戦いが展開され，それと同時に，ゼマン少佐本人も20代半ばの若者から50代半ばの腕利きの刑事へと成長する。

　当時のチェコスロヴァキアにおいて，テレビドラマは通常7-10話で構成されることが多かったのに対し，『ゼマン少佐』は全30話であり，破格のス

ケールを持っていた(Růžička 2005: 12-26)。一話当たりの長さも当初から 50-60 分と長めに設定され，途中からは 80-90 分へと拡大されている。予算についても，一話に対して当時の標準的な映画一本に相当する額が費やされており，第 27-28 話(物語上の設定は 1970-71 年)についてはキューバでのロケが敢行されている(ドラマ上の場面設定はチリ)。実際の撮影は 1974-79 年の期間におこなわれ，最初の 10 話が 1976 年，次の 10 話が 1977 年，最後の 10 話が 1979-80 年に初放映された。

1-3. 社会主義建設の 30 年

ところで，チェコスロヴァキアの『ゼマン少佐』は，なぜ第二次世界大戦を舞台としなかったのだろうか。ひとつの理由としては，チェコスロヴァキア，正確にはチェコ地域が直接の戦場にならなかったという点があげられよう。同国については，1938 年のミュンヘン協定によってズデーテン・ドイツ地域が割譲され，翌 1939 年にはチェコの残りの部分がナチ・ドイツの保護領となった。そのため，第二次世界大戦を舞台として英雄的行為を描くには難しい側面があったと考えられる(Blažek et al. 2005: 277)。これに対し，スロヴァキアについては 1939 年にナチ・ドイツの傀儡とも評されるスロヴァキア国が誕生し，大戦末期の段階でナチ・ドイツおよびスロヴァキア国に対する国民蜂起がおこなわれている[3]。この国民蜂起については，戦後から 1989 年までの期間に約 140 もの映像作品が生み出されており，チェコと著しい対照性を示している。

しかしながら，『ゼマン少佐』の舞台が戦後の 30 年間に設定された最大の理由は，「プラハの春」そのものにあったと考えられる。1970 年代半ばの段階においては，ワルシャワ条約機構軍による暴力的な介入は多くの人にとって依然として生々しい記憶であり，その後の抑圧的体制を正当化することは決して容易ではなかった。いうまでもなく，1960 年代の改革を「反革命」とするプロパガンダはメディアを通じて大量に流されていた。だが，それが心情的なレベルにどう作用したかは別問題である。『ゼマン少佐』が比較的長いタイムスパンを対象としているのは，こうした点が背景にあるように思

われる。

　このドラマでは，政治的出来事や現実に起きた凶悪事件がデフォルメされた上でシナリオに組み込まれている。ゼマン少佐や彼の同僚たちは時として失敗を犯し，様々な葛藤を経験しながらも難事件に立ちむかっていく。ゼマン少佐の家族が比較的詳しく描写されるのもこのドラマのポイントであろう。第 14 話(1957)においてゼマンの最初の妻が殺害された際には，彼女の死を悼む手紙がテレビ局に殺到したという。ドラマが進行していくにつれ，ゼマン少佐が属する公安警察(VB: Veřejná bezpečnost)や，それと密接な関係を有していた秘密警察(正式名称は国家保安局)(StB: Státní bezpečnost)のメンバーは，より人間味を帯びた存在として感じられたのだろう。ドラマのクライマックスが「プラハの春」の前後を扱った第 24-26 話(1967-69)におかれているのは間違いない。だが，『ゼマン少佐』においてむしろ重要であったのは「プラハの春」にいたる長い助走期間であったように思われる。抑圧的体制を象徴する存在であった公安警察と秘密警察，およびその上部機関である国民保安庁に対し，「プラハの春」が始まる前の段階，具体的には第 23 話(1966)までの間に視聴者の感情移入を確定させておかねばならなかったためである。

　次節以下では，この長い助走期間を中心に据えつつ検討を加えていくことにしたい。「正常化」体制期の文芸作品を網羅的に分析したフィアロヴァーは，1970-80 年代の公式文学(映画やテレビドラマ等の映像作品も含む)において，1950 年代と 60 年代の描き方が大きく異なっていると指摘する(Fialová 2014: 218-238)。ここでは彼女の分析を参照した上で，やや図式的ではあるが，『ゼマン少佐』の助走期間を読み解く上での補助線を以下に提示しておこう。

　まず，スターリン時代とも呼ばれ，チェコスロヴァキアにおいても大規模な粛清がおこなわれた 1950 年代については，当然のことながら 1960 年代において批判的な視点から解釈された。だが，「正常化」体制において 60 年代の解釈を 180 度反転させ，50 年代を完全に肯定的なイメージで捉え直すことは現実的ではなかった。かくして 70 年代以降における公式文学においては，(1)50 年代の政府を教育熱心な母親のイメージで捉え，理想を求めるあ

まり「行き過ぎた」指導をしたとみなすケース，あるいは，(2) 50 年代において依然として資本主義との熾烈な闘争が継続しており，社会主義を守るためにやむなく強権的な体制を敷いたと描くケース，の 2 パターンが見られた。『ゼマン少佐』は後者のパターンであり，詳しくは第 2 節において検討する。

次の 1960 年代については，少なくとも「正常化」体制のプロパガンダにおいて一義的に否定されるべき対象となったが，公式文学の世界においては，より複雑な構図が提示された。そこでは，50 年代のように明確な形の二項対立ではなく，敵による巧妙な攻撃によって自国の社会が侵食されていく過程が浮き彫りにされる。多くの場合，知識人や芸術家にネガティヴなイメージが与えられ，彼らがトロイの木馬の如く内側から社会主義を掘り崩していく役割を果たす(Fialová 2014: 166-183)。1960 年代に一世を風靡したロック音楽やヒッピー文化，あるいはドラッグといった要素も国民(特に若者)の精神に負の影響を与えるアイテムとして用いられる。そして，社会の混乱が頂点に達した状態が，集団ヒステリーとしての「プラハの春」であった。この点については第 3 節で取り上げることにしたい。

2. 1950 年代の描き方——宿敵ブラーハ中尉との戦い

2-1. イギリス空軍における戦闘経験

1940 年代末より旧東欧諸国に相次いでソ連型社会主義が導入され，チェコスロヴァキアにおいても 1952 年末までの短期間に約 2 万 7 千名が「反国家的行為」を理由に起訴され，計 178 名が処刑されるにいたった。こうしたあからさまな弾圧は 1953 年のスターリンの死後緩和されたが，同国におけるいわゆるスターリン時代は 1960 年代初頭まで継続した。

だが，『ゼマン少佐』において抑圧的体制が前景に表われることはない。その代わりに描かれるのは，第 5 話(1948)より計 5 回にわたって断続的に登場する宿敵ブラーハ中尉との厳しい戦いである。ブラーハ中尉は，第二次世界大戦期にイギリス空軍の一員として戦闘に参加したチェコ人パイロットと

図 5-2　ブラーハ中尉と彼をかくまう修道院長
出　典：Graclik & Nekvapil (2014), ©Czech Television.

して設定されている。チェコ人およびスロヴァキア人の飛行部隊がイギリス空軍で活躍したこと自体は事実である。1939 年にチェコスロヴァキアが事実上の解体を余儀なくされた際，自国の軍隊で戦う可能性を失った彼らは，フランス空軍あるいはイギリス空軍に加わり，ナチ・ドイツと戦っている。ただし，実際の彼らは社会主義体制下のチェコスロヴァキアで冷遇され，そればかりか多くの者が西側のスパイとして収容所に送られている[4]。ドラマの中のブラーハ中尉もまた，西側世界と通じた極めて危険な人物として描写される。

　ブラーハ中尉が初めて登場する 1948 年は，「勝利の二月」と呼ばれる政変が生じた年である。公式史観によれば，このとき，共産党はブルジョア勢力との対決を制して自らの権力基盤を固め，社会主義建設にむけた第一歩を踏み出すことになる。ドラマでは，この二月事件が生じる前後の時期に焦点が当てられている。ゼマン少佐が勤務する国境地域の小都市でも，プラハの政情不安と連動する形で階級対立が激しさを増しており，そうした中で，ブラーハ中尉がゼマン少佐の上司としてこの地に着任する。ブラーハ中尉は現地のブルジョア勢力との結束を強める一方，自己中心的な性格を有し，被疑者に対する取り調べでは拷問をいとわない残忍な一面も見せる。

　武器工場の経営者を中心とするブルジョア勢力は，共産党による権力奪取

を阻止するため,「反革命」勢力の武装を準備しようとするが,事態を察知した共産党および労働者たちが一足先に武器工場を占拠し,事態は一気に緊迫した状況となる。工場の不法占拠を止めさせるよう命じられたゼマン少佐は,命令に背いて共産党の側に立ち,ブルジョア勢力に対して銃口をむけた。ブラーハ中尉はゼマン少佐の行動を非難するも,ブルジョア勢力の劣勢はすでに明らかとなっていた。その後,彼らは国外脱出をはかるのだが,ブラーハ中尉は仲間を裏切り,一人だけ軽飛行機に乗って西側へと逃亡する。

2-2. 両義的存在としてのキリスト教会

ブラーハ中尉は,第9話(1952)においてハンブルクからの貨物船に乗って密かにプラハに戻る。警察は彼の密航について情報を得ながらも,その行方については手がかりを掴めないままであった。彼が修道院に潜伏していた事実は,第11話(1954)においてようやく明らかにされる。

『ゼマン少佐』において,キリスト教会は両義的な存在として描かれている。教会や修道院は,犯罪あるいは反国家的行為の主たる担い手になるわけではないが,ドラマの中の1940-50年代にたびたび登場し,聖職者が犯罪の遂行に便宜を与えたり,犯人を匿ったりするなどの役割を果たしている。第11話においてブラーハ中尉を匿った修道院長は,隠匿の事実に気づいて当局に告発しようとした司祭を殺害してしまうが,どちらかといえばこれは偶発的な事件であり,修道院長が悪そのものとして描写されているわけではない。これに対し,農村部において教会や修道院の捜査をおこなう警察は,地元住民から無神論者と陰口をたたかれ,不信の目で見られる。時代が進行していくにつれ,村人たちは警察の誠実な仕事ぶりを評価するようになり,信仰心そのものは失わないものの,教会に対する眼差しも冷静なものへと変化していく。だが,危うさをかかえた存在としての教会の位置づけは変わらない。後述するように,1968年を描いた第25話においても,年老いた司祭がジャーナリストにそそのかされる形で警察に不利な証言をおこない,ゼマン少佐を窮地に追い込んでしまう。「プラハの春」の集団ヒステリーを引き起こす上で,間接的とはいえ,司祭に重要な役割が与えられている点は注目す

べきポイントのひとつであろう。

2-3. 主要敵の交代と新しい戦いの始まり

　話をブラーハ中尉に戻すことにしよう。第12話［1955］において，彼は警察の目から逃れるために整形手術を受けるのだが，第5話［1948］で裏切った仲間に意図せずして接触し，正体を知られてしまう。最初にブラーハ中尉の存在に気づいたのは，工場経営者の妻である。1948年の段階でブラーハ中尉と不倫関係にあった彼女は，彼の裏切りによって国外脱出に失敗し，数年間にわたる服役から解放されたところであった。当然のことながら，彼女はブラーハ中尉に対して愛憎相半ばする態度を示すが，計画遂行の邪魔になると考えたブラーハは彼女を殺害する。だが，事件を引き起こすことによって，警察はブラーハ中尉の足取りを掴み，彼に対する包囲網を徐々に狭めていく。

　第14話［1957］において，新しい敵となるイギリス人エージェントのハックルが初めて登場し，ブラーハ中尉と接触する。ハックルは，1956年に実際に生じたポーランドの暴動やハンガリー動乱を踏まえた上で，直接的に「反革命」を目指す時代はすでに終わったと告げる。ハックルの台詞において，帝国主義を司る某かの本部が西側世界に存在すると示唆されるが，その本部はブラーハ中尉のような旧来型の人間をもはや必要としていないのであった。以下，ゼマン少佐にとって，ひいては社会主義陣営全体にとっての主要敵の交代を象徴する二人の対話を再現しておこう。

　ハックル：もはや貴様の出る幕ではない。スナイパーの時代などとっくの昔に終わったのだ。それが分かっていないエージェントがどうなったのか知らないのか？　ハンガリーとポーランド［の反革命］は失敗だった。我々はやり方を変えねばならない。イデオロギーによる攻撃によって，奴らのシステムを内側から崩さなければならない。表向きは忠誠を尽くす。だが決して恐れさせてはならないのだ。貴様は本部から新しい計画について何も聞いていないのか？　そうだろう。知らされていないのは当然だ。

貴様は新しい戦いに相応しくない。貴様は用済みなのだ。貴様がどう考えようと関係ない。これは[本部からの]命令だ。

ブラーハ：スナイパーの時代はまだ終わっていない。それをお前に分からせてやる。

ハックル：[銃をブラーハに向け]立場をわきまえろ。現実は苦いものよ。貴様はここで終わるのだ。[ハックルは，ブラーハをその場に残したまま車で走り去る]

　組織に見放されたブラーハ中尉は，プラハの公安警察へとむかった。彼は，もはや与えられた任務としてではなく，個人的な復讐としてゼマン少佐を殺害しようとした。だが，ブラーハ中尉が放った弾丸はゼマンを庇おうとした妻に命中し，ブラーハ中尉もまた，ゼマン少佐によって射殺された。『ゼマン少佐』における1950年代は，これをもって事実上終わりを告げ，その次の新しい戦いが始まる。

3. 1960年代の描き方——より高度な謀略と集団ヒステリー

3-1. ベルリンの壁構築とハックルの陰謀

　ハックルによる新しい戦いは1961年のベルリンにおいて本格的に開始される。当時のベルリンは依然として東西の往来が可能であり，ドラマ上の設定によれば，この都市は帝国主義的陰謀が渦巻く危険極まりない場所となっていた。同年8月，東ドイツ政府は混乱を防ぐために東西の通行を遮断し，やむなく壁を建設するにいたった。ハックルの陰謀は，ベルリンの分断を引き起こした要因のひとつとして描写される。

　第18話[1961]の冒頭，警察は西ベルリンに潜伏する女性エージェント，ビーゾヴァーより極秘情報を受信する。彼女の表の顔は，ハックルが経営するバーのストリップ・ダンサーであり，彼の愛人であった。ゼマン少佐はすでにハックルに顔を知られていたため，ここでは秘密警察のフラデツ刑事が

西ベルリンのバーに潜入する。

　ハックルが遂行していたのは,「ホワイト・ライン」というコードネームで呼ばれる作戦であり,チェコスロヴァキア国家の転覆を狙う恐るべき計画だった。その核心をなしていたのは,チェコスロヴァキア国内において西側に協力する市民のリストである。そこには有名な知識人や芸術家,ジャーナリストやスポーツ選手の名前が大量に記されていた。フラデツ刑事は,バーで働くポーランド人の元貴族にアプローチし,巨額の報酬を提示した上で協力者リストの入手を依頼する。

　このポーランド人は,故国が社会主義体制となったことで帰る場所を失い,やむなくハックルのバーで働くようになった人物として描かれている。彼の妹も,ストリップ・ダンサーの一人として同じバーで働いていた。しかしながら,彼は社会主義以上にイギリスを憎んでいた。この元貴族は,第二次世界大戦末期のアーネム(オランダ)において,イギリス軍とともに戦ったポーランド人パラシュート部隊の一人だった。ドラマ上の設定では,このときの戦いでイギリス軍がポーランド人部隊を見捨てたため,彼の仲間のほとんどは戦死したとされている。そのため彼は,イギリス人であり,自分と妹を惨めな状況においているハックルに対して復讐を望んでいた。この元貴族の働きにより,フラデツ刑事は協力者リストのコピーをハックルに気づかれないまま入手することに成功する。だが,組織に対する裏切りが露呈したために元貴族自身は殺されてしまう。

　ハックルが次に動きを見せるのは第20話[1963]である。依然として西ベルリンでバーを経営する彼は,チェコスロヴァキア国営テレビの国外特派員に接近する。フランクフルトに駐在し,比較的自由に東西を行き来できる立場にあった彼に対し,ハックルは,チェコスロヴァキア科学アカデミーで開発された放射線技術を盗むよう要求する。それを知ったビーゾヴァーは特派員に接触し,ハックルに対する裏切りを提案した。ハックルと仲違いし,今では彼の敵となっているグループに放射線技術を提供すれば,ビーゾヴァーが倍の報酬を渡すという。特派員はビーゾヴァーの提案に乗るが,結局のところハックルの敵に裏切られて殺害される。最終的には,ハックルはビーゾ

ヴァーを捕まえ，放射線技術のファイルも獲得したが，自らの敵に狙撃されてビーゾヴァーとともに死亡する。ハックルの後を追っていたフラデツ刑事は，ファイルを回収し，かろうじて最新技術の流出を防ぐことに成功した。

『ゼマン少佐』が娯楽作品としての魅力を有するとすれば，その理由のひとつはファム・ファタール（危険な魅力を持つ女）としてのビーゾヴァーにあるだろう。元々プラハのファッションモデルであった彼女は，秘密警察にエージェントとしての才能を見込まれ，ハックルに関する情報を提供するようになった人物である。そのため，警察側にとっても，それと同時にドラマの視聴者にとっても，ビーゾヴァーが最終的に誰に味方しようとしているのかは判然としない。彼女は，ハックルだけでなく，国営テレビの特派員，そして，フラデツ刑事をも魅了し，ドラマの流れを左右する重要な役割を果たす。だが，ハックルとともに狙撃されることにより，ビーゾヴァーは謎めいた存在のまま，ドラマから退場する。

娯楽作品としての性格を示しているもう一人の登場人物はフラデツ刑事であろう。ゼマン少佐が第19話[1962]において再婚し，良き夫・良き父という人物像を維持していくのに対し，フラデツ刑事は一匹狼的存在であり，一貫して危険をともなう任務を担うことになる。事件によってはフラデツ刑事が全編にわたって活躍し，ゼマン少佐がほとんど登場しないこともある。このドラマにおいては，ゼマン少佐が傑出した存在として描かれるわけではない。警察では，ジェームズ・ボンド的要素を持つフラデツ刑事など多彩な顔ぶれが登場し，ストーリーが多種多様に展開にされていくと同時に，組織の集団主義的側面が強調されている(Bilek 2013: 56)。

3-2. クライマックスとしての「プラハの春」

ドラマのクライマックスとなるはずの第24-26話[1967-69]において，「プラハの春」の過程やワルシャワ条約機構軍による占領が具体的に描写されることはない。ここで描かれるのは，「集団ヒステリー」を引き起こそうとする知識人やジャーナリストの陰謀であり（第24話），それによって追い詰められていくゼマン少佐の苦悩であり（第25話），凄惨な殺人事件に象徴され

る社会の病理(第 26 話)である(福田 2016: 152-154)。

　まず，第 24 話(1967)にて「ホワイト・ライン」と呼ばれる作戦が再び登場する。リーダー格のハックルは 1963 年に死亡したものの，その後はプラハに駐在する西側外交官によって作戦が引き継がれていた。警察は，「改革派」知識人やジャーナリストが当該外交官の自宅を出入りしていることを監視活動によって突き止めるが，彼らの破壊工作を完全に防ぐことはできず，社会の混乱につながっていく。

　なお，『ゼマン少佐』に登場する「改革派」のうち，実在の人間がモデルになっていると考えられるのは，詩人のダネシュと大学教授のブラウンである(Bren 2010: 75-77)。ダネシュのモデルとしては，1969 年に亡命した作家のヤン・ベネシュ，あるいは，体制転換後に大統領となるヴァーツラフ・ハヴェルなどの名前があげられている。ブラウンについては，「プラハの春」をリードする立場にあった文学者のヴァーツラフ・チェルニーを想起させる名前である。チェルニーがチェコ語で黒を意味するのに対し，ドラマに登場するブラウンはドイツ語で褐色を意味し，かつナチスとの関連をも暗示する。いずれも，視聴者にとっては，誰をモデルにしているのかがわかりやすい設定である。

　常にジーンズ姿のダネシュは粗野でありながらも，言葉巧みに大衆を魅惑する能力があり，この時期の「集団ヒステリー」を引き起こす一種の道化として描かれている。男女関係のもつれから女性に対する傷害事件を起こした彼は，警察に身柄を拘束され，ゼマン少佐の取り調べをうけることになる。だが，ダネシュは罪を一切認めず，自由に対する抑圧を批判するばかりであった。さらには，ブラウン教授やジャーナリストら「改革派」がダネシュの「不当逮捕」を批判し，内務省の上層部に圧力をかけて捜査を中止させてしまう。

　次の第 25 話[1968]において，ダネシュたちは第 10 話[1953]に登場する事件を警察に対する攻撃の材料として用いる。これは，農業集団化が進みつつあった国境地帯の村において，集団化に反対するテロリストが地区の共産党指導部を殺害した事件であった。この村は，ゼマン少佐と彼の後妻ブランカ

が生まれ育った場所であり，事件の犠牲者の中にはブランカの最初の夫もふくまれていた。このとき，逃亡したテロリスト自身は捕まらなかったものの，村の司祭がテロリストを匿った罪で有罪判決をうけていた。この司祭は，第二次世界大戦中に共産党員をゲシュタポに密告した人物でもあった。

ダネシュら「改革派」が目をつけたのは，この司祭である。彼らは社会の「不正」を暴くという趣旨のテレビ番組に司祭を登場させ，警察の策略によって罪をなすりつけられたと証言させた。その結果，1953年のテロ事件に対して再審請求がおこなわれ，今度は警察そのものが疑惑の対象となり，ゼマン少佐を殺人犯とする説すら流布する事態となる。そのため，彼は職場だけでなく家庭においても深刻な危機に直面した。すでに述べたように，この事件ではブランカの最初の夫が犠牲になっていたため，すでに思春期を迎えていた娘(ゼマン少佐と初婚相手との間に生まれた子)も交え，家族間に重大な亀裂が生じたのである。最終的には，村人たちがゼマン少佐を支持する姿勢を見せ，司祭が再審請求を撤回した結果，ゼマンは窮地を脱することに成功する。

第26話(1969)は，依然として「プラハの春」にともなう混乱の日々として描かれている。ゼマン少佐は刑事活動の第一線から外され，閑職に追いやられたままである。だが，彼が不在となった警察では，プラハ近郊の村で発生した一家惨殺事件を解決できていなかった。しかも，ダネシュが雑誌に書いた扇動的な記事によれば，被害者の一人はヤン・マサリク元外相の運転手であり，同外相の死の秘密を知っていたが故に当局によって消されたのだという。事件が「改革派」に悪用されていることを知ったゼマン少佐は，現場へとむかった。ところで，ヤン・マサリクは1948年の二月事件後も閣内にとどまった唯一の非共産党閣僚であり，その直後に謎の死を遂げた人物である。ここでは，実際に起きた殺人事件と社会主義時代にタブー視されていたマサリクの名が組み合わされ，不可思議なリアリティーが醸し出されている。

村に到着したゼマン少佐は，村人から殺人犯と噂されている刑事に会う。彼は村人から襲われる恐怖に怯えており，「彼らが来なかったら，もっとひどい目に遭っていたかもしれない」という。ここでいう「彼ら」はワルシャ

ワ条約機構軍を示唆している。ゼマン少佐は，真実を明らかにするべく，この刑事とともに捜査を開始する。

被害者の一家は元クラーク（富農）であり，村人からは嫌われた存在であった。ところが，ダネシュによって元運転手とされた父親は，実際には煉瓦職人であり，車の免許すら持っていなかった。この事件の唯一の生き残りである息子は大学教員であり，1968年には村人たちに二千語宣言への署名を迫っていたことも判明する。二千語宣言とは，「プラハの春」を象徴する知識人によるマニフェストであり，共産党支配の実態を痛烈に批判するとともに「改革」の必要性を訴えるものであった。この息子は，事件の際に井戸に突き落とされながらも九死に一生を得たが，この一件がトラウマとなって精神病院に入院していた。だが，捜査の結果，年老いた父親が1968年の集団ヒステリー的状況の中で錯乱状態となり，無理心中をはかったことが明らかとなる。あまりの悲惨な出来事に真実を隠していた息子は，ゼマン少佐に対し，「私を罰して欲しい」と懇願するが，ゼマン少佐は「貴方はすでに十分なほど罰せられています」と語り，息子を精神病院に戻す。ここでは，「集団ヒステリー」に巻き込まれてしまった「改革派」知識人の弱さと「まっとうな市民」ゼマン少佐の寛大さが対比的に描かれている。

おわりに

こうして，1969年の難事件を解決することに成功したゼマン少佐は元の職場に復帰し，ドラマにおける1960年代は幕を閉じた。だが，敵との戦いが終わることはない。第27-28話(1970-71)では，プラハにおける殺人事件が南米に潜伏する元ナチ・グループに結びついていることが判明し，フラデツ刑事が単独でチリに潜入する。第29話(1972)では，ドラッグに溺れるロック・ミュージシャンに焦点が当てられる。彼らは若者の間で絶大な人気を誇っていたが（ゼマン少佐の娘もファンの一人であった），ドラッグが容易に手に入る西側に行くため，旅客機をハイジャックする。ドラマ上の設定では，1970年代のチェコスロヴァキアは「正常化」されて落ち着きを取り戻

し，ゼマン少佐は引退を考える年齢となっていた。だが，最後の第30話(1973)においても，国内外において敵が暗躍する現状は同じであり，警察の重要性は今後も変わらないはずだった。

本章においては，ドラマの全体像を把握するために，1950年代と1960年代についての描写の対照性に着目して分析をおこなってきた。しかしながら，『ゼマン少佐』の全作品を見終わった視聴者が，当局の意図する歴史観に単純に染まったわけではないだろう。確かに，このドラマは内務省による全面的な支援の下，考えられうる最高の俳優とスタッフが集められた上で制作された。だが，「正常化」を正当化し，かつ多くの視聴者にうけ入れられる娯楽作品を生み出すことは決して容易ではなかった。しかも短期間に全30話の作品を制作する必要があった。『ゼマン少佐』では総勢20名を超える執筆陣がプロットおよび脚本の作成に携わったが，内容や報酬の配分をめぐって激しい対立が生じていたという(Blažek et al. 2005: 285-289)。さらに，「プラハの春」の微妙な時期については，国営テレビだけでなく，内務省や共産党の幹部も積極的に内容に介入した。たとえば，第24話(1967)については，共産党のナンバー2と目されていたヴァシリ・ビリャク書記自らが修正を要求し，第25話(1968)については，国営テレビのトップの指示により，全体のおよそ半分を撮り直すことになった(Růžička 2005: 52-56)。こうした点からすれば，『ゼマン少佐』は首尾一貫した視点の下で作られたというよりは，様々な対立と試行錯誤を繰り返す中で生み出された妥協の産物であった。

とすれば，『ゼマン少佐』は視聴者に一体何をもたらしたのか？　極めて高い視聴率を記録したとはいえ，国民の多くは疑いを持ってドラマを視ていたように思われる。「プラハの春」の時期についてはなおさらであろう。だが，虚実が複雑に組み合わされたストーリーにおいては，真偽の境界は曖昧となる。たとえ嘘であったとしても，ドイツ人や教会に対するネガティヴなイメージなど，それが多くの人が共有する固定観念や偏見に訴えかけるものであれば，全体としての「もっともらしさ」は強化されるだろう。テレビドラマにおいては，多くの視聴者を惹きつける必要がある以上，個々の要素がわかりやすく描かれている。それが単体である限り，批判的な視聴者であれば

真偽の判断は容易である。ところが，大量の情報がモザイク状に散りばめられることによって全体の構造が複雑化し，批判的視点を持続させることは困難となっていく。

しかしながら「正常化」時代のテレビドラマにおいては，その内容が真実か否かという点は最重要の問題ではなかったのかもしれない。人類学の観点から後期ソ連社会を分析したユルチャクによれば，公式イデオロギーや言説の真偽を問うことは，社会の多数派であった「普通の」人びとにとってはすでに無意味なものとなっていた（ユルチャク 2017；塩川 2010）。だが，公式イデオロギーや言説は，社会におけるふるまい方を規定するという意味で一定の機能を持ち続けた。「正常化」体制に抗議の意思を示し続けたハヴェルは，政府への見かけ上の忠誠を示す人びとに対し，「偽り」ではなく「真の」生き方を選択するよう訴え続けていた。ところが，公式イデオロギーや言説を社会生活上の単なるコードとして理解する限り，ハヴェルの主張は効力を失っていた可能性がある。『ゼマン少佐』についても，真実か虚偽かという二分法ではなく，社会生活上のコードを供給していたかどうかという観点から考えてみる必要があるだろう。とはいえ，こうした点は，主としてドラマの内容そのものに着目した本章の射程を超える問題であり，今後の課題としたい。

注

1) チェコスロヴァキアにおいて最初のテレビドラマが放映されたのは 1962 年であり，1989 年の体制転換までの間に全体で約 280 の作品が制作された（Bren 2010: 126）。
2) この作品については邦訳がある。ユリアン・セミョーノフ（1991），伏見威蕃訳『春の十七の瞬間』角川文庫。
3) スロヴァキア国民蜂起の位置づけについては，福田（2017, 229-231）を参照。なお，『ゼマン少佐』は極めてチェコ中心主義的な作品であり，このドラマにおいてスロヴァキアが舞台となるのは第 22 話（1965）しかない。ただし，第 22 話において功績のあった若手のスロヴァキア人刑事がゼマン少佐のチームに加わり，それ以降，同少佐の有能な部下として活躍する。これは，「正常化」体制においてチェコとスロヴァキアの連邦化が実現したことを意識した上での設定と思われる。
4) イギリス空軍におけるチェコ人の活躍を描いた映画『ダーク・ブルー』が 2001 年

に公開されている(日本での公開は 2002 年)。この映画は,チェコ社会において長らくタブーとされていた彼らの存在に光を当てるものであった。

参 考 文 献

塩川伸明(2010)「《成熟＝停滞》期のソ連社会：政治人類学的考察の試み」『スラヴ文化研究』9, 29-37 頁。

福田宏(2015)「チェコスロヴァキア：プラハの春」西田慎・梅崎透編『グローバル・ヒストリーとしての「1968 年」：世界が揺れた転換点』ミネルヴァ書房,255-278 頁。

福田宏(2016)「ロック音楽と市民社会,テレビドラマと民主化：社会主義時代のチェコスロヴァキア」村上勇介・帯谷知可編『融解と再創造の世界秩序』青弓社,137-160 頁。

福田宏(2017)「現代スロヴァキアにおける歴史論争：第二次世界大戦期の位置づけをめぐって」橋本伸也編『せめぎあう中東欧・ロシアの歴史認識問題：ナチズムと社会主義の過去をめぐる葛藤』ミネルヴァ書房,217-235 頁。

南塚信吾編(1999)『ドナウ・ヨーロッパ史』(新版・世界各国史)山川出版社。

ユルチャク,アレクセイ(半谷史郎訳)(2017)『最後のソ連世代：ブレジネフからペレストロイカまで』みすず書房。

Bilek, Petr A. (2013) "The 30 Cases of Major Zeman: Domestication and Ideological Conversion of a James Bond Narrative in the Czech TV Serial Context of the 1970s." Jan Čulík (ed.) *National Mythologies in Central European TV Series: How J. R. won the Cold War* Brighton: Sussex Academic Press: 48-67.

Blažek, Petr/ Petr Cajthaml/ Daniel Růžička (2005) "Kolorovaný obraz komunistické minulosti: vznik, natáčení a uvedení *Třiceti případů majora Zemana*. Petr Kopal (ed.) *Film a dějiny* Praha: Lidové noviny: 276-294, 395-398.

Bren, Paulina (2010) *The Greengrocer and his TV: the Culture of Communism after the 1968 Prague Spring* Ithaca: Cornell University Press.

Fialová, Alena (2014) *Poučení z krizového vývoje: poválečná česká společnost v reflexi normalizační prózy* Praha: Academia.

Graclik, Miroslav/ Václav Nekvapil (2014) *30 případů majora Zemana: příběh legendárního seriálu a jeho hrdinů* Praha: Dobrovský.

Kolář, Pavel/ Michal Pullmann (2016) *Co byla normalizace?: studie o pozdním socialism,* Praha: Lidové noviny.

Pehe, Veronika (2014) "Retro Reappropriations: Responses to the Thirty Cases of Major Zeman in the Czech Republic" *VIEW Journal of European Television History and Culture* 3 (5): 100-107.

Růžička, Daniel (2005) *Major Zeman: propaganda nebo krimi?* Praha: Práh.

［DVD］*Třicet případů majora Zemana* (2007-2008), Praha: Česká televize.

第6章　中国における紅い英雄
——メモリースケープとしての烈士陵園の分析を通して

高山陽子

はじめに

英雄物語は古くから世界各地に存在する。『イリアス』や『オデュッセイア』,『三国志演義』や『水滸伝』などの英雄物語は,時代を超えて語り継がれてきた。こうした物語に登場する古典的な英雄が存在する一方で,戦時や災害時などに活躍した人びともメディアに登場する際には英雄と称賛される。たとえば,2001年の同時多発テロの後,人命救助に当たった消防隊員や警官らは英雄と呼ばれた。彼らは,アキレスや関羽のような超人的な活躍をしたためではなく,絶望的な状況にありながらも,それに屈することなく立ちむかったために英雄と呼ばれたのである。

両者の違いはどこにあるのか。前者は生来,卓越した能力を持つ人物が様々な経験を経て英雄となったのに対して,後者は戦争や災害などの特殊な状況下で,ごく普通の能力を持ち,比較的正義感の強い人が結果的に英雄と呼ばれることになったといえる。そもそも消防隊員や警官を希望する人は道徳心や正義感を持ち合わせていることが多いため,特殊な状況下で英雄的な活躍をするのは当然のことである。ここから派生して,本人が英雄と呼ばれることを望まなくても英雄と呼ばれることもある。英雄の魂は英霊と呼ばれ,英雄崇拝の場で用いられる。

モッセがドイツの第一次世界大戦の戦死者について論じた *Fallen Soldiers: Reshaping the Memory of the World War* (1990) は『英霊:創られた世界大戦の記憶』と訳された。Fallen Soldiers の訳は「戦没兵士」であるが,

翻訳では「英霊」と統一された。その理由として訳者は「戦場で死んだ将兵が，さまざまな祭祀や儀礼を通じて神格化される場合の呼称として用いられるため」と冒頭で記している。これに対して新谷尚紀は，ドイツと日本の神格化や英霊祭祀には文化的な違いがあるため，「英霊」という訳語を避けるべきだと批判している (新谷 2010: 212-214)。

　英霊という言葉をめぐる複雑さは，この語が本来，儒教的なものでありながら，近代以降の戦没者追悼に際しても使われたことにある。日本では幕末の志士は藤田東湖が詠んだ「英霊いまだかつてほろびず」という詩を好み，楠公祭を盛んにおこない，楠正成を筆頭とする国事のために殉難した義士を神として顕彰した。同志の霊を「従祠」する慣習はやがて招魂社や靖国神社に引き継がれていった (春山 2006: 51)。

　清末・民国初期に日本に留学した中国人留学生らはこの風景を目の当たりにした。戊戌変法の失敗で日本に亡命した梁啓超 (1873-1929) は『清議報』(1898-1901) において処刑された譚嗣同 (1865-98) を烈士と追悼した (吉澤 2003)。現在中国で英霊は「烈士の魂」を意味する。東アジアにおいて「信念をもって行動する男子」を指す烈士は，古くから使われてきた。幕末の志士が「水戸烈士」と呼ばれたように，清末の中国でも革命の犠牲者を烈士と呼んだ。

　近代的な烈士は，最初は伝統的な墓や祠に祀られていたが，祭祀が広がるにつれて，緻密に設計された美しい烈士陵園という公園墓地に埋葬されるようになった。生前にまったく烈士と面識のない訪問者にとっても，烈士陵園は戦争の犠牲となった英雄のためのメモリースケープとみなされ，厳粛にふるまうべき社会主義的聖地であると認識される。

　烈士陵園の聖地化は，中国における紅い戦争（日中戦争・国共内戦）の神話化の一過程であった。人民中国では社会主義建国神話の基盤となる紅い戦争を選択し，その犠牲者を英雄として革命博物館や烈士記念碑，烈士陵園において祀ることで社会主義イデオロギーを強化し，その過程で，儒教的な概念であった烈士は紅い英雄，すなわち，社会主義的烈士へと変貌していった。本章では烈士陵園の事例を通して，社会主義文化における紅い英雄の意義と

変化について考察する。

1. 武装蜂起と烈士の称号

　清末から民国初期、孫文(1866-1925)や黄興(1874-1916)、章炳麟(1869-1936)、宋教仁(1882-1913)などの革命家が日本に亡命した。さらに、1896年に清国留学生が来日して以来、秋瑾(1875-1907)、陳天華(1875-1905)、胡漢民(1880-1936)、汪兆銘(1883-1944)らが東京の大学で学んだ。日本留学ブームは1905年の科挙制度廃止が直接的な理由であるが、武漢の産業化に尽力した張之洞(1837-1909)が自著『勧学篇』(1898)において、留学経費の安さや漢字の共通性から日本留学を積極的に推奨したためでもある。

　東京に集まった留学生らは、やがて孫文と接することになり、1905年8月20日の中国革命同盟会(後、中国同盟会と改名)の設立に関わっていった。留学生という身分でありながら革命運動に没頭する清国留学生に対して、日本政府は「清国人ヲ入学セシムル公私立学校ニ関スル規程」(通称、清国留学生取締規則)などを公布して革命運動の封じ込めをおこなった。これに反対して陳天華は1905年、大森海岸で自殺を図った。

　譚嗣同や陳天華、徐錫麟(1873-1907)や秋瑾のように革命運動に殉じた人びとは辛亥革命後、民国政府によって烈士として祀られた【表6-1】。その際、烈士には出来事に応じた名称がつけられた。戊戌変法後に斬首された譚嗣同・楊深秀(1849-98)・康広仁(1867-98)・劉光第(1859-98)・楊鋭(1857-98)・林旭(1875-98)は「戊戌六君子」、1911年の黄花崗蜂起(第三次広州蜂起)に殉じた人びとは「黄花崗七十二烈士」、武昌蜂起前日に処刑された彭楚藩(1884-1911)・楊宏勝(1886-1911)・劉復基(1885-1911)は「首義三烈士」、1925年5月30日の五三〇運動の犠牲者は「五卅烈士」と呼ばれた。こうした名称は祠堂や墓に用いられ、新聞にも記載された。ただし、名称は決まっても、祠堂や墓形式は一定していたわけではなく、烈士追悼の方法や烈士の概念そのものも明確ではなかった。

　孫文が最初に広州で決起した1895年以降、1900年の恵州蜂起や1908年

表6-1 主な出来事と烈士の名称

出来事	烈士の名称	烈士墓・烈士祠(建設年)
戊戌変法(1898)	戊戌六君子	
安慶蜂起(1907)	三烈士	三烈士墓(1912)**
黄花崗蜂起(1911)	黄花崗七十二烈士	黄花崗七十二烈士墓(1921)
武昌蜂起(1911)	首義三烈士 革命先烈	三烈士亭(1931)** 首義烈士祠(1936)**
京漢線ストライキ(1923)	二七烈士	二七烈士記念碑(1958)
五三〇運動(1925)	五卅烈士	五卅烈士墓(1928)*
沙基事件(1925)	沙基烈士	沙基惨案記念碑(1926)**
第一次国共内戦(1927-1937)	雨花台烈士 左聯五烈士 広州起義烈士	雨花台烈士陵園(1950) 龍華烈士陵園(1928) 広州烈士陵園(1956)
第一次上海事変(1932)	一二八烈士	一二八烈士墓(1932)* 無名兵士墓(1935)** 淞滬陣亡将士記念碑(1932)**
日中戦争(1937-1945)	抗日烈士	各地の烈士陵園
第二次国共内戦(1946-1949)	革命烈士	各地の烈士陵園
朝鮮戦争(1950-1953)	抗美援朝烈士	抗美援朝烈士陵園など

注)* 現存しない　** 移築・改築

の雲南河口蜂起，1910年の第二次広州蜂起など8回の蜂起を起こしたがすべて失敗に終わっていた。1895年の第一次広州蜂起失敗後は興中会の陸皓東(1868-95)が処刑され，恵州蜂起では史堅如(1897-1900)が処刑された。また，黄興や宋教仁，陳天華らが長沙で結成した華興会も1904年に長沙で武装蜂起を計画するが，事前に計画が漏洩した。光復会の徐錫麟らが起こした安慶蜂起も失敗し，徐錫麟は処刑された。こうした失敗から1911年4月27日(旧暦3月29日黄花崗蜂起)の蜂起は周到に準備されたものの，計画変更などもあり，清軍が優勢を保ち，蜂起は失敗に終わった。

中国同盟会の潘達微(1881-1929)は，この蜂起の犠牲者72名の遺体を集め，紅花崗(後，黄花崗と改称)に埋葬した。墓苑は1921年に完成し，その後も改修工事が続けられた。1932年の調査では，烈士の数は86名と判明したが，潘達微が埋葬時に使った黄花崗七十二烈士という名称が定着した。

この蜂起からまもなくして，1911年10月10日(旧暦8月19日)，武昌蜂起が起こり，辛亥革命が勃発した。その翌年の1月1日，孫文を臨時大総統とする中華民国が成立し，中華民国暦(太陽暦)が施行されると，10月10日の蜂起をどのように記念するか，蜂起の犠牲者，すなわち，烈士をどのように追悼するかが問題となった。徐錫麟，四川の保路運動(清朝の鉄道国有化に反対する民衆蜂起)の犠牲者，黄花崗七十二烈士，首義三烈士などを追悼することと，中華民国成立を国慶日として記念することは似て非なるものである。南京臨時政府は，7月14日のフランス革命記念日や7月4日のアメリカ独立記念日の例を鑑みて，武昌蜂起の10月10日を国慶日と定め，その式典である革命記念会の中に烈士追悼の項目を入れた(小野寺 2011: 87-95)。

　1912年10月10日，最初の国慶日の式典が北京と武昌で開催された。北京では天壇を中心とした記念会場が設けられ，革命諸先烈を祀るため天壇の祈念殿が祭壇として用いられた。朝6時，かつて大清門であった中華門が除幕すると，国務総理・趙秉鈞と各署・各団体の代表と共和記念会員が軍楽隊の演奏に合わせて来場し，三鞠躬の礼をおこなった。門の外の彩楼(装飾された亭)には隆裕太后退位の勅旨が掲げられた。7時，趙秉鈞が袁世凱の代理として諸先烈を祀る祭文を読んだ。10時半，袁世凱が閲兵式をおこない，1万1000名の兵が参列した。他方，国務院が開催した茶会には，各国代表，参議院議員，上級官吏，各省代表，新聞記者，北京の名士と理事，内モンゴルの活仏らが参加した。記念会場の瑠璃廠工芸局では陳列館，運動場，演劇場が設けられた。陳列館には武装蜂起に関する資料と烈士の遺影がおかれ，演劇場では革命新劇が演じられた。場内の祭壇には「中華民国死事諸烈士霊位」という位牌がおかれた(高労 1912: 5-7)。

　武昌ではすでに9月29日(旧暦8月19日)に式典がおこなわれ，10月10日にも大総統代理・朱慶瀾，参議院代表・湯化龍，副総統代理・蔡済民が参列した式典が催された。式典は祭文の朗読と三鞠躬の礼で始まった。会場となった万寿宮の祭壇には彭楚藩・劉復基・楊宏勝の三烈士と湖南省都督・焦達峰(1887-1911)，その他の烈士の位牌がおかれ，数百人の遺児らが霊前で追悼した。蜂起で多くの死傷者を出した武昌では烈士と負傷者を民国の礎を

図 6-1　武昌蛇山烈士祠
2017 年 3 月撮影

築いた人びととして称え，勲章と恩給を授与した(高労 1912: 8-9,『申報』1912年 10 月 10 日)。首義烈士祠には，1936 年，「辛亥首義烈士祠」の扁額を掲げたコンクリート製の牌楼と草堂が作られた。後に烈士祠は武昌公園，蛇山公園という名前を経て，現在では，首義公園(最初の蜂起の公園)の一部となっている【図 6-1】。

2. 烈士のイメージ

　辛亥革命後，烈士は国慶日で丁重に祀られたが，すぐに救国の英雄とみなされたわけではなく，志半ばで死んでいった若者や革命の犠牲者という側面が大きかった。そもそも，伝統中国において横死した人物は鬼(幽霊)になると信じられてきたため，討ち死にした烈士はある種の鬼のような存在であった。こうしたイメージを表わしているのが，1912 年 10 月 10 日の『申報』の革命記念のページに掲載された「英雄枯骨」(英雄の白骨)や「烈士頭顱」(烈士の首)の絵である【図 6-2】。烈士が国民的英雄となり，彼らを祀る空間

図6-2 『申報』 1912年10月10日

が聖なる場所となっていくのはもっと後になってからであった。

　鎮魂のための墓や祠から顕彰のための墓苑への移行の過程には，忠義のための死から国家のための死という価値観の変化と同時に，伝統的な葬儀と墓から簡素な近代的・西洋的な葬儀と墓への変化があった。たとえば，一二八忠烈墓は，江湾(現，上海市虹口区)の慈善団体・崇善堂と地方の有力者らが各地に散らばっていた1300体ほどの遺骨を収集し，西洋式公共墓地として建設したものである。園内には忠烈を鎮魂するための碑も建てられた(『申報』1933年4月14日)。

　後に人民英雄記念碑のレリーフを手掛ける劉開渠(1904-93)は上海事変後の1933年，留学先のフランスから帰国し，1934年，杭州で淞滬戦役国軍第八十八師陣亡将士記念碑を創作した。二人の兵士からなるこの彫像は，中国で初めて抗日戦争を題材としたもので，フランスで彫刻を学んだ影響が色濃く見られる作品である。また，広州の十九路軍淞滬抗日陣亡陵園入口の凱旋門(1932)は，パリのエトワール凱旋門を彷彿とさせる作りであり，先烈記念碑(1932)は半円状に列柱がならぶ古代ローマ風である。

　烈士顕彰の建物は過剰に西洋的なものもあったが，烈士のイメージはまだまだ従来の霊魂観に基づいていた。黄花崗は，広東政府にとって革命を顕彰するための非宗教的な追悼施設であったが，地元の人びとにとって擬似的な祖先や岳飛のような英雄として烈士を敬う場所であり，「招魂」の儀礼をおこなう場所でもあった。この場所には幽霊が出るという都市伝説のようなものもあり，広東政府の意向に反して，地元の人びとには西欧における国家的

図6-3　史堅如像

2014年8月撮影

な英雄祭祀の空間とは認識されなかった(Ho 2004: 114-119)。

　黄花崗には，七十二烈士の墓の他に孫文が「共和革命のため殉難した第二の勇将」と称えた史堅如，「中国革命空軍の父」と称された楊仙逸，烈士の遺体を集めた潘達微，鄧仲元などの個別の墓も存在する。史堅如の墓は1912年に黄花崗に移設され，後に立像が作られた。その姿は，フロックコートを着てシルクハットを右手に持ったもので，英雄というよりも偉人風，もしくは，ブルジョワ風である【図6-3】。

　これらの建築物は様式として西洋風であったというだけではなく，民国期に英雄あるいは烈士と呼ばれた人びとは富農や地主出身が少なくなかったた

め，結果的に西洋風の偉人顕彰碑のようになった。実際，黄花崗七十二烈士の「三林」と呼ばれる林時爽(1887-1911)や林覚民(1887-1911)，林尹民(1887-1911)がいずれも日本留学経験を持っていた。慶応義塾大学で哲学を学んだ林覚民が妻へ宛てた遺書は，妻と祖国への愛情があふれる名文として現在でも高く評価されている。

貧しい生まれでありながら勉学に励み日本に留学した陳天華も秀才の誉高く，『猛回頭』や『警世鐘』などの著書を残している。詰襟の学生服を着た陳天華の肖像画は様々な雑誌に掲載された。また，五卅烈士の一人である何秉彝(1902-25)も四川の地主の家庭に生まれ，上海大学で瞿秋白(1899-1935)らからマルクス思想を学んだ。1924年10月10日の国慶日に反帝国主義・反軍閥を掲げて演説をおこなった上海大学の黄仁(1904-24)が国民党右派に雇われた悪漢に襲われて死亡した際には『民国日報』に「黄仁を嘆く」という詩を書いた。列強支配に対する抗議運動がピークに達していた上海では，日系紡績工場の労働者が射殺されたことを契機に，何秉彝ら学生を中心とするデモが広がった。このデモ隊に対して南京路においてイギリス警察が発砲し，何秉彝を含む13名が死亡し，数十名が逮捕された。

血気盛んな無頼漢というよりも教養ある偉人としての烈士は，民国初期の烈士のモデルとなった屈原(前343頃-前278頃)や岳飛(1103-41)とイメージが重なる(Harrison 1998: 48-49)。岳飛は，中国でもっとも人気のある英雄の一人であり，関羽とならんで現在でも武廟に祀られている武将である。学問と武道を身に着けた岳飛は，義兄弟らと軍を率いて金と戦い，軍師として頭角を現した。こうした岳飛の人気を疎んだ宋の宰相・秦檜は反逆の罪を着せて岳飛を投獄し，処刑した。死後20年後，冤罪であることが証明され，岳飛は杭州の岳王廟に祀られた。

烈士のイメージは屈原や岳飛などの忠臣という伝統的な要素と，革命家という新しい要素を含んでいた。それは烈士が，屈原廟や岳王廟，清代の昭忠祠と連続性を持つ専祠や忠烈祠に祀られると同時に，華洋折衷型の墓・墓地公園に埋葬された点からも確認できる。専祠や忠烈祠は靖国神社・護国神社の影響もうけている(蔡錦堂 2003; 張世瑛 2010)。1867年に建立された東京招魂

社は 1879 年，靖国神社と改名し，英霊を合祀する大祭を開催してきた。1905 年 5 月 3 日の臨時大祭の様子を日本亡命中の宋教仁が次のように日記に記した。「午後，靖国神社に至る。時はこの神社の大祭の期間で，成人男女の見学者が甚だ多い。見世物屋が処せましと並び，祭囃子が鳴り響いている。……これは祭りである。特に戦死した軍人を合祀する大典である。3 日間にわたって開催される。日本の天皇もまた自ら祭祀に臨んでいる。ああ，国を守るために生命を捧げた報いはまさにかくの如くあるべきである。」(宋教仁 2014: 56)。宋教仁は翌年の 5 月 3 日の夜，靖国神社大祭を見学し，提灯や花火で賑わう境内の様子を日記に記している(宋教仁 2014: 167)。

陳天華が『警世鐘』という著作を残したように，民国初期の革命烈士の記憶において警鐘と覚醒は重要なイメージであり，それは西洋的な様式をもって表現された。1912 年，杭州西湖西泠橋の西側に建てられた秋瑾墓の亭は，須弥座形の台座と釣鐘型の建物を合わせたデザインで，秋瑾の革命の理想を表現していたという。黄花崗七十二烈士墓は西洋式に重点がおかれた華洋折衷式で，墓石は西洋風の亭を持つ。また，五卅烈士墓の半球状の台座の上の鶏は，来訪者に覚醒を促すという現代的な意味を持っていた(頼徳霖・伍江・徐蘇斌 2016: 121-123)。

1920 年代，徐錫麟や秋瑾らが専祠に祀られ，南京の霊谷寺が烈士祠に改築されるなど，烈士祠や烈士墓が各地で建設されると，その規格を統一するため，民国政府内政部は 1933 年 9 月 13 日，「烈士附祠辦法」という烈士祠に関する規則を公布した。全 6 条からなるこの規則は，烈士とは国民革命の犠牲者であること，烈士として祀るに際して事績と殉難の地に関して詳細に調査すること，位牌は長さ 2 尺(約 66 cm)，幅 5 寸(約 32.5 cm)の長方形で，左右 1 寸 5 分(約 5 cm)，上は 2 寸(約 6.6 cm)，下は 3 寸(約 10 cm)の飾りをつけること，烈士の姓名を金文字で記すこと，肩書があればそれを記載すること，また，淞滬抗戦(第一次上海事変)のように犠牲者が多い場合には「淞滬抗日陣亡将士之霊」と記すことなどを定めた(烈士附祠辦法・建立紀念坊碑辦法)。

このように烈士祠を作ることが推奨されたが，まもなく日中戦争が全面化

したため，実際にはそれほど作られなかった。1940年9月20日，殉死者に対する祭祀と記念碑の建立に関する規則が定められ，これは台湾の忠烈祠祀弁法へとうけ継がれていった(赤江 2014)。

3. 社会主義文化における烈士

1958年，天安門広場に人民英雄記念碑が竣工した。以後，4月5日の清明節(烈士節)における最大規模の式典は，墓地でも廟でもないこの場でおこなわれるようになった。それ以前から共産党による烈士追悼会はおこなわれていたが，烈士墓や記念碑は簡素なものであった。墓苑の建設に先行したのは，伝統的な葬儀の廃止と近代的な葬儀の導入であった。なぜならば，共産党にとって，死者や祖先の霊魂を鎮めるための儀礼が個人の運命に影響を与えるという考え方や長男が墓の世話をするという慣習は社会主義的理想に反するものであったためである。こうした伝統的な祖先祭祀に対して，長征を経て，延安に根拠地を移した共産党は，1944年9月5日，中央警備連隊・張思徳(1915-44)の追悼大会をおこなった。ここで毛沢東は「人民に奉仕する」(為人民服務)という演説で張思徳を称えた(ホワイト 1944: 310-314)。

伝統的葬儀よりも烈士追悼に重点をおいた共産党は以下の日を追悼日とした。すなわち，1月28日(第一次上海事変)，2月7日(京漢線ストライキ)，3月29日(黄花崗蜂起)，7月7日(盧溝橋事件)，8月1日(南昌蜂起)，8月13日(第二次上海事変)，9月18日(柳条湖事件)，10月10日(武昌蜂起)である。日中戦争期には清明節や中秋節のような伝統的な行事に合わせて村の廟で烈士祭祀がおこなわれ，村の人びとのナショナリズムを高め，共産党政権の正統性を主張する上で効果的であったという(丸田 2013: 215-219)。

共産党による本格的な烈士陵園の建設は，延安四八烈士陵園に始まった。これは，1946年4月8日に飛行機墜落事故で死亡した17名(4名はアメリカ人操縦士)を埋葬した墓である。共産党中央委員・王若飛(1896-1946)や共産党中央職工運動員会書記・鄧発(1906-46)，『解放日報』主宰・秦邦憲(1907-46)，新四軍軍長・葉挺(1896-1946)らは，重慶の国民党との会談を終えて搭

乗し，延安へ戻る際に山西省黒茶山で墜落死した。このとき，葉挺の妻の李秀文(1907-46)と二人の子，黄斉生(1879-1946)，李少華(1917-46)，黄暁庄(1924-46)，魏万吉(1922-46)，趙登俊(1922-46)，高瓊(1930-46)も犠牲になった。

4月15日午後2時，延安大礼堂で四八烈士の追悼会が開催され，約2000名の幹部が集まった(『抗戦日報』1946年4月21日)。毛沢東は「殉難した烈士に哀悼の意を表す」と題して，「死すとも栄光である」(雖死猶栄)と述べた(『抗戦日報』1946年4月19日)。王若飛らの遺体は黒茶山から延安へ運ばれ，4月19日，延安空港の近くで追悼式および公葬がおこなわれた。会では烈士の家族が祭壇に上がって霊前に花と酒を供え，焼香し，祭文を読んだ。祭壇上には烈士の遺影，「為人民而死」と書かれた位牌，2羽の白鶴がおかれ，その後ろに13名の烈士の棺がおかれた。公葬には朱徳，劉少奇，林伯渠，賀龍らが参列し，祭文を読んだ。公葬後，林伯渠は烈士の生前の業績を述べ，朱徳は烈士の死が中国人民にとって大きな損失であることを強調した。張思徳や四八烈士の遺体は延安の空港の西北に埋葬された(『抗戦日報』1946年4月23日)。陵園は1957年に王家坪に移設された際，1946年を表す高さ19.46mの碑が建てられた。碑には毛沢東による「為人民而死雖死犹栄」(人民のためたとえ死すとも栄光である)という文字が刻まれた。

四八烈士の追悼会の他に1945年8月15日の終戦を記念する「八一五」の式典や1949年7月15日の「民盟殉難烈士記念日」の追悼会なども開催された。民盟殉難烈士とは1946年から1947年に国民党に暗殺された聞一多ら6烈士(李公朴・聞一多・陶行知・杜斌丞・黄競武・曾偉)を指す(『人民日報』1949年7月16日)。「八一五」記念式典は主にソ連紅軍烈士記念碑(塔)の前でおこなわれた。中国東北部にはソ連が1945年から1950年の間に建てた大小様々な記念碑(塔)が100基ほどあった(田志和2010)。1950年代，英雄顕彰の方式としてソ連の社会主義リアリズムが中国に導入されるが，その前から東北部にはソ連式の烈士記念碑が存在していた。

東北部では日本軍と戦って死んだ抗日烈士やソ連紅軍烈士の陵園や記念碑が次々に建設され，上海や南京，広州，重慶など国民党の勢力が強かった南

部では，龍華烈士陵園，雨花台烈士陵園，広州起義烈士陵園，歌楽山烈士陵園など国民党に殺害された烈士の記念碑・陵園が建設された。3年に及ぶ国共内戦を経て 1949 年 10 月 1 日に建国宣言した共産党にとって烈士追悼会は重要な行事であった。

　1950 年 10 月 15 日，内務部は「革命烈士に関する解釈」を公布し，辛亥革命，北伐，第一次国共内戦，日中戦争，第二次国共内戦で死亡した人びとを烈士とした(『人民日報』1950 年 10 月 16 日)。1935 年に国民政府によって民族掃墓節と呼ばれた清明節は，1949 年，華北人民政府によって烈士節と定められた。人民政府は，烈士の業績を称え，広く人民の教育に役立てるため，烈士の遺影や遺品，遺著などを収集して調査・陳列することを各地の烈士陵園へ命じた(『人民日報』1949 年 4 月 5 日)。

　烈士陵園が現在のような資料館や記念碑をともなう複合的烈士追悼施設になるのは 1980 年代以降であるが，その基盤は 1950 年代に作られた。歌楽山烈士陵園は 1950 年 1 月 15 日，鄧小平や劉伯承ら 1000 名が追悼大会に参加し，236 名が歌楽山烈士として追悼されたことに始まる。ここには国民党が建設した白公館と渣滓洞という監獄があり，小説『紅岩』(1961)のヒロイン江雪琴(江姐)のモデルとなった江竹筠(1920-49)などの共産党員が拘束された。建国宣言後，人民解放軍が重慶に迫る中，1949 年 11 月 14 日，国民党工作員は江竹筠ら三十数名を殺害し，11 月 27 日，約 200 名を殺害した。この出来事は，解放直前に脱獄した羅広斌(1924-67)と楊益言(1925-2007)によって小説『紅岩』として出版され，これまでに 5 回，映画・ドラマ化されている。劇中には殺害された共産党員を簡易な墓に埋葬する場面があり，そうした場面では「革命が成功したらここに記念碑を建てよう」といったセリフをともなう。

　広州においてかつて烈士墓といえば黄花崗であったが，中華人民共和国期には広州起義烈士陵園(旧，広州公社烈士陵園)が烈士追悼の場となった【図 6-4】。この陵園は広州蜂起の約 7000 人の犠牲者を祀る。1927 年 12 月 11 日，葉挺や葉剣英らは広東ソヴィエト政府(広東コミューン)を樹立するが，3 日で崩壊した。1957 年，「清明節に人々は閑静な広州東部の紅花崗に位置する

図 6-4　広州起義烈士陵園
2014 年 8 月撮影

　厳粛な広州公社烈士陵園へ足を運び，1927 年に建立された広州コミューン（広州工農民主政権）で犠牲となった英雄たちを弔った」という記事と，チェコスロバキアのシロキー首相が烈士墓に献花する写真が掲載された（『南方日報』1957 年 4 月 5 日）。
　1950 年代の清明節に烈士陵園へ参拝する様子と 1930 年代の『申報』では記述も写真の撮り方においても大きな違いがある。『申報』の記事は，式次第と式典の参列者の名前，祭文の内容が中心であり，写真は記念碑や墓のみが写っているか，式典に集まっている群衆が写っている。1950 年代の記事では，参列した一般の人びとの様子や子供たちが墓参りをする様子が記されている。また，写真も記念碑あるいは墓に献花する幹部の姿がはっきりとと

第6章 中国における紅い英雄　159

図6-5　井崗山革命烈士墓
2007年8月撮影

らえられている。この頃になると，式典は烈士追悼のみではなく，追悼する人びとの正統性を示す上で効果的な装置となった。こうして烈士は，徐錫麟や秋瑾，鄧仲元，楊仙逸といった個別の偉人ではなく，人民英雄という総体的な存在となった。南昌蜂起（1927年8月1日の中国共産党最初の武装蜂起）の30周年を記念して1957年に江西省井崗山に建設された井崗山革命烈士墓には「人民英雄永垂不朽」（人民の英雄は永遠に不滅である）と刻まれた【図6-5】。

　烈士が人民英雄という総体的なものになったとしても，烈士の個別の墓がなくなったわけではなかった。烈士陵園には烈士の名前を刻んだ墓も作られた。ただし，それは常に広場にそびえる記念碑の背後に位置している。烈士陵園は形式において多様であるにせよ，高い記念碑とその周辺を飾る革命物語のレリーフや彫像，烈士の遺品を集めた資料館，無数の同型の烈士墓から構成される空間であった。広場は烈士追悼儀礼をおこなうために必要なものであり，高い記念碑は敬礼と献花の対象であった。墓のならび順は革命への貢献度や階級に応じた場合があるものの，基本的には墓石は同型であった。

図6-6　瀋陽抗美援朝烈士陵園
2011年8月撮影

樹木や芝生の緑に覆われた陵園は、幽霊や鬼が出没するような不気味な雰囲気はなく、紅い英雄を祀るのにふさわしい神聖な空間となった【図6-6】。

　さて、中華人民共和国期の烈士における特徴は毛沢東の言葉が烈士の格づけに大きく影響したことである。この時期を代表する烈士である劉胡蘭(1932-47)と雷鋒(1940-62)は貧しい農家出身であり、若くして死亡した。毛沢東は1947年と1957年に「偉大な生、栄光ある死」と劉胡蘭の死を称えた。劉胡蘭は、舞台化される際に共産党員候補の村婦女秘書から正式な党員となり、「叛徒」(裏切り者)のために犠牲となった英雄の姿で描かれた。こうした変更は、女英雄としての劉胡蘭の共産党に対する忠誠心や勇敢さを際立たせ、新中国の象徴となる効果をもたらしたという(関2005: 258-265)。劉胡蘭は油絵や彫像、プロパガンダポスターにも描かれた。馮法祀が1957年に描いた『劉胡蘭』という油絵では、廟の前で殺害される劉胡蘭は濃紺の服を着ているが、1960年代から1970年代に普及したポスターの劉胡蘭は、おかっぱの

第 6 章　中国における紅い英雄　　161

図 6-7　雷鋒記念館

2011 年 8 月撮影

髪の毛を風になびかせ，赤い服を着て半身で足を肩幅に広げ，斜め上をきつく睨む勇ましい紅い英雄へと変わっていった。

　湖南省長沙市に生まれた雷鋒は，22 歳の若さで撫順においてトラック事故で死亡した。彼の死後，毛沢東の言葉などを引用した日記が発見されたところから，毛沢東は 1963 年，「雷鋒に学べ」のキャンペーンを始め，全国に模範的兵士として彼の名を知らしめた。「毛沢東と直接関係のない英雄は決まって名誉を損なわれた」(Waldron 1996: 973) と指摘されるように，毛沢東がその烈士をいかに称えるかが重要であった。雷鋒は道徳的で模範的であったことだけが重要なのではなく，毛沢東個人に忠誠を誓う人物であったことが重要であり，それゆえに「雷鋒に学べ」のキャンペーンは毛沢東個人への崇拝と紅衛兵運動に大きな影響を与えたという (李輝 2002: 92-93)。後に雷鋒記念館となった撫順の墓には，毛沢東による「雷鋒同志に学べ」の碑がある【図 6-7】。そこが現在ではひとつの主な写真撮影スポットとなっているので

ある。

　このように，1949年の建国宣言以降，個別の偉人としての烈士のイメージは，人民英雄という総体的な紅い英雄に変わり，その表現方法も主に社会主義リアリズムが用いられた。また，毛沢東個人の言葉が烈士の格づけに大きく影響したこともこの時代の特徴なのである。

4. 烈士の再定義

　文革終結後，烈士のイメージは多様化した。1980年代，李大釗や秋瑾，徐錫麟，章炳麟，陶成章など，偉人的な烈士の墓が修復された。さらに，1990年代から本格的に始まる愛国主義教育政策と2000年代のレッドツーリズム（紅色旅游）の開発の中で，烈士陵園や烈士記念碑のリニューアルが進んだ。こうした中で烈士は社会主義革命の犠牲者という狭い意味から，国家や公民に尽くした人びとという広い意味を持つようになった。

　1980年6月4日，国務院が発布した「革命烈士褒揚条例」では，革命烈士の範囲を「革命戦争と祖国防衛，社会主義現代化建設事業において犠牲になった人民と人民解放軍兵士を革命烈士と称す」とした。具体的には以下のように死亡した者が烈士とされた。作戦中あるいは作戦中の負傷による死，作戦中にうけた身体の障害による後の死，前線における任務中の死あるいは敵区域における死，捕虜になるなど革命任務中の死，人民の生命・国家財産・集団財産を守るための死である。

　民政部は2011年8月1日，この条例を「烈士褒揚条例」と改定し，革命と敵人の言葉を削除し，人民から公民と用語を変更し，烈士の範囲を革命の犠牲者から人民救護で犠牲になった人へと拡大させた。この変更では，テロ対策任務中の死や，災害援助に際する死，海外援助派遣の任務中の死，科学研究試験任務中の死などが加えられた。また，この時期から朝鮮戦争やベトナムにおける犠牲者の遺骨の引き取り事業を始め，2014年以降，引き取った遺体は清明節に烈士陵園に正式に埋葬される。

　また，2014年3月31日，民政部が公布した「烈士公祭弁法」では以下の

表6-2 全国重点烈士記念建築物保護単位

	公布日	登録数	累計数
第1回	1986年10月28日	32	32
第2回	1989年8月20日	36　後に4カ所追加	72
第3回	1996年4月12日	18	90
第4回	2001年5月17日	20	110
第5回	2009年3月23日	64	174
第6回	2016年9月20日	96	270

ように烈士公祭式典の順序が定められた。1．主催者が烈士記念碑(塔)に対して敬礼し，烈士公祭儀礼の開始を宣言する，2．儀礼兵着席，3．国歌斉唱，4．祭文読誦，5．少先隊員による「我らは共産主義接班人」の斉唱，6．烈士への献花，7．リボンを整える，8．烈士への三鞠躬礼，9．烈士公祭儀式への参加者が烈士記念碑を仰ぎ見る。

　2014年8月24日，国務院は「中国人民抗日戦争ならびに世界反ファシズム戦争」を記念して第一回国家級抗戦記念施設・遺跡80カ所のリストを発表した。翌年の3月13日には第二回目として100カ所が加わった。このリストの施設・遺跡は，戦争記念館と烈士陵園，戦跡であるが，全国重点烈士建造物リストと異なるのは，北京の中国人民抗日戦争記念館や南京の侵華日軍南京大虐殺遇難同胞記念館，ハルビンの侵華日軍七三一部隊罪証陳列館，瀋陽の"九・一八"歴史博物館など，日中戦争に関わる施設が中心となる点である。そのため，国共内戦の戦跡や共産党員が殺害された龍華烈士陵園や雨花台烈士陵園，歌楽山烈士陵園などは含まれず，反対に湖南省衡陽市南岳忠烈祠のようにかつて「反動遺跡(国民党に関わる遺跡)」と呼ばれた施設は含まれる。

　2016年には，紅軍の長征期の活動を反映した習水青杠坡紅軍烈士陵園(貴州省)や解放戦争期の活動を反映した遼寧塔山阻撃戦烈士陵園などの96施設が加わった。これに際して民政部は，「烈士褒揚条例」，「烈士紀念施設保護管理弁法」，「国家級烈士紀念施設保護単位服務管理指引」などの規則に従って，烈士記念施設の保護管理やサービス内容の規範化，管理水準の向上をさ

らに進めること，英烈の事績の発掘・整理を着実に推し進めること，国家級烈士施設が革命先烈を懐かしみ，愛国主義教育方面における模範となるように烈士記念活動をおこなうことなどを通知した。

　2014年の人民英雄記念碑が除幕した9月30日は烈士記念日と正式に定められ，天安門広場で式典がおこなわれるようになった。2014年10月1日，『人民日報』の一面には人民英雄記念碑に献花する習近平国家主席の写真と，天安門広場に参列した人びととの写真が掲載された。これらの写真と，1930年代の『申報』，1950年代の新聞の写真を改めて比較してみると，時代が下がるごとに写真における記念碑の割合が低下し，献花する人の割合が非常に大きくなっていることが確認できる。これらの写真が示すのは，烈士顕彰式典の目的が烈士顕彰から，その式典を主催する中国共産党政権の正統性へ移行していることである。

おわりに

　烈士という言葉は19世紀末から用いられてきたが，そのイメージは政権によって大きく変化してきた。民国初期は偉人風であり，中華人民共和国期は人民英雄という紅い英雄であり，また，毛沢東に忠誠を誓う若者であった。改革開放路線において社会主義イデオロギーが薄れていく中で，共産党は「烈士褒揚条例」や「烈士公祭弁法」を通して烈士を愛国主義のシンボルとしていた。一方，繰り返し作られる紅い戦争のドラマではステレオタイプ化された清く正しい姿だけではなく，家族や友人，恋人との関係に悩みつつ革命に身を捧げる烈士も登場した。

　2007年公開の映画『戦場のレクイエム』(集結号)では，主人公・谷子地は国共内戦で戦死した部下を失踪兵から烈士へ名誉を回復しようとする。映画では，失踪兵と烈士の違いは，遺族への保障が異なるという金銭的な側面と，烈士陵園に公式に祀られるという名誉の側面が示された。映画の後半には烈士陵園で管理人としてはたらくかつての戦友から谷子地は自分の部隊が連隊長・劉澤水によって捨て駒にされたという事実を聞いて，劉連隊長の墓に怒

りをむける場面がある。

　若くして犠牲になった秋瑾や江竹筠などの女性烈士は，いく度も映画化・ドラマ化されて，激しい拷問に屈することなく毅然とした死を遂げる。2011年，辛亥革命100年を記念して公開された映画『1911』，『秋瑾』は，ともに1907年の秋瑾の処刑から始まる。『秋瑾』は処刑後から過去に遡る形で話が展開し，陳天華が断崖から身を投げる場面はひとつのクライマックスである。『1911』は冒頭で林覚民の死，終盤で彼の遺書を妻が読む場面が登場するが，全体的には孫文と黄興を中心に，黄花崗蜂起の失敗，保路運動，武昌蜂起，袁世凱の総理大臣就任，南京臨時政府誕生，宣統帝退位，孫文の臨時大総統辞任と時系列に沿って話が進む。林覚民の遺書のエピソードは，辛亥革命の物語が展開する中に無理やり押し込められている印象を否めない。これに対して，『秋瑾』は一貫して秋瑾の生涯を描いているため，革命の全体像は見えないにせよ，辛亥革命にいたるまでの筋道はわかりやすい。

　社会主義革命を描いたドラマや映画が多数ある中で，女性共産党員の江竹筠（江姐）を主人公にした2010年放送のドラマ『江姐』は中国国内で評価された。ドラマは1946年の政治協商会議の決裂に始まり，「叛徒」の劉合廷によって江竹筠が捕まり，1949年11月14日に処刑されて終わる。国共内戦中の話であるが，戦闘場面はほとんどなく，江竹筠の周囲で起こる出来事がドラマの中心である。江竹筠は任務として上司である彭咏梧（1915-48）と偽装結婚し，彼の助手として共産党機関紙『挺進報』の刊行に尽力する。重慶の奉節で殺された彭咏梧の遺体を見つけた江竹筠と李欽林はそこに記念碑を建てることを誓う（1953年に墓が建てられたが，小説『紅岩』の影響で彭咏梧を敬う人が増えたため，奉節県城の北門坡の烈士陵園に移された。文革期に墓は破壊されたが，2004年，白帝城の咏梧園に移築された）。実際には江竹筠は渣滓洞内で殺されたが，ドラマでは他の共産党員らと草むらに連行され，「中国共産党万歳」と叫ぶ中で射殺される。

　秋瑾や江竹筠が処刑されるまでの経緯をたどることは，烈士の物語を通して革命を理解することにつながる。それは，時系列に沿って出来事がならぶ教科書的な歴史ではなく，彼女たちの経験を通した個別の革命の物語である。

女性烈士は正義感や悲劇性を表現しやすく，「叛徒」は女性烈士の正義感をより際立たせる効果がある。こうした正義のヒロインの原型は，田村論文（本書第4章）が指摘するように，国を救う男装の麗人・花木蘭に求められる。時代設定に様々な違いがあるものの，基本的な物語は，年老いた父親の代わりに戦場へ赴いた花木蘭が多くの功績を上げ，皇帝からの褒美を断り，家族の待つ故郷へ帰るというものである。花木蘭は，中国版ジャンヌ・ダルクといわれるが，中世フランスのように異端として処刑されることはない。近年の映画やドラマでは花木蘭と皇太子との悲恋に重点がおかれても，基本的には君主と親に忠実な人物として描かれる。

　誠実な若者が犠牲になって社会主義革命が成功したという物語は，革命をわかりやすく説明すると同時に，犠牲者を烈士として祀る現政権の正統性を主張することができる。社会主義文化における紅い英雄の物語は，革命にともなう犠牲が必要であることを人びとに認識させる。それは，革命の成功，すなわち，社会主義国家の誕生が，超人的な力を持つ英雄ではなく，誰もがなりうる英雄としての烈士の犠牲の上にあると描いているのである。

参考文献

赤江達也(2014)「現代台湾における"烈士"の変容：高雄市忠烈祠の事例から」『社会システム学』28, 43-60頁。

小野寺史郎(2011)『国旗・国歌・国慶：ナショナリズムとシンボルの中国近代史』東京大学出版会。

王暁葵(2005)「20世紀中国の記念碑文化：広州の革命記念碑を中心に」若尾裕司・羽賀祥二編『記録と記憶の比較文化史：市誌・記念碑・郷土』名古屋大学出版会, 234-270頁。

蔡錦堂(2003)「台湾の忠烈祠と日本の護国神社・靖国神社との比較」台湾史研究部会（編）『台湾の近代と日本』中央大学社会科学研究所, 335-357頁。

新谷尚紀(2010)「戦死者記念と文化差：memorialと慰霊，Fallen Soldiersと英霊」関沢まゆみ編『戦争記憶論：忘却，変容そして継承』昭和堂, 203-225頁。

関浩志(2005)「英雄の形象化とその変容：新中国成立前後の劉胡蘭像を中心に」『中国』20, 257-271頁。

春山明哲(2006)「靖国神社とはなにか：資料研究の視座からの序論」『レファランス』2006(7), 49-75頁。

ホワイト，マーティン・K(1994)「中華人民共和国における死」ジェイムズ・L・ワトソン／エヴリン・S・ロウスキ編(西脇常記・神田一世・長尾佳代子訳)『中国の死の儀礼』平凡社，307-332頁。
丸田孝志(2013)『革命の儀礼：中国共産党根拠地の政治動員と民俗』汲古書院。
モッセ，ジョージ・L(宮武実知子訳)(2002)『英霊：創られた世界大戦の記憶』柏書房。
吉澤誠一郎(2003)『愛国主義の創成：ナショナリズムから近代中国をみる』岩波書店。
李輝(2002)「"母性愛教育"批判から紅衛兵運動を考える」『アジア遊学』41，86-93頁。

Harrison, Henrietta (1998) "Martyrs and Militarism in Early Republican China." *Twentieth-Century China* 23(2): 41-70.
Ho, Virgil Kit-yiu (2004) "Martyrs or Ghosts? A Short Cultural History of a Tomb in Revolutionary Canton: 1911-1970." *East Asian History* 27: 99-138.
Hung, Chang-tai (2008) *Mao's World: Political Culture in the Early People's Republic*, Cornell University Press.
Waldron, Arthur (1996) "China's New Remembering of World War Ⅱ: The Case of Zhang Zizhong." *Modern Asian Studies* 30(4): 945-978.

広州市黄花崗公園編(2011)『黄花皓月：黄花崗七十二烈士墓百年図録』広東人民出版社。
張世瑛(2010)「国民政府対抗戦忠烈事蹟敵調査与紀念」『国史館館刊』第 26 期，1-46 頁。
田志和編著(2010)『永恒的懐念：中国土地上的蘇聯紅軍碑塔陵園』大連出版社。
頼徳霖『中国建築革命：民国早期的礼制建築』博雅書屋，2011 年。
頼徳霖・伍江・徐蘇斌編(2016)『中国近代建築史第 3 巻　民族国家：中国城市建築的現代化與歴史遺産』中国建築工業出版社。

新聞記事など

梁啓超(1898)「校刻瀏陽譚氏仁学序」『清議報』第 2 冊。
梁啓超(1898)「譚嗣同伝」『清議報』第 4 冊。
梁啓超(1899)「記殉難六烈士紀念祭」『清議報』第 28 冊。
高労(1912)「中華民国第一届国慶紀事」『東方雑誌』第 9 巻第 6 号，4-10 頁。
宋教仁(劉泱泱編)『宋教仁日記：中国近代人物日記叢書』中華書局，2014 年。
「紀念之文」『申報』1912 年 10 月 10 日
「公祭徐烈士」『申報』1920 年 7 月 30 日
「皖垣烈士墓重修落成」『申報』1923 年 4 月 11 日
「徐錫麟烈十牌位入祠盛況」『申報』1927 年 7 月 1 日
「秋侠昇主入祠典礼紀詳」『申報』1927 年 7 月 6 日
「曾左李三祠将帰公有」『申報』1930 年 4 月 27 日

「霊谷寺改建烈士祠」『申報』1930 年 5 月 9 日
「昨日紀念黄花崗先烈」『申報』1933 年 3 月 30 日
「一二八忠烈墓開闢墓道」『申報』1933 年 4 月 14 日
「江湾"一二八"忠烈墓紀念墓」『申報』1935 年 2 月 8 日
「無名英雄墓堂竣工」『申報』1935 年 4 月 24 日
「陣亡将士公墓落成」『申報』1935 年 11 月 21 日
「昨晨挙行掲幕典礼」『申報』1936 年 2 月 17 日
「民族掃墓節国府致祭明孝陵」『申報』1936 年 4 月 6 日
「忠義祠改忠烈祠」『申報』1936 年 6 月 11 日
「各県将設立忠烈祠」『申報』1936 年 7 月 9 日
「向"四八"被難烈士致哀」『抗戦日報』1946 年 4 月 19 日
「今日挙行公祭」『抗戦日報』1946 年 4 月 17 日
「中共中委王若飛秦邦憲等同士遇難」『抗戦日報』1946 年 4 月 13 日
「隆重祭悼遇難諸烈士」『抗戦日報』1946 年 4 月 21 日
「隆重公葬王秦所烈士」『抗戦日報』1946 年 4 月 23 日
「蒋軍残暴虐及地下英烈」『人民日報』1947 年 2 月 1 日
「今日烈士節　華北人民政府　征集烈士史料」『人民日報』1949 年 4 月 5 日
「民盟殉難烈士紀念日」『人民日報』1947 年 7 月 16 日
「東北各地紀念八一五」『人民日報』1950 年 8 月 18 日
「関于革命烈士的解釈」『人民日報』1950 年 10 月 15 日
「"中美合作所"血案一周年」『人民日報』1950 年 12 月 3 日
「革命烈士家属革命軍人家属優待暫行条例」『人民日報』1950 年 12 月 14 日
「紅花開遍烈士陵園」『南方日報』1957 年 4 月 5 日
「秋瑾，徐錫麟等烈士陵墓重新修建」『浙江日報』1981 年 8 月 31 日
「李大釗烈士永垂不朽」『人民日報』1983 年 10 月 30 日
「我国加強零散烈士紀念施設建設管理保護」『人民日報』2011 年 4 月 1 日
「永遠不能忘記—清明期間各界群衆緬懐英烈」『人民日報』2011 年 4 月 5 日
「緬懐先賢　悼念英烈」『人民日報』2011 年 4 月 6 日
「5.2 億人次参加清明祭掃」『人民日報』2012 年 4 月 5 日
「烈士紀念日向人民英雄敬献花籃儀式在京隆重挙行」『人民日報』2014 年 10 月 1 日
「烈士附祠辦法・建立紀念坊碑辦法」『国民政府档案』国史館蔵，001012100006.

ウェブサイト

中華人民共和国民政部
「《烈士褒揚条例》已経 2011 年 7 月 20 日国務院第 164 次常務会議通過，現予公布，自 2011 年 8 月 1 日起施行」
　　http://www.mca.gov.cn/article/gk/fg/yfaz/201507/20150700848474.shtml

（2014 年 4 月 24 日最終アクセス）
「民政部関于公布第六批国家級烈士紀念施設的通知」
　http://xxgk.mca.gov.cn:8081/n1360/81827.html
（2017 年 4 月 24 日最終アクセス）
「《烈士公祭弁法》已経 2014 年 3 月 31 日民政部部務会議通過，現予公布，自公布之日起施行」
　http://www.mca.gov.cn/article/zwgk/fvfg/yfaz/201404/20140400612867.shtml
（2017 年 4 月 24 日最終アクセス）

第7章　記憶の展示
―― パノラマ・ジオラマによるメモリースケープ

向後恵里子

はじめに

　パノラマ・ジオラマとは，絵画と立体物を組み合わせて疑似的な空間を作り出す装置である．両者の研究組織であるインターナショナル・パノラマ・カウンシルが公開している現存するパノラマについてのオンラインデータベースを参照すると，旧ソヴィエト圏に作例が集中し，中国と北朝鮮がそれに追随している[1]．件数の多い順にあげれば，ロシア(パノラマ5件，ジオラマ77件)，ウクライナ(パノラマ3件，ジオラマ47件)，中国(パノラマ10件，ジオラマ27件)，北朝鮮(パノラマ1件，ジオラマ24件)が上位の4カ国となる．本データベースは全地域を網羅するものではないが，今日においてもパノラマ・ジオラマが上記の地域に集中して活用されている様子が明らかである．

　これらは，そのほとんどが博物館に位置し，歴史展示を目的として作られている．戦争の記憶も鮮明なうちから作られた例も，さらに遠い過去の戦争を表現した例も見られる．本章は，20世紀の社会主義圏におけるパノラマ・ジオラマ展示の事例を通して，記憶が歴史として結晶し，また情動をゆさぶる記憶として表象される様相を見ていく．具体的には，まず博物館における展示とそれを「見る」体験について踏まえた上で，20世紀社会主義圏における展開について，社会主義リアリズムおよび特定の場所の記憶との結びつきに言及し，さらにその体験について考察したい．

1. パノラマ・ジオラマによる記憶の展示と「見る」体験

1-1. 記憶の展示

　アライダ・アスマンは，歴史を提示する様々な表現方法を「物語」,「展示」,「演出」の3点に整理している(アスマン 2011: 234-235)。「物語」は時間的・因果的な連続性を説明する一方で想像的によみがえらせるテキストであり，出来事と思考との時間的な秩序を作り出し，他の表現の源としてもはたらく。「展示」は，歴史的テキストや図像，物品などの素材を配置して作る空間の秩序を指すものである。「演出」は，映像作品によるメディア的演出と，「歴史の現場」を舞台として体験・経験を可能とするような空間の地域的演出の二者に分かれる。「展示」に用いられる図像や物品はテキストを超えた非言語的な記号の特質を備えているがゆえに，「言語的秩序を補足的に図解するだけでは決してなく，言語的秩序をその基本構造において乱すことや潜在的に拡大することもある」とされる。したがって博物館の展示は，「それらがもともとおかれていた文脈から転がり出て，展覧会によって新しい文脈，つまり新しい秩序に組み込まれることになる」可能性が指摘される。

　博物館とは，すでに定まった過去が秩序に基づいて収蔵され展示されるのではなく，むしろそこで過去の時間の意味が問われ，「新しい秩序」の生まれうる場所である。スーザン・A・クレインによれば，措定と展示を通じて主観性と客観性が衝突し，想起と忘却が積み重ねられ，記憶そのものの形成がなされ得るのが，博物館という場である(クレイン 2009)。この観点から改めて言明すれば，博物館の展示とは記憶の表象行為である。あるテキストの無色透明な可視化は困難であり，常に何ものかが選択され並べられ強調される。しかし，これ自体は，記憶の位置づけが大きな議論を呼ばない限り，それが表象行為であると意識されないことが多い。川口幸也によれば，この展示という表象の特徴は「語り／騙り」であるとされる(川口 2009: 27-28)。そこには展示する側／される側／見る側という三様の当事者が関わるが，それ

ぞれの立場は均衡を欠き,展示は基本的に一方の立場からなされることが多い。

　本章のパノラマ・ジオラマの場合は,「展示する側」が管理・統一された空間を作り出し,展示「される側」はその中にある身ぶりや衣裳,道具立てとともに描写・配置され,「見る側」はその空間をただ鑑賞する立場におかれることとなる。したがって,「展示する側」に記憶の生成の重心が大きく傾き,作り出す表象のうちに「される側」「見る側」がまきとられている。

　とはいえ,「見る側」のあり方についても,素朴な受容のまなざしだけを想定することはできない。寺田匡宏は,歴史展示は空間の中での時間の表現であるととらえ,展示を「見る」行為には「展示場を歩く行為やその場所の中に身体をもって存在するという事象そのもの」が含まれることを議論の出発点としている(寺田 2009: 169)。こうした展示を「見る」ことへの注目は,展示が持つ表象行為という側面に注目し,その「新しい秩序」の形成に「見る側」が「展示する側」と協働して果たす役割をクローズアップしようとするものである。

1-2. パノラマ・ジオラマ空間における視点と錯覚

　「見る側」への注目は,パノラマ・ジオラマという視覚装置の特徴からも重要な点である。絵画と立体物を配置しながら,パノラマは「見る側」の人びとを取り囲む360度の空間を,ジオラマは「奥行きのイリュージョンを持つ平たい一枚の絵」(オールティック 1990: 11)を作り出す。この仮想現実をすみずみまで構成し,実際の壁面を越えて広がる空間を認識させるためには,鑑賞者の視線に耐える遠近法の徹底と,細部に及ぶ写実的な描写が必要である。パノラマ・ジオラマにおける三次元空間の描出は,西洋美術の歴史が重視してきた外界の理想的な再現という命題に対するひとつの回答であった。今日では西洋の油彩画とパノラマ・ジオラマとは美術と興行というまったく異なる歴史を描いているように見えるが,パノラマ画は油彩で描かれるものであり,そこには外界の理想的な再現のために培われてきた絵画の技法が注ぎこまれている。その上で,鑑賞者の視線は,絵画に相対するとき以上に統御されねばならない。

図7-1　モスクワ，ボロディノ・パノラマ館観覧台
2016年筆者撮影

　鑑賞者の視線は，まず物理的に制限される。パノラマの場合，必ず鑑賞者が空間の中心に位置するように観覧台が設計されている。そのため多くのパノラマ施設は，トンネル状の空間でパノラマの中央観覧台の真下まで行き，そこから螺旋階段で観覧台の中央へ出るような構造を持つ【図7-1】。またジオラマでは，見る側の最大限近づける場所・見渡せる場所が計算され，その眺め渡せるだけの範囲で空間の秩序が保たれる。手すりが設置されるだけでなく，座席が指定されて，鑑賞の位置が決められていることもある。また天と地への上下の視線は，観覧台上部に渡された庇や，台の縁によって巧みに遮られる。
　この物理的なフレームのうちで，視線は誘導されながら物語を描き出す。パノラマ・ジオラマの見所のひとつは，壁面と床面の境，絵画と立体物とが見せかけの遠近感のうちに融合する部分である。視線を導きながら，この部分をいかに破綻なく構成するかに空間全体の成否がかかっているといえよう。

モスクワのボロディノ・パノラマでは，立体的に設けられた柵が，ところどころ毀れ落ちながら，描かれた壁面のうちのはるか後景へと連なっているように見える。こうした工夫によって視線があちこちと誘われながら，鑑賞者たちは足下から続く空間の中で，あたかも戦場の真っ只中に身をおいているような，まるで目の前で戦闘がおこなわれているようなリアリティを感じることができる。

　ところが，この統御されたイリュージョンは，ひとつの矛盾と常に直面している。パノラマやジオラマの人形たちは基本的に動かない。永遠に静止した空間である。ムーヴィング・パノラマと呼ばれる画面の展開をともなうものもあるが，それらもなお自由に動くことのできる，または定められた位置に座る鑑賞者の身体とは異なる地平に属している。過去のある時間・ある場所を主題とする歴史的なパノラマ・ジオラマでは，その隔たりが大きくなる。今ここにないもの，遠く失われてしまったもの，動いて去ってしまうもの，留めおけないものが，それとは真逆の静止し完結した空間のうちに再現されているためである。

　コマンは，パノラマの体験は見ることのできない・行くことのできない場所の「経験の代替」として機能すると述べ，そこには，時間や空間の点で遠く離れた場所にあるものを今ここに出現させる錯覚の「奇蹟」が生じていると指摘する。パノラマが提供する興奮とはたとえば災害や戦場の「危険のない快適な恐怖」であり，ギー・ドゥボールのスペクタクル社会の萌芽を見ることができるという(コマン 1996: 155-158)。時間と空間をとび越えて，遠く離れたある場所を経験できるような錯覚が，錯覚であることを了解されながら出現している。その矛盾する重なりこそが，現実には起こりえない「快適な恐怖」をも可能にする。

　パノラマ・ジオラマの仮想現実には，時間的・空間的な「遠く」を錯覚のうちに引きよせ，今ここに出現させるという矛盾があるからこそ可能な視点がふくまれている。これは現実の経験へ近づく一方で，錯覚の妙を自覚すればするほど現実から遠ざかる。この二つの視点の共存は，空間の俯瞰および空間への没入の絶え間ない行き来として考えることができる。戦争の展示に

即して言い換えれば，過去の戦争を見せるパノラマ・ジオラマは，一方で生身の身体では不可能な戦場の俯瞰の視点を与え，一方では身体全体で受け取るような擬似的体験を可能にさせる。この両者のベクトルは往還し，互いに補完しあいながら，パノラマ・ジオラマにおける記憶の想起が体験として成立していくのである。

2. パノラマ・ジオラマの展開と社会主義リアリズム

2-1. 社会主義リアリズムとの結合

　錯覚をともなう記憶の擬似的体験としての想起は，20世紀の社会主義圏においてどのように展開していったのだろうか。ロシアにおいてパノラマやジオラマは19世紀末から導入されていた。それらは都市の限られた人びとの遊興という性格を持つものでもあったが，1917年の革命はそうした状況を一掃する。革命後の1920年代に，戦争画家ミトロファン・グレコフやピョートル・コトフは，赤軍の戦闘を主題としたジオラマを描き始める。

　グレコフは1882年に現在のロストフの農村で生まれ，オデッサで美術教育をうけたのち，1903年よりサンクトペテルブルグのアカデミーに所属した戦争画家である。アカデミーでは，パノラマ画で知られるドイツ出身の画家フランツ・ルーボーの指導をうけたとされる。グレコフはルーボーから，当時ドイツで隆盛していた，記録に依拠しながら写実性と物語性をかねそなえた戦争パノラマ画を継承したと考えられる。1918年以降，革命の戦いを描く『タチャンカ』(1925)などの戦争画で知られるようになるかたわら，1929年にはジオラマ『ロストフの戦い』を制作し，ジオラマを描く画家のグループを組織した。

　グレコフは戦争ジオラマの制作に意欲的であり，現実の戦場の再現と社会主義リアリズムの思想とをジオラマにおいて結びつけ，人びとの教育に資することを意識していたと指摘されている (Krizanovska 2017: 217)。グレコフのジオラマグループは，1931年にはソヴィエト芸術家同盟から10月革命15周

年のジオラマ作成を依頼され，革命から20年代の躍進にいたる6つの場面を計画していた。グレコフはここで，体験者の証言を重視し，それをジオラマに反映させる姿勢にこだわったとされる。

　ここにおいて，19世紀の西欧で発展した戦争パノラマ画の技術，とりわけ記録性・写実性・物語性の共存する戦場風景のリアリズムを土台に，英雄としての民衆を新しい主役とする社会主義リアリズムのジオラマが成立していった。この当時の作例は現存するものが少なく，また壮大な計画の多くも頓挫し，グレコフは未完成作を残して1934年に亡くなってしまう。彼の完成したジオラマは2点に留まるとされるが，その死の直後1935年にはグレコフの名を冠した戦争画スタジオが創立され，彼のジオラマ作成の遺志は継がれていった。こののち，グレコフ戦争画スタジオは国家的な戦争画作成の気運との結びつきを強めていく。

　大祖国戦争後，その勝利を記念するためのパノラマ・ジオラマ作成の依頼がグレコフ戦争画スタジオへもたらされた。同スタジオの今日の公式HPによれば，その頃から現在までに70以上のパノラマ・ジオラマを制作しているという[2]。代表的な作品は，ヴォルゴグラード(旧スターリングラード)の戦争記念公園ママイの丘にある，スターリングラードの会戦パノラマである。1948年にはこの会戦パノラマの依頼がなされているが，これはすでに1944年，前年に終息した戦闘の瓦礫の中から始まった，スターリングラード再建プロジェクトの一環であった。1958年からはママイの丘に制作のための拠点が設けられ，体験者たちへの綿密な取材と，映画を参考に準備が進められていった。

2-2. ソヴィエトにおける隆盛と変容

　スターリングラードのパノラマ建設が実際に始まるのは，スターリングラード解放25周年の1968年2月2日であり，完成はさらに1982年を待たねばならないが，この間にソヴィエトのパノラマ・ジオラマ作成は活発に試みられていく。独立したパノラマ館・ジオラマ館の建設のみならず，記念公園の整備，歴史博物館の設立とともに，その中心的展示への採用が各地で見

られるようになるのである。

　一例をあげれば，1962年にはハバロフスク地方博物館が，赤軍が白軍から当地を解放した1922年のヴォロチャエフカにおける戦いをテーマに，モスクワから画家を招いてパノラマを完成させた。1970年にはグレコフ・スタジオの画家たちがペルミのモトヴィリヒンで生じた1905年の蜂起を主題とするジオラマを手がけた。こうした時期には，グレコフのめざしたジオラマの厳密な再現性は薄れ，音響や光の効果を積極的に取り入れたものも増えている(Krizanovska 2017: 220)。

　また，1952年にはフランス革命軍との1799年のスイスにおける戦いを描いたジオラマが，1957年にはクリミア戦争におけるセヴァストーポリの戦いのパノラマが作られた。革命や独ソ戦だけではなく，帝政期の戦争も題材として選ばれていることがわかる。なお1977年には，露土戦争100周年を記念したプレヴェン包囲のパノラマが，ブルガリアの故地プレヴェンに建設された。このパノラマはグレコフ戦争画スタジオの指導の下，ブルガリアとソヴィエトの画家たちによって制作されたものである。

　こうした制作は1980年代から1990年代にかけての時期にも継続している。1982年にはスターリングラードの会戦パノラマが晴れて完成した。その前年に開館した同地の記念博物館には，同戦闘の各局面を主題とするジオラマが据えられている。同じく1982年には，モスクワのプレスニャ歴史記念博物館に，1905年革命の一大ジオラマ群が完成した。この博物館は1924年開館の10月革命の歴史的建造物を利用した施設であり，ジオラマは光と音のスペクタクルと，著名な俳優ミハイル・ウリヤーノフによる語りを備えている。この時期には，キエフの大祖国戦争博物館における第二次世界大戦の戦闘を主題としたジオラマ(1985)，キロフスクにおけるレニングラード包囲陥落のジオラマ(1985)，ウクライナのフメルニツキーにおける大祖国戦争パノラマ(1988)といった多くの作例がソヴィエト各地に建設された。

　その後の体制転換を経て，モスクワ大祖国戦争中央博物館におけるグレコフ戦争画スタジオによるジオラマ・フロアの完成(1995)によって，パノラマ・ジオラマ建設はひとつの頂点を迎える。またベラルーシでは，2012年

にミンスクの大祖国戦争博物館にパルチザンの戦いを主題とするジオラマが新設された。

2-3. 中国におけるパノラマ・ジオラマ

現在，もっとも活発にパノラマ・ジオラマが制作されているのは中国である。パノラマは全景画と訳され，180度の半円に近い背景部を有するジオラマには半景画という独立した名称が与えられて，パノラマに準ずるものとして位置づけられている。より小さい規模のジオラマは，透景画や透視画と呼ばれる。

中国における両者の移入は1980年代半ばに始まる。これは改革開放政策の下，博物館建設の進展を背景とするものである（遅2005）。当初から，パノラマには愛国主義教育が意識されているが，そのきっかけとして1982年のスターリングラードにおけるパノラマ完成の報があると考えられるかもしれない（晨1983；シュムコフ1983）。

1988年7月7日，北京の中国人民抗日戦争記念館のオープンより1年後，『盧溝橋事変』の半景画館が開館した。翌1989年には遼寧省錦州市の遼瀋戦役記念館に，中国で最初の全景画『錦州攻略』が完成する。続く90年代には蘇州革命博物館に半景画『陽澄烽火』(1993)，山東省棗庄市の台児庄大戦記念館に全景画『決戦台児庄』(1995)，同省萊蕪戦役記念館に全景画『萊蕪戦役』(1997)など，日中戦争やその直後の解放戦争を主題とするものが続々と作られていく。さらに，遼寧省丹東の抗美援朝記念館における朝鮮戦争を主題とする全景画『清川河畔包囲殲滅戦』(1993)や，山東省威海の甲午海戦記念館における日清戦争を描く半景画『黄海大海戦』(1998)など，抗日戦争前後の時代以外の主題も広く見られるようになっている。

こうした動きの背景には，1995年に民政部による100の愛国主義教育基地の指定や，2004年のレッドツーリズム（紅色旅遊）計画の発表がある。2002年には山東省済南の烈士陵園内に『済南戦役城区攻堅戦』を展示する済南戦役記念館，2005年には江西省革命の聖地井岡山に『井岡山革命闘争』をおさめる全景画館，2008年には山西省武郷県の八路軍太行記念館に八路

軍(共産党軍)と日本軍の戦闘である百団大戦半景画館が開館するなど、2000年代に建設が加速していった。

　現代中国における全景画・半景画の特徴について、夏書紳は(1)博物館に設置され、館のコンセプトをより強めるとともに当地の文化的象徴となること、(2)戦争主題によって中国の人びとの美点や愛国精神を示すこと、(3)写実的技法を用い、遠近法に従って現実と絵画を呼応させ、没入感をもたらすこと、(4)コンピュータ制御の音響や照明など現代的科学技術と絵画とを組み合わせ、感動を与えることの4点を指摘している(夏 2002)。すなわち、戦争を主題とするパノラマやジオラマが、リアリズムとスペクタクルの技術を融合させながら博物館で機能しているのが、現代の状況であるといえよう。

　このスペクタクル技術は、映像がパノラマ・ジオラマに投影され、ナレーションが重ねられて、鑑賞者が劇場空間のように「見る」体験のできるものも多い(Denton 2005: 576)。デントンは今日のこうしたパノラマ・ジオラマをふくむ中国の展示の傾向について、物自体ではなく画像や模型、ミニチュアなどの現実の模倣が真正さを担うようになっていると指摘している。それは従来の歴史観をゆるがしたり問いをつきつけるというよりは、鑑賞者をより惹きつけ、対象を生き生きと見せるためのものであるが、表象行為とそれを「見る」ことに対する問い——そこでは何がどのように描き出されているのか、その体験は真正なものか——は依然として残っている。

　なお、北朝鮮も中国に次いで近年パノラマ・ジオラマが確認される地域である。平壌の朝鮮革命博物館(1948年開館)、祖国解放戦争勝利博物館(1963年開館)はそれぞれ1972年と1974年に改装されたが、その際に多数のジオラマが設置されることになったようだ。祖国解放戦争勝利博物館には、朝鮮戦争初期の戦闘を主題とした全長132mに及ぶ『大田解放作戦』パノラマが制作されている。上記の博物館はさらに近年リニューアルされたが、本作は引き続き展示されている。戦闘の主題ではないが、1989年から1990年にかけては平壌地下鉄博物館や鉄道革命博物館にそれぞれの建設をテーマにしたジオラマが作られている。近年の北朝鮮のパノラマ・ジオラマについては不明な点も多いが、1959年創立の芸術家集団である万寿台創作社が関わる

ものが見うけられる。万寿台創作社は万寿台大記念碑(1972年金日成像完成)や主体思想塔(1982)を手がけるグループであり、近年では2015年末、カンボジアのアンコール・ワットにパノラマ館を完成させている[3]。

3. 戦争のリアリティ

3-1. 戦場に立つ体験

パノラマ・ジオラマはその規模から、独立した専用の建築を持つか、博物館の目玉展示として設計されるケースが多い。鑑賞者は自らの身体をもってその空間に立ち、再現された過去を追体験することができる。したがって、その建つ場所の意味づけは極めて重要となる。

その事例として、モスクワのポクロンナヤの丘に建つボロディノ・パノラマは典型的であろう。ポクロンナヤの丘周辺は、1812年のナポレオン戦争(祖国戦争)の古戦場である。現在この場所には、祖国戦争勝利を記念する凱旋門と、同じく祖国戦争をテーマとするボロディノ・パノラマ館が建つ。

このパノラマは帝政末期の1912年9月11日、祖国戦争より百周年を迎え、国家をあげてその勝利を称えるために製作された。もともとこのパノラマは、ポクロンナヤの丘ではなくモスクワの中心地に作られたパヴィリオンで公開されていた。長さ115m、高さ5mに及ぶパノラマ画は、フランツ・ルーボーによって描かれたものである。

このパノラマは長らく打ち棄てられていたが、修復と移転を経て復活した。1962年、祖国戦争150周年の記念として、その舞台であるクトゥーゾフ将軍が陣を布いたモスクワ市西部に修復されたパノラマ画を恒久的に展示する計画がおこり、先述したグレコフ戦争画スタジオが担当することとなった。なお、1966年には、1834年に建築された凱旋門がこのパノラマ館の前を通るクトゥゾフスキー通り(1957年命名)に再建された。この凱旋門も当初のトヴェルスカヤ門広場からの移転である。1973年にはクトゥーゾフの騎馬像がパノラマ館前に建立され、一帯は祖国戦争のためのメモリアル・スペー

図 7-2　ボロディノ・パノラマ館およびクトゥーゾフ像
2016 年筆者撮影

スとして整えられていく【図 7-2】。この近隣には 1995 年に広大な独ソ戦の戦勝記念公園・博物館が作られ、一帯は「祖国戦争／大祖国戦争」を結ぶ一大複合体を形成することとなる。

　さらに、プーチン政権下の 2012 年、ナポレオン戦争 200 周年記念の年に、本パノラマ館は大規模なリニューアルがなされた。「人間と戦争」をテーマに映像・音声を駆使してパノラマ以外の常設展示を刷新し、観覧台にはタッチパネルの解説モニターが備わり、館全体が体感的展示空間に生まれ変わっている。したがって、このボロディノ・パノラマは、100 周年・150 周年・200 周年の 3 度に及ぶ戦争の顕彰によってその都度注目を浴び、パノラマ自体の移動・修復・整備によって、19 世紀のパノラマ・ブームから 20 世紀以降のパノラマ利用、さらに今日における記念複合体の一部をなす体験型展示へと変容してきたといえる。

　パノラマの主題は、ロシア軍とフランス軍との 1812 年 9 月 7 日の戦闘である。1 階フロアの展示室をぬけ、螺旋階段をのぼって観覧台へあがると、

図7-3 ボロディノ・パノラマ部分(モスクワ, ボロディノ・パノラマ館, 1912)
2016年筆者撮影

そこは砲火の行き交う戦場となったボロディノの村の丘の上である【図7-3】。観覧者は，戦場の中心の丘に立っている自分を発見する。画面はいくつかの戦闘の情景が途切れずに続き，ナポレオン率いるフランス軍とクトゥーゾフ率いるロシア軍の両陣営から部隊が押し寄せ激突するさまが，広大な戦場の隅々までつぶさに観取できるよう構成されている。現在では観覧台に据えられたタッチパネル解説が，ナポレオンやクトゥーゾフをはじめ著名な将軍たちの位置，連隊の名称などを教えてくれる。

　ボロディノ・パノラマでは，多くの記録をもとに戦場のスケール感の忠実な再現が試みられている。そのため，観覧台から見る著名な将軍たちの姿は，一見それとわからないほどに小さい。しかし重要な将軍や部隊の活動は子細に見て取ることができ，一兵卒の身ぶりにいたるまで徹底した写実的な描写がなされながらも，戦争画としての物語性は保たれている【図7-4】。先に触れた通り，こうした厳格な記録性と写実性を基盤としながら物語性を有する

図7-4 ボロディノ・パノラマ部分(モスクワ, ボロディノ・パノラマ館, 1912)
2016年筆者撮影

戦場の描出は，19世紀末の特にドイツのパノラマに見られた傾向を継承するものである。このパノラマのリアリティは，描写の迫真性と，場所のもたらす臨場感の二つが呼応して作られている。

3-2. 劇的体験としての戦争

ボロディノ・パノラマの西には，戦勝記念公園が広がっている。公園の中央には，高さ142mの記念塔とともに，大祖国戦争中央博物館がある。1994年の戦勝記念日に博物館の一部が仮オープンし，さらに戦勝50周年の1995年5月9日に公園全体がオープンした。

ポクロンナヤの丘に博物館を建設する計画は，長期の変遷を経た。ソヴィエト建築家同盟が勝利の栄光をとどめる記念複合体のコンペティションを周知したのは，1942年にさかのぼる[4]。頓挫した計画は1958年に再び進められるが，スターリンへの批判によって戦争観がゆれ動き，再度中断する。先

第7章 記憶の展示　185

に触れたヴォルゴグラードのスターリングラード会戦パノラマも，計画から完成までに長時間が必要であったのは，同じような経緯をたどったためと考えられる。スターリングラード会戦パノラマの完成直後である1983年，いま一度ポクロンナヤの地にソヴィエト人民の勝利の記念碑を建造する案が提出され，1986年には博物館の建設が盛り込まれていった。この計画はゴルバチョフ政権下の1988年にソ連文化省により承認されたが，計画の進展の一方，グラスノスチの情勢下で戦争をめぐる議論がおこる。こうした議論への応答として，本博物館は追悼と記録を中心的なコンセプトとして設計されていった。

　ソ連解体をはさみ，本博物館の認可は1994年2月にロシア連邦文化省へ修正されつつ受け継がれるが，95年の開館後も戦争の評価をめぐって激しい論争がなされてきた(西田 1995: 166-168)。入口より階段をあがって正面，「栄光のホール」と名づけられた博物館の中心を占める大きな空間には，武器を掲げ真っ直ぐに立つ若い兵士の像が配され，その頭上には巨大な月桂冠が浮かんでいる。周囲の壁面は英雄都市のプレートと，勲章を得た兵士たちの氏名で飾られている。西田によれば，そもそもここに飾られるのはコンクール入賞作で，戦争未亡人が子供を抱く像であったはずであるが，軍人たちの反対にあって変更されたという。1階フロア，中央ホールの直下には「記憶と哀しみのホール」が2600万人の犠牲者の記憶に献げられている。このホールの中央には，斃れた兵士を前に哀しみを示す女性像が据えられ，献花がなされている。したがって本博物館の構造は，「記憶と哀しみ」を礎として，「栄光」が輝くさまを見せるものとなっている。

　独ソ戦をめぐる議論のゆれ動く間にも，ジオラマの制作は進められた。本博物館には，以下のジオラマがそれぞれ1室を与えられ，入口から左より順に「1941年12月モスクワ近郊におけるソヴィエト軍の反攻」，「スターリングラードの戦い，前線との連絡」，「レニングラード包囲戦」，「クルスクの戦い」，「ドニエプル渡河作戦」，「ベルリン議事堂襲撃」の各展示室が回廊で結ばれている。それぞれの展示室は中央にジオラマを配し，ジオラマ以外の壁面にも主題を同じくする絵画が描かれている。

186　第Ⅱ部　紅い戦争の記憶の行方

図 7-5　「レニングラード包囲戦」ジオラマ(モスクワ，大祖国戦争中央博物館，1995)
2016 年筆者撮影

　これらのジオラマはすべてグレコフ戦争画スタジオの手がけたものであり，1990 年代におけるジオラマの水準を示す。なかでも「レニングラード包囲戦」は，ジオラマを見る観覧台がそのまま市街を見る露台として設計され，ジオラマを「見る」体験における没入感が強く意識された作である【図 7-5】。露台の手すりからは炎上する聖堂や，橋のたもとで力尽きる人など，視線を奪うようなモチーフが街のそこかしこに散りばめられている【図 7-6】【図 7-7】。手すりに身をあずけながら戦火の街を眺め渡す体験を通じて，鑑賞者自身があたかも戦闘の目撃者であるような感覚を覚えることが可能となっている。なお，展示の最後を飾る「ベルリン議事堂襲撃」展示室の壁画の最後の局面は，力尽き倒れたソ連兵とドイツ兵の前に現実の花が手向けられている【図 7-8】。

　本館にあるジオラマは，1995 年に完成したものばかりではない。2 階の常設展示は史料や情報を配した歴史博物館でよく見られる形態をとるが，その

第 7 章　記憶の展示　　187

図 7-6　「レニングラード包囲戦」ジオラマ部分
（モスクワ，大祖国戦争中央博物館，1995）

2016 年筆者撮影

図 7-7　「レニングラード包囲戦」ジオラマ部分
（モスクワ，大祖国戦争中央博物館，1995）

2016 年筆者撮影

図7-8 「ベルリン議事堂襲撃」壁画部分(モスクワ,大祖国戦争中央博物館,1995)
2016年筆者撮影

　最後のエリアは,陥落したベルリンの瓦礫の間を歩くことのできる『ベルリンの戦い:旗手の功績』と題されたジオラマである。これは2008年に完成したもので,鑑賞者は常設展示のエリアを抜けるとまず崩れ落ちたベルリンの民家へ足を踏み入れることとなる。こぼれた箇所から光のもれる,砲撃のあとも生々しい家屋を抜けると,兵士たちの一群が国会議事堂へむけて進軍している路上へ出る。終着点は破壊された議事堂である。議事堂入口の階段をあがれば,あたり一面にロシア語の落書きがなされている。勝利の日である【図7-9】。

　これらのジオラマで企図されているのは,より強い表象への没入である。私たちはジオラマを前に,またジオラマの中で,目撃者として・体験者としての自分を見出す。それはあたかも戦争の時空間を自らの身体をもって「再演」するかのような効果をもたらす。ここにおいて,展示する側,される側,見る側は三位一体となって,歴史の物語を幾度も繰り返しながら,紅い戦争

図7-9 「ベルリンの戦い：旗手の功績」ジオラマ
（モスクワ，大祖国戦争中央博物館，2008）

2016年筆者撮影

を「再演」しているのである。

4. 傷つく人びとの表象

4-1. 虐殺のスペクタクル

　目撃者・体験者として戦争に肉薄していくとき避けられないのが，傷つき斃れる人びとの表象への問いである。およそ戦闘の起こるところ，敵味方を問わず傷ついた人びとの姿が存在するはずである。多くの戦争の表象において，この暴力にさらされた身体をどう描くか，また描かないかの選択がなされてきた。戦闘を主題とするパノラマ・ジオラマにおいても，傷つく人びとが大きな意味を持つ物語が展開するとき，絵画や映像とは異なり立体的に鑑賞者の身体感覚に訴える点から，意識的にととのえられながら表現されてき

190　第Ⅱ部　紅い戦争の記憶の行方

図7-10　「ザスラーウエの戦い」ジオラマ部分（ミンスク，大祖国戦争博物館）
2013年筆者撮影

　た。それでもなお，傷つく人びとの姿は，痛ましさや残酷さ，グロテスクさ，そしてときに官能性といった点で鑑賞者の正と負の情動をゆさぶる。人びとの傷を「展示する」側，「見る」側には，その倫理を含め「再演」の三位一体のあり方が問い直される。
　ミンスクの大祖国戦争博物館は，独ソ戦の物語として，ナチ・ドイツによる蹂躙と虐殺，それに対するパルチザンの勝利と解放を掲げる。同館は2014年7月にミンスク解放70周年を機として移転・リニューアルした。筆者が鑑賞できたのは移転前のジオラマであるが，ドイツの爆撃を受ける民衆と反撃する兵士たち，バグラチオン作戦における『ミンスク包囲』を主題とする2点は移転先にも確認できる。これらのジオラマは，モスクワのグレコフ戦争画スタジオが手がけたものである。
　前者はミンスク近郊の街ザスラーウエにおける1941年の侵攻を舞台とし，教会の見えるのどかで明るい風景は，塹壕から空へ反撃する兵士たち，逃げ

図7-11 「ミンスク包囲」ジオラマ部分
（ミンスク，大祖国戦争博物館）
2013年筆者撮影

惑う人びと，そのすぐそばであがる爆発によって，一転悲惨な空襲の光景となっている。象徴的に屹立する白樺を背景に鑑賞者の方へむかって駆けてくる民衆たちのうち，中央に位置する少年は民族衣装をまとい，その背後の老婆は聖母マリアのイコンを手にしている。集団の左側には脇腹を赤く染めたユダヤ人の若い男性が，倒れた少女にかがみ込み，その背後の大きく手を上にあげた男性とともに嘆きを示している。少女の頭の脇には，ユダヤ教の祭具であり象徴である七枝の燭台メノーラーがおかれている【図7-10】。それらは受難の運命にさらされたのがどのような人びとであったかを示している。

『ミンスク包囲』には傷つく人びととしてドイツ兵の姿が見られる【図7-11】。画面の中央では，地中に埋没した戦車の陰で銃撃されるドイツ兵の親指が血に染まっている。その手前には，もはや力を失った手が手榴弾を握ることもなく土の上におかれている。画面全体は華々しく明るい戦闘図である

が，これらの死は抑制されて表現されている。国民の受難も敵兵への反攻も，物語の上では重要であるが，傷ついた肉体の正面からの描写は避けられている。

同様に殺戮が主題となる展示として，2001年に開館した愛琿歴史陳列館の半景画『海関泡惨案』(ヴラゴヴェシチェンスクの虐殺)があげられる。アムール川／黒竜江をはさんでヴラゴヴェシチェンスクと相対する黒竜江省黒河近郊の愛琿は，アロー戦争(1856)や太平天国の乱(1851-64)のあと，ロシアとの間で結ばれた愛琿条約に名の残る国境の地域である。愛琿歴史陳列館は，この地をめぐる数世紀に及ぶロシアとの衝突を見せる。大小のジオラマが配されたネルチンスク条約や愛琿条約の展示をたどる順路のクライマックスを飾るのは，義和団事変(1900)におけるロシア軍の虐殺を描く半景画『海関泡惨案』と，破壊された街のジオラマである。

この半景画では，愛琿の人びとがロシア兵に追い立てられ，殺害され，黒竜江の流れへ逃れた人びとも河岸から狙撃されるという，一方的な虐殺の光景が左から右にむかって繰り広げられている【図7-12】。鑑賞者は定められた上映時間に合わせて入室し，半景画の上に投影される映像と解説の音声に従って，順に鑑賞していく。上映時間内においては画面の全貌を一度に見渡すことはできず，もっとも直接的な殺戮の光景は，物語の進行とともにクライマックスに登場することとなる。

この半景画の後，鑑賞者は愛琿市街のジオラマの中へ足を踏み入れる。夜の闇の残る街の入口には，兵士が埃にまみれて倒れている。門をくぐるとそこは破壊しつくされた愛琿の市街である。暗い街並みのそこここには刀を手に果敢に立ちむかう人びとが配され，腹部を血に染め事切れる人，頭から血を流し倒れ伏す人がスポットライトの中に浮かび上がる。口から血を流す子供を抱きかかえる母や，位牌を抱え戸口に座る老婆の姿は，蹂躙が家族や家屋財産の喪失に及んだことを想起させる。これらの悲惨な場景は，先の半景画と同様，強い明暗に彩られることで，劇的な効果を生じている。

第 7 章　記憶の展示　　193

図 7-12 「海関泡惨案(ブラゴヴェシチェンスクの虐殺)」半景画部分
　　　　（愛琿, 愛琿歴史陳列館, 2001）
2014 年筆者撮影

4-2. 傷の再現, 傷への視点

　こうした劇的な効果は, ややもすれば生々しさに鑑賞者の注意がむき, ただセンセーショナルにうけ止められる恐れもある。この点を考える一例として, ハルビンの侵華日軍七三一部隊遺址罪証陳列館における人体実験の様相を示すジオラマがあげられよう。ここで重要な主題となるのは, 日本軍 731 部隊による加害の様相とその苛烈さである。展示室には大小様々な大きさのジオラマがあるが, 展示室の主眼となるとりわけ重要な光景は等身大で作られる代わりに, その人体には色彩が与えられず, あたかも石膏像のような白一色で表現されている。そのためどれだけ残酷な情景であっても生々しさが減じる。これは鑑賞者が十全に「見る」体験を損なわないような効果を生じさせている。

　たとえば手術室における人体解剖のジオラマは, 床面を垂直に 90 度回転

図7-13 「活体解剖」ジオラマ(ハルビン, 侵華日軍七三一部隊遺址)
2014年筆者撮影

させて、私たちが実験台を天井から見る——すなわち解剖の切開部を真正面から見る構図を可能にしている【図7-13】。この視点は現実には不可能であり、むしろ映像的なカメラワークを想起させる。またモノクロームで描かれるために、記録写真や映画を見るように、過去を記録的に伝えているような印象を与える。しかし同時に、鑑賞者は実験者たちに囲まれた犠牲者の表情、切断された四肢、開かれた傷口、内臓を見、記録され得ない痛ましさの記憶に直面することとなる。

　こうした傷ついた身体の表象は、それを眺める鑑賞者の立場を強く問う効果も持つ。強い同情を誘う一方で、あなたはどこに立って、どの視点からこの傷を見るのかと問われる。これは同時に、傷ましい表象をどういった目的のために用いるのかという「展示する側」への問いともなる。

　今日このような問いから、各地の戦争やその暴力を展示する博物館においては、パノラマ・ジオラマのような人形を用いる再現的な展示を避け、残さ

れた遺品・遺物そのものや，写真によって記録的な性格の下に暴力の痕跡を見せる傾向も認められる。たとえば広島の原爆資料館では，1973 年から焼けただれ腕から垂れ下がった皮膚を持つ「被爆再現人形」が展示されていたが，2010 年代よりその事実を提示する効果についての議論が続き，2013 年に撤去が決まり，2017 年 4 月の展示改修とともにその役目を終えている。

再現と事実をめぐっては，ホーチミン市にあるベトナム戦争を展示する戦争証跡博物館が対比的な事例を見せている。本館は，1975 年に開館し，2002 年より 2010 年にかけて大幅に施設と展示がリニューアルされたが，新しい展示で重視されているのは同時代の報道写真の展示である。ベトナム戦争期の戦場風景には，当時の世論を牽引した衝撃的な作例も多数見られる。こうした写真による記録と，現実を伝える衝撃は，再現を旨とするパノラマ・ジオラマが与える記録・衝撃とは異なる性格を持つ。たしかに大量の写真が語る戦争の光景はその真正さで来場者を圧倒するが，しかし写真自体はおよそどこでも同じものを見ることができる。いわば広く共有される過去の一部として，その記録と衝撃はある。一方パノラマやジオラマのそれは，より身体的で情動的なものである。この違いは，戦争証跡博物館の庭に設けられている「虎の檻」ジオラマに明らかである。

「虎の檻」は，ベトナム戦争下のコンソン島に南ベトナム共和国によって設けられた収容所の監獄である。当時の写真や記録から再現された狭い独房の中には，やせ衰え両足を拘束された男性の人形が座っている【図7-14】。鑑賞者は，この独房を扉から，また天井に設けられた鉄格子を通して見ることができる【図7-15】。この視点はすなわち看守の視点であり，囚われた人びとを見下ろし，暴力をふるう立場の視点を体験できるのである。どこまで意図されているかはわからないが，鑑賞者の感じる恐怖や，落ち着かなさの一端は，被害者に寄り添えない，加害の視点の追体験にある。

この視点の追体験は，写真によるカメラの視点においても根源的には感じられるものであるが，ある時間から切り取られ平面に構成されたイメージを距離を持って眺める客観的な視点と，等身大の大きさを持つ人形と独房を自身の身体を乗り出しながら眺めおろす主観的な視点の差異は存在する。おそ

図7-14 「虎の檻」ジオラマ
（ホーチミン市，戦争証跡博物館）
2016年筆者撮影

図7-15 「虎の檻」ジオラマ，天井部より(ホーチミン市，戦争証跡博物館)

2016年筆者撮影

らく本博物館では前者が重要視されていく傾向にあると考えられるが、両者はいまだパノラマ・ジオラマを積極的に採用する博物館施設においては生きている問いである。

おわりに——記憶と歴史の往還、「再演」をめぐって

　以上見てきたように、20世紀の社会主義圏におけるパノラマ・ジオラマの作例は、博物館における歴史展示の一翼を担って展開してきた。ソヴィエトで1930年代に認識されていたジオラマと社会主義リアリズムとの結合は、西欧のパノラマのリアリズムの歴史に連なるものでありながらも、その後20世紀を通じて他の地域にも広がり、理想的な現実の空間を疑似的に体験させる記憶の複合体の一部として機能していった。これらは記憶の歴史化、その浮遊する記憶をひとつの光景に収斂して見せる結晶化の傾向を有している。

　提示される歴史の物語と展示空間とが強く結びつくとき、「展示する側」、「展示される側」、「見る側」が三位一体となる紅い戦争の「再演」が可能になる。この「再演」は繰り返されることでよりいっそう歴史化を押し進めつつ、「再演」する体験が「見る側」の記憶も形成していく。こうした体験は、博物館展示に関わる三者が入り混じり、過去と現在とが相互に往還しながら記憶が生まれてくる、まさにその地平を形成している。

　このパノラマ・ジオラマ空間におけるメモリースケープは、熱くも冷たくもあり、静止しかつ活動するものであり、記憶の想起とその歴史化を同時におこなうものである。この両義性は、とくにスペクタクルと「再演」の重視という二点において、現実との関係がゆらぐ可能性をはらんでいる。本章で取り上げたパノラマやジオラマは、音と光のスペクタクルとともに表現されるよう変容してきた。これは動かない対象に生き生きとした躍動感を与え、いわば「再演」のいっそうの演出が企図されたものであるが、その演出によって現実そのものから離れる傾向も持つ。また戦争の展示には必ず登場する傷ついた人びとの表象は、それ自体「再演」のあり方を問い直し、動揺さ

せうる。

　そもそもパノラマ・ジオラマの空間は，現実とその錯覚の矛盾のうちに，俯瞰と没入の異なるベクトルの視点が織りなされつつ仮想現実を作るものである。ゆえに，どれだけ現実に近づいても，表象が巧みであるほど常にその乖離も認識される。いわば「再演」が試みられれば試みられるほど，現実からは離れていく。同時に，現実から離れるからこそ，スムーズな「再演」も可能となる。

　最後に残る問いは，スムーズな「再演」の行き着く先は，現実を必要としない想起ではないかという点である。たとえば，ミンスク郊外にある公園施設「スターリン・ライン」には，独ソ戦をモチーフとした，しかし現実には存在しなかった虚構の前線が拵えられている。

　来場者はジオラマを体験するようにトーチカにもぐり，塹壕を歩くことができる。さらにここでは，毎年戦争の野外劇の上演があるという。こうした再現劇は Re-enactment と呼ばれ，市民参加型の教育・娯楽イベントとして世界の多くの地域で歓迎されているものである。この Re-enactment では，展示を「見る側」が「展示される側」に扮しながら「展示する側」となることができる。しかし，ここで「再演」されるべき過去は，すべて架空のものである。想起が先に起こり，その後に現実が構成されている。

　「スターリン・ライン」は極端な事例ではあるが，パノラマやジオラマによる身体を介した想起の空間は，その過去と現在を往還する両義性によって，体験を重視したさらなる記憶の賦活への欲求と，それによる過去の再構成へとむかう力を宿している。この傾向は，紅い戦争の起こった時期から遠く離れ，社会情勢やメディア環境の変化を超え，現代の鑑賞者へ訴えようとする今日，より留意すべき点である。これは，博物館施設にとどまらず，メモリースケープそれ自体の変容として，他の記憶の形とも連動する動きであるといえるだろう。

注

1) International Panorama Council, Panoramas and related art forms [database],

http://panoramacouncil.org/ (2017.11.15 最終閲覧)
2) グレコフ戦争画スタジオ, http://www.grekovstudio.ru/products/batalnoe_old/dioramas-panoramas/ (2017.11.15 最終閲覧)
3) アンコール・ワット・パノラマミュージアム, http://angkorpanoramamuseum.com/ (2017.11.15 最終閲覧)
4) 大祖国戦争中央博物館「博物館の構想」http://www.victorymuseum.ru/?part=11&id=167&page=1&par=274 (2017.11.15 最終閲覧)

参 考 文 献

アスマン, アライダ (磯崎康太郎訳)(2011)『記憶のなかの歴史：個人的経験から公的演出へ』松籟社.
オールティック, リチャード・D(小池滋監訳)(1990)『ロンドンの見世物 II』国書刊行会.
川口幸也(2009)「展示」川口幸也編『展示の政治学』水声社, 13-40 頁.
クレイン, スーザン・A(伊藤博明訳)(2009)「序論　ミュージアムと記憶について」スーザン・A.クレイン編著(伊藤博明監訳)『ミュージアムと記憶——知識の集積／展示の構造学』厚徳社, 7-24 頁.
コマン, ベルナール(野村正人訳)(1996)『パノラマの世紀』筑摩書房.
シュムコフ, B.(舒姆科夫)(張榮生訳)(1983)「《斯大林格勒大会戦》全景画博物館」『世界美術』1983 年 3 期, 34-36 頁(Искусство, 1983 年第 4 期より翻訳・転載).
ゾートフ, A・I(石黒寛・濱田靖子訳)(1976)『ロシア美術史』美術出版社.
竹沢尚一郎編著(2015)『ミュージアムと負の記憶　戦争・公害・疫病・災害：人類の負の記憶をどう展示するか』東信堂.
寺田匡宏(2009)「空間の中の時間：歴史展示施設に見られるその様態」笠原一人・寺田匡宏編『記憶表現論』昭和堂, 167-195 頁.
西田勝(1995)『世界の平和博物館』日本図書センター.

晨朋(1983)「全景画和《斯大林格勒大会戦》」『美術』1983 年 07 期, 41-42 頁.
遅連城(2005)「公共芸術与人文景観——中国全景画現状研究」『美術研究』2005 年 2 期, 38-41 頁.
夏書紳(2002)「中国全景画与半景画的創作与発展」『中国博物館』2002 年 1 期.

Denton, Kirk A. (2005) "Museums, Memorial Sites and Exhibitionary Culture in the People's Republic of China." *The China Quarterly* 183: 565-586.
Evdokimova, A. (ed.) (2012) *Time to Fight: Guide to Museum-Panorama the Battle of Borodino*, Main Exposition. Moscow: Kuchkovo pole.
Griffiths, Alison (2017) "Les scènes de groupe et le spectateur du musée moderune."

Palais de Tokyo (ed.) *Dioramas*. exh. cat, Paris: Flammarion: 182-185.
Huhtamo, Elki (2013) *Illusions in Motion*. London: The MIT Press.
Krizanovska, Anastasia (2017) "Le théâtre de la guerre dans les dioramas russes." Palais de Tokyo (ed.) *Dioramas*. exh. cat, Paris: Flammarion: 216-221.
Oettermann, Stephan (1997) *The Panorama: History of a Mass Medium*. New York: Zone books (trans. by Deborah Lucas Schneider).
Onnes-Fruitema, Evelyn and Rombout, Ton (2006) "The Origin of the Panorama Phenomenon." Ton Rombout (ed.) *The Panorama Phenomenon*. Uitgeverij: Panorama Mesdag IPC: 11-28.
Quinn, Stephen Christpher (2006) *Windows on Nature: The Great Habitat Dioramas of the American Museum of Natural History*. New York: ABRAMS.
Uricchio, William (2011) "A 'Proper Point of View': The Panorama and Some of its Early Media Iterations." *Early Popular Visual Culture* 9(3): 225-238.

第8章　記念碑の存在論
　　　──ポスト・ソヴィエト・ロシアのメモリースケープを
　　　　望んで

平　松　潤　奈

1.　動く記念碑[1]

　東西冷戦が終わりに近づいた時期に西欧で記憶研究が開始されたことは偶然ではあるまい。ピエール・ノラは記憶研究のマニフェスト的論文で述べている。「歴史が加速している。……過去はますます急速に失われ、すべてが消え去ったと感じられる。……記憶が存在しなくなりつつあるからこそ、いまこれほど記憶が問題にされるのだ」(ノラ 2002: 29)。私たちが内的に保持し伝達していくべき生きた記憶や伝統やイデオロギーを失ったからこそ、私たちは過去を外化し、再構成された歴史や「記憶の場」──博物館、記録文書、名所、祝祭、記念日、記念碑……──を強迫的に増殖しはじめる(ノラ 2002: 30-32, 36-37)。東西対立の終わりは世界をひとつの文化へと統合し、そこには社会集団ごとに弁別される記憶はなく、記号化・商品化された「記憶の場」の戯れだけがただ展開する──そのような記憶の風景(メモリースケープ)を思い描くことも可能だったかもしれない。
　だが冷戦終結(資本主義とリベラル・デモクラシーの勝利)以後の四半世紀、グローバル化は世界を統合すると同時に新たに分断・流動化させ、ロシアとその周辺の旧社会主義国、西欧諸国とのあいだには、新冷戦とも呼ばれる事態を出来させた。この揺り戻しへの道を着実に敷設していった「記憶の戦争」(後述)は、ソ連時代の過去が「記憶の場」に転化せず、現代政治に直接流入し、燃料投下し続けていることを示している。状況を注視してきたロシアの観察者たちは、事態の推移と平行して、西欧の記憶にロシア・ソ連の記

憶を対置し、ノラの主導した「記憶の場」のプロジェクトに応答し始めている。

　ソ連のテロルという巨大な犯罪群——政治的弾圧、収容所での強制労働、強制移住、農業集団化や産業化による飢餓や貧困……——この全体を枠づけるコンセプトはいまだ存在しない。犠牲者数は確定せず、賠償もほとんどない。加害者に対する処罰も社会的活動の制限もない。後世に出来事を伝えるメモリアルや博物館や記念碑の数はわずかだ。これらは何を意味するのだろうか。ロシアには記憶が足りないのだろうか(Etkind 2013: 9-10)。

　このように問うたロシアの文化史家アレクサンドル・エトキントは、著書『歪んだ喪』において、歴史家トニー・ジャットを引いて述べる。「「ヨーロッパのやっかいな記憶問題への西欧的解決策は、まさに文字どおり記憶を石に定着させることであった」。これはまさしく独仏的解決法である。しかし東欧とロシアでは……文化的記憶が……逆向きの軌跡を描いている。ロシアと東欧では、過去を語る小説や映画や論争が、記念碑やメモリアルや博物館を押し退け、圧倒している」。「トニー・ジャットの言うように、西欧において記憶不足が問題なのだとしたら、東欧やロシアでは「人々が引き合いに出せる記憶や過去が多すぎるのだ」」(Etkind 2013: 176, 11)。

　エトキントは、ノラのように「記憶の場」を記憶の結晶と表現することに賛成する。記念碑とは、記憶の溶液の中で凝固した結晶なのだ。だが結晶化はどこでも容易に起こるわけではない。「ヨーロッパ東部の文化的記憶は、クールで結晶化しているのではなく、ホットで液状だ。その構造は空間的というより時間的だ。その単位は記憶の場ではなく記憶の出来事だ。現代ロシアの記憶は、結晶化の最低条件にさえ到達しそうにない」(Etkind 2013: 176)。

　この東西の記憶の違いは何によってもたらされるのだろうか。エトキントによれば、「溶液の温度にも似た、〔記憶の〕結晶化の重要条件とは、社会的コンセンサスである」。コンセンサスが高いと記念碑が増殖し、低いと論争が生じて公共の記憶(「記憶の場」)は生まれない(Etkind 2013: 176-177)。それゆえ、コンセンサスの大変動、たとえば体制転換が起こった社会では、それがただちに記念碑に象徴的に表われる。あるいはむしろ、記念碑の引き倒しが

体制の崩壊を確定させる。ソ連崩壊以後，東欧・旧ソ連地域では，数多くの記念碑が倒され，解体され，移動され，汚損され，再解釈され，再起し，保護され，それをめぐって血も流されてきた。つまりポスト社会主義圏のメモリースケープにおいては，記念碑のような「クール」で「ハード」な空間的記憶形態がまったくないというよりも，記念碑を支える台座が溶解し，記念碑自体が時間の中で動き続けているのだ。

「記念碑ほど目立たぬものはない」というロベルト・ムージルの有名な言葉がある。記念碑は通常，目立つ場所に目立つ形態で固定される。しかし，あるいはそれゆえにこそ，不動のそれは日頃，私たちの視界を逃れる。たとえばロシアでも，自分の村に戦争記念碑があるかどうかという問いに答えられなかったある村民の家の窓の真正面に，実は記念碑が立っていたという(Konradova, Ryleva 2005: 249)。墓石が死者の代理を果たすことで死者をそっと眠らせておくように，記念碑は記憶を眠らせる機能を担っている。過去の想起であるはずの記念碑は，過去を縮約し，見慣れた日常の風景の不動の中心点をなすまさにそのことによって，逆説的だが日常における過去の忘却，そして記念碑自体の忘却を可能にする[2]。

したがって，ソ連崩壊後のロシア周辺に出現した動く記念碑は，過去のよみがえりを意味するだろう。エトキントによれば，それは過去の埋葬，喪の作業がいまだ完了していないということだ。「何百万人もが埋葬されないままのロシアの地では，抑圧されたものが，死霊＝死にきれていない者として回帰する」(Etkind 2013: 18)。ポスト社会主義国の動く記念碑は，過去の穴をふさぐ「記憶の(墓)場」の役割を簒奪され，その足下から埋もれていた記憶を飛びたたせ，さらに新たな「記憶の出来事」を呼び込んでいる。ロシアのメモリースケープにおいて，「記憶の場」(空間)はそれ自体で充足せず，流動する「記憶の時間」に引き込まれているのである(Etkind 2013: 176)。

以下，本章では，上記のようなロシアの記憶状況が生じた条件をいくつかの文脈において見ていく。まず第2節では，ソ連解体後にロシア周辺で勃発した「記憶の戦争」，そしてこの国際政治問題と平行して誕生した複数の文化的な「記憶の場」を紹介する。「記憶の戦争」は，第二次世界大戦の帰結

として固定されていた冷戦体制の崩壊に端を発するものであり，紛争の主要な火種は第二次世界大戦前後の歴史の解釈変更にある。他方で，第二次世界大戦の記憶は，ロシアと周辺諸国との関係性に深く関わるのみならず，ポスト・ソヴィエト・ロシアがソヴィエトの過去をどう引き受け更新していくか，というロシア社会の内在的問題を考える上でも鍵となる要素である。そうした観点から第3節では，第二次世界大戦の記憶と，それと同程度に重要なソ連の過去——テロルの記憶——との相克をめぐって展開されてきた現代ロシアのソ連記憶論を概観する。

　第2, 3節でたどるロシアのメモリースケープは，失われたソ連の跡地に広がり，ソヴィエト・ノスタルジアを醸成させてもきた。ポスト社会主義の記憶文化は，社会主義の廃墟を養分として息づくのである。この社会主義とポスト社会主義の(不)連続性について，そして後者の文化形態(特に記念碑文化)の起源について考えるため，第4節ではソ連の公式文化であった社会主義リアリズムの特殊性を論じる。そして，この失われたソ連を弔いきれない現代ロシアの記憶運動の一例を第5節で紹介し，本章を締めくくる。以上の議論により，社会主義時代の記憶があふれかえるポスト社会主義国のひとつの文化的風景を素描したい。

2. 記憶レジームと記念碑

　社会主義体制の終結という歴史的大転換を経たヨーロッパ東部とロシアでは，ほぼその直後から，社会主義時代にまつわる記憶がこの地域の国際政治や住民の生活を規定する最重要領域のひとつになった。記憶は，個人が密かに保持したり，文化領域で静かに想起されるものに留まらず，記憶コミュニティどうしの対立を促し，大規模な政治・社会運動を駆動させる燃料となった。この「記憶の戦争」と呼ばれる一連の展開は，橋本伸也が示すように，複数の相容れない「記憶レジーム」の衝突として記述できるだろう。本節ではまず，主として橋本のすぐれた整理(橋本 2016: 100-141)に依拠しつつ，ロシアの記憶問題に焦点を当てるという本章の目的に合わせて説明を簡略化し，

「記憶の戦争」の対立する諸陣営(三つの記憶レジーム)を概観しておこう。

「記憶の戦争」の端緒を開いたのは，第二次世界大戦中にソ連に併合されたバルト諸国や，戦後にソ連に衛星国化された旧東欧諸国であった。これらの国々では 1990 年代後半から記憶政治が加速し，社会主義体制による犯罪の調査・訴追などの促進，ソ連の圧政を物語る博物館の設立などがおこなわれてきた (Torbakov 2011: 211，橋本 2016: 123-127)。また 2000 年代半ば頃までに NATO や EU に加盟したこれらの国々は，欧州の諸機関をとおし，ソ連の犯罪を糾弾する決議や記念日の制定を実現させてきてもいる。それまで西欧諸国に十分認知されていなかったソ連によるテロルをヨーロッパ史に組み込むよう求めるこうした運動は，これらの地域が，ナチズムとコミュニズムという「二つの全体主義」の犠牲になったとする「全体主義史観」「二重占領史観」に基づいている (橋本 2016: 110-132)。

こうして，かつて支配した旧東欧・バルト諸国から非難の矛先をむけられたロシアは，プーチン政権下，石油景気で経済が上むく 2000 年代から記憶戦線での反攻に着手する (Koposov 2010: 250-252，Torbakov 2011: 211)[3]。特に 2005 年の対独戦勝 60 周年記念にむけた大々的メディア・キャンペーン以降，ロシアの記憶政治は，第二次世界大戦(ロシアでいう「大祖国戦争」)を記憶資源として愛国主義に具体的な形を与えていき，ポスト・ソヴィエト・ロシアの起源としての「大祖国戦争神話」を広範に普及させて (Koposov 2010: 250)[4]。ロシア国民統合のイデオロギーたるこの「大祖国史観」から見ると，第二次世界大戦における独ソ戦は，バルト・東欧地域からナチ・ドイツを撃退する英雄的な解放戦争だったのであり，ソ連がおよそ 2600 万人という多大な犠牲をはらって得たファシズムに対する勝利を占領・悲劇の新たな始まりと見る「二重占領史観」こそは，犯罪的行為(歴史の捏造)だということになる。この歴史認識に基づき，戦争に勝利したスターリン体制を正当化する A. B. フィリッポフ編の歴史教科書が出版されたり (Sherlock 2011: 96-97，立石 2015: 37)，メドヴェージェフ大統領直属の「反歴史捏造委員会」が創設されたり (寺山 2010，橋本 2016: 132-134)，旧東欧・バルト諸国の記憶政治に対抗する記憶関連法の立法準備が始まるなど (Koposov 2010)，2000 年代末にかけて

ロシアの記憶政治は，第二次世界大戦の記憶をめぐり過熱していく。

「二重占領史観」と「大祖国史観」とがぶつかるこの「記憶の戦争」は，橋本が強調するように，ポスト社会主義圏の問題にとどまらず，欧米リベラルの「正統史観」にも影響を与えている。第二次世界大戦後，敗戦国西ドイツ等を含む西欧諸国は，ホロコーストというヨーロッパが生み出した怪物を抑え込むべく，これを「唯一無比の犯罪」(橋本 2016: 128) と位置づけた上で，西欧の統合と経済発展をはかってきた[5]。つまりホロコースト克服はEUの創設神話であった (Assmann 2013: 27)。他方で冷戦期の欧米諸国は，反ファシズムという名目では敵国ソ連と結託し，ヨーロッパを分割支配してきた (ヤルタ体制)。しかし冷戦崩壊後にEU新加盟国のもたらした「二重占領史観」は，スターリニズムをナチズムと同等あるいはそれ以上の悪として糾弾することによって，ホロコーストを「唯一無比の犯罪」とする西欧の「正統史観」の原則を相対化し (Assmann 2013: 30-31, 橋本 2016: 105-113)，さらにヤルタ体制の正当性も疑問に付した (橋本 2016: 109)。こうしてEU機関をとおしてEUの成立基盤に亀裂を入れる旧東欧・バルト諸国に対し，ロシアのほうは，戦中の西欧諸国のナチ・ドイツに対する宥和政策 (ミュンヘン協定) を責め，西欧普遍主義の偽善や，独ソ戦におけるロシアの犠牲者性を訴えるようになっていく[6] (橋本 2016: 131)。

以上のように冷戦終結により地殻変動を起こし再編成された記憶レジームは，ロシアをとりまく国際関係に緊張をもたらしたにとどまらず，2014年のウクライナ政変をとおして熱い戦争に転ずるが，文化領域ではこれと平行して，それぞれの記憶レジームが異なる物質的記憶形態を生んでいる。

「記憶の出来事」の熱が冷めないヨーロッパ東部に比べ，20世紀ヨーロッパの暴力の記憶が順調な結晶化を遂げたのは，エトキントを介して冒頭で言及したように，西欧地域である。特に模範的な例としてあげられるのは，過去を克服してEUの経済的支柱になったとされるドイツの記憶文化であり，それを象徴する「虐殺されたヨーロッパのユダヤ人のための記念碑 (ホロコースト記念碑)」(2005) やドキュメント・センター「テロルの地勢学（トポグラフィー）」(2010) は，過去に対するドイツの否定的アイデンティティを知的に実現して

いるといえよう。そもそもホロコーストは表象不可能であるという命題、そして記念碑の 記念碑性(モニュメンタリティ) こそはホロコーストを引き起こした中央集権的国家権力を体現するものではないかという問題にむき合った社会は、長期にわたる公共の議論を経て、反記念碑的な記念碑、「対抗的記念碑」を生み出した(Young 1994: 27-48, 岩崎 2008, 米澤 2009)。たとえば「ホロコースト記念碑」は、中心を持たず、正面や背後もなく、具象性を持たない。ひとつひとつの石柱は人間の身長よりもわずかに高いが、人間を圧倒する高さや巨大さを誇らず、何千もの石柱からなるフィールドは、全体として薄く広がりのある構造体になっている。ゲシュタポ司令部跡地に建てられた「テロルの地勢学」もまた薄くフラットで、建物の下半分が地下に沈み込んでいることを可視化し、さらに中央部分は四角くくりぬかれ凹んでいることで、周囲に対して突出し偉容を押しつける伝統的な記念碑とは正反対の形態をとる。そして、これら文字どおり低姿勢の脱中心化された「記憶の場」がドイツの首都の中心部に配されることで、ドイツ全体が反省しているというメッセージを世界に発信することになる。安川晴基は、さらにこうした否定的記念碑さえも、否定をとおして逆説的にドイツのナショナル・アイデンティティを強化してしまうのではないか、という懸念があることを指摘し、いかなる中心化をも回避する「「周辺」の想起のプロジェクト」を数多く紹介している(安川 2015)。このように、概してドイツの「記憶の場」を特徴づけるのは、水平性、複数性、不在、反表象、日常性、非永遠性などを志向する脱中心的な「反記念碑」の実践であり、記憶文化の手本となるべきその「普遍的」価値は日本でも讃えられてきた(岩崎 2008, 安川 2015)。

　他方、旧東欧・バルト諸国では、ソヴィエト文化の影響下に設置された記念碑や建造物の多くが撤去・改変を被り、代わって「二重占領史観」に基づく「記憶の場」が結晶化した。その代表例として、たとえばハンガリーの「恐怖の館(テロル)」をあげることができる。首都ブダペストの目抜き通りにあって観光客が長蛇の列をなすこの博物館は、まずその外観から「全体主義史観」「二重占領史観」を強い表現で打ち出している。19世紀末のネオ・ルネッサンス建築に取りつけられた黒いひさしには、TERROR/TERRORと二つの

同じ語がくりぬかれ，それぞれの語の横には，星と矢十字の形のくりぬきが配されている（星はコミュニズム，矢十字はハンガリーのナチス傀儡政権をなした矢十字党のシンボルであり，実際この建物には，矢十字党の本部と，ついでコミュニスト・ハンガリーの秘密警察がおかれた）。館内に入った訪問者は，「二つの全体主義」に関する展示を見学したのち，最後に少人数ごとにエレベーターに乗せられ，秘密警察による拷問や処刑がおこなわれた地下にゆっくりと降下するが，その間，エレベーターの狭く閉じた空間では照明が落ち，全体主義下での絞首刑の情景を語る証言ビデオが流れ，見学者は一種の恐怖体験をするという仕掛けになっている。批判的なハンガリー知識人の見解によれば，社会主義時代に反体制派だった舞台装置家の演出になる「恐怖の館」は，そのデザイン自体が「全体主義的と言わないまでも，全体化するものなのである」。主として社会主義体制に対する憎悪が詰まった「閉じたイデオロギー・ボックスであり，疑問やアイロニーの余地を残さない」この博物館は，「政治目的の記憶操作」をおこなっているのであり，過去の克服をもたらしはしない（Turai 2009: 102, 103, 106）。

　冷戦終結後の西欧と旧東欧においてそれぞれの記憶レジームのもとで新しい「記憶の場」が形成されてきたとすると，旧東欧・バルト諸国の「憎悪」をむけられたロシアでは対照的に，古い記念碑が起き上がり始めた。政権主導の「大祖国神話」創出キャンペーンが社会全体によって支持され，ソヴィエト・ノスタルジアが高まる中，社会主義リアリズム記念碑の代表作ヴェーラ・ムーヒナの「労働者とコルホーズ女性」(1937)が再設置され(2009)，爆発により穴があいたサンクト・ペテルブルグのフィンランド駅のレーニン像は修復され(2010)，モスクワの地下鉄クルスク駅構内では，ソ連国歌のスターリン版の歌詞をあしらった内装が復活した(2009)（Kalinin 2010: 9）。2016年にクレムリン横に建てられたプーチン大統領と同名のヴラジーミル大公像なども含め，ロシアにおいて(再)結晶化した「記憶の場」は，巨大で重々しく，著しく中心化され，伝統的な記念碑の垂直構造を踏襲するものが目立つ。特に，第二次世界大戦後，ソ連やヨーロッパ各地に設置されたソヴィエト兵士像や戦没者記念碑（ロシア以外の国では，それらの多くが冷戦終結後に汚

損・撤去された），ブレジネフ時代に完成したヴォルゴグラードの「母なる祖国像」(1967)，ソ連崩壊後に作られたモスクワの大祖国戦争中央博物館内の「勝利の兵士像」(1995) などの大祖国神話の神々の姿はまさしく，ドイツの「罪の記念碑」が打ち破ろうと努めてきた権威主義的な「誇りの記念碑」の形を呈している。こうした「記憶の場」の現状は，現代ロシアにおいて，国家の生み出す単一の公式記憶が人びとの個人的で複数的な記憶を圧迫している状況の反映ともみなせよう。大きな社会的出来事についての想起の作業がもっぱら国家の統括する記憶政策やメディアに委ねられる一方，個々人の持つ直接的な記憶は伝達が果たされず，無となり消えていく (Gudkov 2005: 87-88, Kalinin 2009: 265)。だがこれを，国家による社会の抑圧だと言い切ることはできない。公式記憶の優勢は，ロシアをとりまく国際関係の悪化と連動して，社会全体によって進んで受け入れられてもきたのである。

3. テロルと戦争——ポスト・ソヴィエト・ロシアの二つの記憶

　ヨーロッパの「想起の文化」の理論的支柱であるアライダ・アスマンは，上記のような記憶レジームの違いに明確な価値判断を下している。戦後のドイツなどは，自らの国家テロルの責任を認める新しい記憶政策を敷き，「変化と非連続性を強調して，過去の犯罪からはっきり決然と距離をとる」。ポストコロニアル国家も含め，多くの国がこうした「ネガティヴ・メモリー」の体制に移行する中，「ロシアは同様の変容プロセスを経ることなく」過去との一体性を強調し，「ポジティヴで英雄的な自己イメージの強化に基づく」古い記憶政策を展開している (Assmann 2013: 33-34)。

　しかし，このように「ヨーロッパの分断された記憶」を意識の先進性と後進性という評価にゆだねるだけでは，一面的な道徳的断罪に終わってしまわないだろうか。新しいものと古いものは，前節で確認したように緊張関係の中で同時生起してきたのだ。ロシアの愛国主義やソヴィエト・ノスタルジアにいらだつロシアのリベラル派論客は，この問題をアスマン同様に嘆かわしいものととらえつつも，そこにロシア固有の困難を認めている。過去の表象

としての記憶形態を規定する決定要因は，まずは記憶主体のおかれた現在の状況だ。前節で触れた冷戦後の記憶政治の展開に加え，ソ連崩壊後のロシアの国際的地位の低下，市場経済移行の失敗による壊滅的な経済状況，それにともなう1990年代のロシア国民の自信喪失などが，2000年代の反動と大祖国神話の隆盛を導いたという指摘はしばしばなされてきた。冷戦敗北という現実を勝利の記憶に置き換えることで，ロシア社会はかろうじてアイデンティティ崩壊を防いできたのである(Gudkov 2005: 94)[7]。

だが，「誇りの記念碑」「勝利の記念碑」がロシアのメモリースケープを席巻する原因として，より根深いソ連時代の歴史的事情——第二次世界大戦にとどまらず，戦争突入前に形成されたソ連社会の構造——も問われている。もっとも厳しい論調で現代ロシアの記憶のポリティクスを批判したディーナ・ハパエヴァによると，ドイツによるホロコースト克服に対し，ロシアが「その恐ろしく恥ずべき歴史」(Khapaeva 2008: 80)をまったく克服していない徴候は，たとえばロシアの書店にあふれかえるファンタジー小説に見てとれるという。どちらが善でどちらが悪なのか，その根拠も提示されぬまま敵味方に分かれた戦いが繰り広げられるファンタジー小説に妖怪や吸血鬼が跋扈しているように，現実のロシアの社会構造は，治安機関（ロシア連邦保安庁FSBやロシア内務省MVD)や，それと癒着したマフィア（後者は特に90年代)の存在に貫かれ，それによって秩序づけられている。小説の吸血鬼は警察やマフィアの隠喩なのだ(Khapaeva 2008: 35-38, 114-118)。

ハパエヴァは，このようなロシア社会の状況をソ連時代の再演だと考える。「ソ連体制の犯罪は，社会全体の参与がなければ不可能な大規模なもの」(Khapaeva 2008: 80)だった。監視や密告や糾弾を含め，KGBなどの治安機関に主導されたテロルへの参加が生活の基本条件になった社会で，善悪の判断は根底から揺らいだ。そうした過去を精査・克服しないがゆえに，それを反復してしまうのだとして，ハパエヴァは現代ロシア社会に訴える。「われわれを犯罪体制の共犯者に留めおいている忘却や沈黙の原則を打ち破るときではないのか」(Khapaeva 2008: 82)。

こうしてロシア国民全体を犯罪者扱いし，ドイツのホロコースト克服を理

想化するハパエヴァの性急な教条性は，同じリベラル派の研究者からさえ咎められた(Gabovich 2006, Etkind 2009)。だがハパエヴァの批判者の一人エトキントも，彼女の提起を引き継ぐ形で問題を再定義している。犠牲者と迫害者の境界が明瞭だったホロコーストに対し，ソ連のテロルにおいてはそれがまったく不分明だった。「あるテロルの加害者は，次のテロルの犠牲者となった。それが例外ではなく規則だったのだ……こうして順繰りにテロルが襲ったせいで，これらの出来事を歴史的，哲学的そして神学的に理解することが——まさにいかなる合理的理解も——きわめて困難になっているのである」。エトキントは，民族や社会層を横断してソ連社会全体を覆ったテロルを，「他殺的」なナチスのテロルと対比して「自殺的」だと形容する(Etkind 2013: 7, 8)。

　ハパエヴァによれば，社会全体が関わったこの合理化不可能な経験が公共圏において論じられず，意味づけされないまま個々人の秘密の記憶にとどまることで，吸血鬼や亡霊などの文化表象となって回帰し，それを正当化する悪夢的社会を生み出し，ロシアの現在を歪めているのだという(Khapaeva 2008: 107)。まさにこの事態をエトキントは「歪んだ喪」と呼び，小説や映画という「記憶の時間」に「死霊＝死にきれていない者が回帰する」と述べていたのである。犠牲者と被害者の境界画定が不可能であることにより，過去に距離をとることができず，過去になりきれない出来事がロシアの現在に取り憑く。それゆえ，たとえばナチ時代に関するドイツの全面的反省や，「二つの全体主義」に関する旧東欧・バルト諸国の全面的犠牲者性の訴えといったわかりやすい態度は[8]，スターリン時代のテロルに関する現代ロシアの記憶状況の中には見い出しづらい。

　しかし，スターリン時代の記憶のすべてがこのように意味づけ困難なわけではない。合理化できないテロルの記憶に対し，合理化の容易な巨大な記憶資源もあった——大祖国戦争である。ハパエヴァによれば，善と悪，敵と味方，被害者と加害者の腑分けが不可能な「自殺的」テロルが展開する中，人びとが公然と闘える共通の外敵ナチ・ドイツが現れたことで，テロルの経験により蓄積されていた行き場のない苦しみへのはけ口が与えられ，悲劇が合

理化されたのだという。だがハパエヴァは，記憶にとってはまさにこの合理化こそが障碍なのだと考える。愛国主義によって容易に意味づけされた対独戦争が，テロルによってずたずたに引き裂かれた社会を再統合する一方，テロルは些細なエピソードに切り詰められ，さらには外敵の侵略に対する予防措置だったとして事後的に正当化された(Khapaeva 2008: 84-87, Gudkov 2005: 94)（第2節で触れたスターリン体制を正当化するフィリッポフの教科書(2007, 2008)でも，まさにそのような記述がなされている）。ブレジネフ時代に神話化されたものの，ペレストロイカ期から後景に退いていた大祖国戦争の記憶は，プーチン時代になり，こうしてふたたび人びとの記憶の最前面に出て，テロルの記憶をブロックする「防御壁としての神話」の機能を果たしている(Khapaeva 2008: 87)。

　このように，それぞれ膨大な数の犠牲者を出したスターリン時代の二つの破局的出来事——テロルと大祖国戦争——は，現代ロシアの記憶論においてきつく切り結ばれ，競合関係をなしている。この問題が社会の中で先鋭さを持つのは，それが記憶論を超え，ソ連の歴史的継承国であることを自ら選んだポスト・ソヴィエト・ロシアの現在のナショナル・アイデンティティそのものと直結するからだ。多くの論者が思量するように，冷戦後の新しい国家建設のためにロシアは，ソヴィエト時代（特にスターリン期の戦争）の歴史的資源を，肯定的アイデンティティ基盤としては選択しないことも可能だったはずである(Khapaeva 2008: 84, Koposov 2010: 252, Koposov 2011: 264, Torbakov 2011: 221)。だがハパエヴァやエトキントの議論からは，ロシアに別のアイデンティティ選択を阻ませてきた記憶の悪循環が明らかになる。清算されない罪の記憶は誇りの記憶に置換・正当化され，その誇りの記憶レジームから社会が脱却できないがゆえ，誇りの記憶を生み出した同じスターリン体制の裏面としての罪に対する責任が隣国から問われ続けてしまう。罪と誇りに分裂したソヴィエトの過去は，まさにこうして分裂した統一体をなすがゆえに，そこから身を引きはがすことが困難になっている。

　エトキントは誇りの記憶をもたらした勝利の裏面について，さらにこうも指摘している。第二次世界大戦で敗北して国を分割され主権を一時失ったド

イツと違い，スターリン体制による第二次世界大戦の勝利は，このもうひとつのテロル国家を存続させることになった。その後のフルシチョフによる脱スターリン化も，ゴルバチョフのペレストロイカも，さらに加えるならばソ連の冷戦敗北さえ(それが冷戦であったがゆえに敗北という事実の直視が回避され)，ロシアにとっては，政治・軍事的な外部権力の介在しない，自己更新としての体制転換であった。他者の手を介さない過去の克服は，とりわけ困難な作業とならざるをえない(Etkind 2013: 34-36)。このように，第二次世界大戦におけるソ連の勝利は，その後のソヴィエト・ロシア，ポスト・ソヴィエト・ロシアの歴史的連続性に基盤を与え，道徳的後進性の批判のみによっては解消しえない過去への同一化を促し，ロシアにおけるテロルの克服を不徹底なものにしている[9]。

4. 社会主義リアリズム文化における記念碑の存在論

　この連続性はもちろん，過去の克服が試みられる時期には途絶したかに見えるし，スターリン時代が現在まで単純に地続きでつながっているわけではない。たとえばソ連解体時のロシアでは，旧東欧・バルト諸国などと同様にソヴィエト指導者の記念碑の多くが汚損されたり撤去されたりした。ブダペスト郊外の彫刻庭園メメント・パークにおいて，もとの文脈から切り離され聖性を剥奪された社会主義記念碑群が，笑いを誘う観光地をなしているように，モスクワのトレチャコフ美術館新館前の彫刻庭園ムゼオンにおいては，捨てられ一部欠損も見られる記念碑が，テロル批判という新たな文脈の中に再配置されて，戒めの記念碑・メタ記念碑を形作っている(Jones 2007: 250)。

　しかしポリー・ジョーンズが跡づけたように，ロシアの記念碑撤去は，旧東欧諸国と比べて煮え切らないものだった。体制転換にともない市民のラディカルな偶像破壊が一部で見られたものの，同時に偶像の完全破壊を回避する現象が各地で見られたという(レーニン廟が結局撤去されなかったのはその最たる例だ)。ムゼオンはその意味で，メメント・パークのような「記念碑の墓場」とは異なり，「「倒された像」の避難所」(Jones 2007: 250)になっ

たともいえる。2007年にジョーンズは，偶像破壊と偶像崇拝を批判する二つの言説が，ソヴィエトの過去や新しいポスト・ソヴィエト文化をめぐる闘争の潜在的武器になっていると論じた(Jones 2007: 254-255)。この時点ではまだ，動く記念碑がどの方向に動いているか，定かではなかったのである。

その後，「記憶の戦争」の激化を経た2013年，イリヤ・カリーニンはムゼオンと同様に「「倒された像」の避難所」となったある彫刻博物館を紹介している。しかしこの博物館はもっと奇異なものだ。記念碑群はクリミアの海底で展示されているのである(このタルハンクト水中博物館の設立経緯については，Kalinin 2013: 285, 288を参照)。カリーニンは，ソ連の記憶を求めてわざわざ海底に潜る博物館の訪問者に，「ポスト・ソヴィエト的歴史意識の徴候」(Kalinin 2013: 289)を読みとる。ソ連崩壊後，失われたソ連に対する愛憎関係に長く苦しみ，喪失を反復的に経験する中で自己確立したポスト・ソヴィエト的主体は，その過程でソヴィエト体制を無意識に内面化していった。だから記念碑と対面するために水中深くに潜るダイバーとは，ソ連の記憶を抱えた己の無意識へと潜水するポスト・ソヴィエト的主体の姿そのものだ。そして海底の記念碑群のほうは，歴史の流れから切り離された水面下で，ポスト・ソヴィエト的主体を引きつける「聖物」の役割を果たしている。ソ連時代の遺物は，地上からは不可視の無時間的支点として，ポスト・ソヴィエト期の激変にさらされたロシア社会を補完しているのである(Kalinin 2013: 287)。

このように，過去と現在のあいだには直接の可視的連続性があるわけではないし，ソ連へのメランコリックでナルシシスティックな同一化は，単なるソヴィエト回帰ではない。カリーニンが強調するように，社会構造は根本的な変化を遂げ，社会主義イデオロギーに替わって資本の論理が支配するようになった。しかし失われ，そして商品化を経ることによって初めて，ソ連時代には外側からの強制であったソヴィエト的なものが，ポスト・ソヴィエト的主体によって自発的に内面化されたのだ(Kalinin 2013: 290)。これを原動力・資源として，プーチン＝メドヴェージェフ体制下のロシアは「ノスタルジックな近代化」を進めようともしてきた(Kalinin 2010)。

敷衍するならば，人びとの無意識へと沈潜したソヴィエト的ランドスケー

プも，ポスト・ソヴィエト時代のメモリースケープをとおして初めて，人びとに深く確実に獲得されたのだといえよう。その点でカリーニンが，ソヴィエト・ノスタルジアの徴候をほかでもない記念碑との再会に見てとったのは示唆的である。というのもソヴィエト体制(とりわけスターリン体制)の公式文化たる社会主義リアリズムは，記念碑的様式で知られ，第2節で紹介したように，現代ロシアの大地に権威主義的な記念碑が再起していく記憶の光景は，社会主義リアリズム文化の復興と見ることもできるからである。そこで，少し迂回路となるが，本章を締めくくる前に，ポスト・ソヴィエト・メモリースケープに資源を提供している社会主義リアリズムとはいかなるものであったのか，その要点を確認し，後者が前者にとってどのような意味を持っているのかを考えたい。

　本書の高山陽子の序論が述べているように，社会主義リアリズムは，社会主義圏が経験した革命や戦争の記憶を結晶化させる役割を担ってきた文化である。注意しておきたいのは，この文化規範が，ロシア革命・内戦による社会主義体制の誕生と同時に成立したわけではなく，その約15年後，つまり長い革命運動が停止したまさにそのとき(1930年代初頭)に形成されたということである。

　建築史家ヴラジーミル・パペルヌィが述べるように，革命文化とはその定義上，つねに運動し，既成の文化秩序を打ち壊し，「魂から記憶を洗い流していく」(Papernyi 2006: 44)ものであるから，安定・凝固した記念碑を生み出すことはない。たとえばレーニンはロシア革命直後に「記念碑プロパガンダ計画」を立て，革命に寄与した著名な思想家・芸術家の彫刻を量産しようとしたが，この運動は像の恒久化のためではなく教育・プロパガンダ目的の事業であったため，耐久性のない粗悪な素材が使われ，記念碑の大半は失われた。運動は記念碑建設よりもむしろ帝政期の偶像の撤去・破壊に傾注したのであった(Lodder 1993: 21, 23, 26)。このような破壊と流動の革命文化(1910-20年代)が，記念碑的な社会主義リアリズム文化(1930年代以降)へと移行する過程は，レーニン廟の変転に象徴されるだろう。広義の革命時代である1924年に亡くなったレーニンの遺骸を安置する霊廟も当初，一時的なもの

として構想され，木造構築物だった。だがスターリン時代となった1930年，霊廟は恒久化のために石造りに再建され，これが現在に至るまで残っている(Papernyi 2006: 45, 本田 2014: 185-191)。こうして1930年代からのポスト革命文化たる社会主義リアリズム文化は，物質として現在に残る堅牢な記念碑を次々と生み出すようになっていく(スターリン時代後に建てられた大祖国戦争の記念碑も，この文化的伝統に連なる)。

ソヴィエト小説のパイオニア的研究で知られるカテリーナ・クラークによると，社会主義リアリズム文化全体の結節点となる中心的芸術ジャンルは建築であり，当時のプロパガンダの言説は，「社会主義建設」といった建築の比喩を多用した。そしてこの文化における建築の形態は，まずもって記念碑的なものであることを求められた(Clark 2003: 4, 11, 2011: 191)。またソ連社会主義リアリズム文化研究の権威であるエヴゲーニー・ドブレンコによれば，社会主義リアリズムとは，政治革命と同時生起した革命文化が，以後様々な文化闘争を経る過程でその先鋭さを削がれていき，最終的に彫像のごとく凝固・石化したものである(Dobrenko 1999: 69, 395)。つまり社会主義リアリズム文化は，狭義の記念碑を数多く生み出しただけでなく，その全体が，権力を恒久化する記念碑的形式を志向するようになった。パペルヌィによれば，スターリン時代に創造されたものは，「燃やされることなく……瞬時に凝固し，歴史の記念碑へと変容する」(Papernyi 2006: 45)。

しかしながら，建築が社会主義リアリズム文化の中心にあるとしたクラークは同時に，建築はこの文化の支配的ジャンルではないと述べる(Clark 2011: 191, 199)。ソ連作家同盟の規約に，社会主義リアリズム文学は「現実をその革命的発展において真実らしく歴史的・具体的に描写する」ものだと明記されているように，社会主義リアリズムはあくまでも，現実描写を標榜する「リアリズム」であったから，この文化を代表するジャンルは本来的に，指示対象を持たない反模倣的な芸術たる建築ではなく，文学，映画，絵画など，模倣・表象・ナラティヴに適した分野だったのである。

だが近年の社会主義リアリズム論における「リアリズム」の再解釈によると，社会主義リアリズムが実際におこなっていたのは，「現実」の模倣や表

象行為ではなく，それ自体が新たな「現実」「真理」として生起することであった。そこでは，芸術家が社会主義の現実を正しく写しとっているか，間違った描き方をしているか，粉飾しているか，といったことは本質的問題ではない（かつてはソ連体制の支持者・批判者の双方がその点ばかりを論じてきたが）。実際になされた「リアリズム」とは，すでに存在する現実の模倣ではなく，社会主義リアリズムの作品や芸術家自身が，生起しつつある社会主義の現実そのものとなっていくという意味でのリアリズムだった(Petrov 2011: 888-889，Dobrenko 2007: 26-51 も参照)。

このように論じたペトレ・ペトロフは，この新しいリアリズム解釈の例証として建築をめぐる言説を取り上げている。反模倣的ジャンルである建築が模倣的リアリズムを追求することは原理的に不可能だが，社会主義リアリズム文化においては「建築のリアリズム」が論じられた。ペトロフによれば，この撞着語法に聞こえる「建築のリアリズム」こそ，既存の現実の模倣ではなく，現実を生起させるものとしてのリアリズムが，社会主義リアリズムによって追求されていたことの証である(Petrov 2011: 889-891)。記念碑や建築物の建立，そして広くは都市や工場や集団農場など，人間が住み活動する新しい場の出現それ自体が，このもうひとつのリアリズムの産物なのである(Petrov 2011: 880)。

ペトロフは，この意味でのリアリズムは，スターリン時代と同時期（1930年代）に展開されたケーレ（転回）以降のハイデガーの存在論と同根性を持つという(Petrov 2011: 885-892)。そうした観点からは，後期ハイデガーの存在論を建築論に接続することも可能かもしれない。たとえばトラヴィス・アンダーソンは，『芸術作品の根源』(1935-36)や『建てる，住む，考える』(1950)を踏まえ，建築とは単なる道具でも美学的作品でもなく，存在論的に人間と世界を規定するものだと述べる。なぜなら建築は「われわれに物理的に住処を与えるだけでなく，あらゆる他の活動やプロジェクトに，つまり人間存在の自己実現に対して根源的に場を与える」からだ(Anderson 2011: 79)。

ただし，ハイデガーの上記著作においては，たしかにギリシア神殿やドイツの農家の例が引かれ，建築が重要な位置を占めてはいるものの，建築だけ

ではなく絵画や音楽，そしてとりわけ詩が，建築と同様あるいはそれ以上に真理や世界を開示する根源的行為であり作品だとみなされている(ハイデッガー 2008: 120)。それでも，有名な一節「言葉は，存在の家である」(ハイデッガー 1997: 18)に端的に見てとれるように，「言葉」つまり詩もまた，「家」つまり建築として理解される。建築は模倣のリアリズムから遠く，また物理的に人間の大きさを超え，それを包摂するものであるがゆえに，存在の開示を伝える範例的ジャンルとなりやすいだろう。

　社会主義リアリズムにおける建築は，まさにこのように存在を生起させ世界を開示するもうひとつのリアリズムのジャンルとして機能しうるがゆえに，もっとも問題含みな芸術領域として立ち現れる。というのも，先に触れたように，社会主義リアリズムの公式言説は，主に文学や絵画や映画が担う模倣のリアリズムによって自己規定していたからである。つまり，ハイデガーにおける詩作とは異なり，社会主義リアリズム芸術は，作品独自の存在開示を抑圧していた。そこでは，個別の芸術作品が複数的に世界や真理を生起させてはならず，単一のものとして生起する社会主義の現実を模倣・描写する副次的地位にとどまることが求められたのであった(これは，本書の序論が述べるように，社会主義時代には公式記憶以外の記憶表象が抑圧されてきた，という問題と直結している)。そしてこの模倣の対象となる単一的・特権的な社会主義的「現実」の生起が，ペトロフの例示するような工場や集団農場や都市空間の出現を意味するのだとしたら，そのような物理的に大規模な存在の開示は，もはや芸術の枠を超え，強大な権力にのみ可能な創造行為であった。存在開示のリアリズムは，国家権力にのみ許されたジャンルだった。そして建築や記念碑は，国家権力に独占されたこうした大規模な現実創出に直接従事する芸術領域として，社会主義リアリズム文化において特別な地位(結節点)を占めたといえるだろう。

　けれども実際には，そのような存在開示のリアリズムを体現する建築や記念碑でさえ，多くの場合，模倣のリアリズムに浸食されていた。スターリン建築のファサード・装飾重視，擬人化，「語る建築」化といった傾向はよく論じられ(Paperny 2006: 87, 160, 224-225, 本田 2014: 208-216)，またアヴァンギャ

ルド建築から社会主義リアリズム建築へのモード転換は，機能・構造から装飾へという構図で語られる。しかしながら，社会主義リアリズム建築・スターリン建築というジャンルはむしろ，装飾やナラティヴやミニュアチュールといった模倣のリアリズムに還元されて操作され，自身の虚構性を高めていくがゆえにこそ[10]，同時にそのイリュージョン性を打ち消す必要性に迫られ，ますます根源的に反模倣的な，存在の開示というもうひとつのリアリズム機能の発揮を求められていったのではないだろうか。

　スターリン時代の「建築のリアリズム」の反模倣的側面，「量塊(マッス)(あるいは量塊のシンボル)への本能的志向」(Khmel'nitskii 2007: 150, 194)は，他の論者も指摘するところである。だがその量塊性・巨大さは，よくいわれるように単に人を威圧するために付与された属性だと考えることはできない。ソ連崩壊後のソ連文化研究においては，スターリン体制下の芸術家や一般の人びとが，権力による抑圧を経験しただけでなく，権力への同一化を自ら求めていったという歴史が明らかにされている(たとえば Dobrenko 1999)。スターリン建築に関しては，権力の恣意の産物にすぎないという理解も根強いが(たとえば Khmel'nitskii 2007)，しかしそこにもまた，人びとの同一化を誘う側面があったとはいえないだろうか。ペトロフは，スターリン時代に新しい現実という足場が要請された条件として，20世紀前半のロシア・ソ連を次々と襲った，大量死をともなう社会的大変動(戦争，革命，飢餓，移住，そしてスターリン自身のテロル等)による人びとの存在基盤の崩壊があったという(Petrov 2011: 885-886)。またヴォルフガング・シヴェルブシュは，1929年の大恐慌による経済崩壊をうけ，スターリニズム以外の全体主義体制(ドイツやイタリア)やニューディール政策下のアメリカでも，大地回復運動や，その失敗を埋める記念碑的建築建立への衝迫が見られ，記念碑的形式が1930年代の「国際様式」になったと論じている(シヴェルブシュ 2015)[11]。つまり権力の記念碑や権力の建築は，それによって喪失を補填し，存在基盤の確証を得ようとする社会の無意識的志向に支持されていたと見ることもできるだろう。

　ミハイル・ヤンポリスキーによると，建築の起源のひとつとしての墓石は，その重さ・堅牢さ・耐久性により，不在の故人を代理して空虚を埋めるもの，

つまり「現前性それ自体の純粋な証明」であり、それゆえ「反模倣的な空間理念と結びついている」(ヤンポリスキー 2005: 162-164)。同様にソヴィエトの記念碑も、特定の人物を表象するのではなく、「根源的な固体性と容積」によって「死の彼岸の生」を体現する(Yampolsky 1995: 98)。またハイデガーの議論をたどるアンダーソンによれば、建築を機能・構造・道具性から、あるいは美・装飾・芸術性からのみ見ることはできない。建築はむしろそのような区分に抵抗し、「大地を開示して世界を確立する根源的役割を果たすもの」(Anderson 2011: 77)である。こうして死の代理物としてであれ、生きた人間の存在基盤としてであれ、記念碑や建築は、現前性や存在者の存在の根拠づけとして立ち現れる。模倣のリアリズムにより虚構化していく社会主義リアリズムのランドスケープにおいて、記念碑や建築は、社会主義の「現前性それ自体の純粋な証明」として、あるいは数々の破局的出来事がもたらした大量死の代理物として、当時の文化の結節点になっていたと考えられるのである。

5. 不死の連隊——ゾンビのポスト・ソヴィエト・ランドスケープ

では現代に戻ろう。問題は、ソ連崩壊によって、社会主義リアリズムが生み出したこのランドスケープが突然消滅してしまったことである。ソ連の領土は分割され大地は狭くなった。ランドスケープの結節点たる記念碑群は追いつめられ、陸に居場所を失い、水中に逃げ込んだ。カリーニンは、2013年に執筆したクリミア・タルハンクト水中博物館論の注においてこう付言している。「もしクリミアがロシアに帰属していたならば、それは、わが国の過去に潜水する大統領にとって、理想的な場所になっただろうに」(Kalinin 2013: 286)。ソ連崩壊によりロシアが失った領土は、少なくともロシア国家の主観においては、2014 年のクリミア併合によって部分的に回復された。カリーニンはこの出来事を、いったん水中に沈んだソヴィエト・アトランティスの再浮上に喩えている(カリーニン 2017: 200)。本書において前田しほ(第 3 章)が論じているように、ソ連崩壊後もその「壮大さゆえ、撤去が難しく、残らざるをえない」ソヴィエトの記念碑のメモリースケープは、社会主義リ

アリズムのランドスケープが失われたからこそ，人びとのとりすがる断片化した足場として求められている。

　こうして，自らの存在基盤を失ったと考えるロシア人の想像上の大地回復運動によって，ソ連という死者は死にきれず現在によみがえってくる。その意味で，ソヴィエトの記念碑の再起は，まさに存在開示のリアリズムの衝迫を象徴する運動だといえよう。スターリン時代に，いまだ存在しない社会主義の世界を生起させるために社会主義リアリズムの記念碑や建築が建立されたとすれば，現代ロシアにおいては，崩壊したソヴィエトのランドスケープを回復するために同様の記念碑が召還されている。

　しかし，本章第3節までで紹介したように，不安定に波打つ大地の上で，現代ロシアの記念碑は自らの結晶化を完遂してはいない。再起も含め，それはいまだに動いている。ポスト・ソヴィエト時代の記念碑論の最後に，そのような流動的記念碑の一例を紹介したい。それは文字通りの記念碑ではなく，エトキントのいう「記憶の出来事」「記憶の時間」に属すものかもしれない。本来，記念碑が過去という死者を眠らせておく墓だとすれば，墓の足りないロシアの大地の下からは，死者が這い出してくる。そのような死者の復活を可視化する出来事──その名も「不死の連隊」──を，毎年，第二次世界大戦の戦勝記念日5月9日にロシア各地，そして世界の主要都市でも目にすることができる。これはきわめて大きな動員力を誇る戦勝パレードであり，2015年にはモスクワだけで50万人ほどが参加したという(Gabowitsch 2016: 11)。大祖国戦争の記念行事はそもそも，赤の広場の軍事パレードのような国家主導の公式儀礼としての性格が強いが，「不死の連隊」は，そうした式典のあり方を批判し，犠牲になった一般の人びとを想起すべきだという考えから，2012年に地方都市のジャーナリストによって始められた。SNSを介してあっという間にロシア全土に広がったこの草の根運動の大部分は，結局，国家統制に吸収されることになるが，衰えないその動員力は下からの愛国主義の強さをうかがわせ，単純に国家による個人や家族の記憶の搾取と断じることを阻んでいる(Gabowitsch 2016)。

　「不死の連隊」のパレードのユニークさは，第二次世界大戦従軍者の家

族・遺族が，従軍者の写真を掲げて各都市の中心部を行進する点にあり，子供を連れた家族の参加も多い。こうして次世代への記憶の引き継ぎがおこなわれると同時に，テレビの生中継をとおしてロシア全土がひとつの出来事へと統合される（2015年には，この生中継が「最重要テレビ・イベント」に選ばれた(Gabowitsch 2016: 11)）。亡き先祖の写真を掲げた行進は宗教葬儀にも重ねられるが，それは死者を弔う儀式とはいえない。反対に，失われた死者と大地を復活させることによって，自らのアイデンティティ基盤を創出しようとするこの試みは，世界各地に動画や写真が拡散することで，国際社会で孤立するロシアから全世界にむけた強いデモンストレーションともなる。軍服のコスチュームをまとい，戦争歌に合わせて行進し，「鎌と槌」の旗を振る「連隊」の人びとの姿は，戦争が現在進行形であることを示している。

　こうして人びとは，死者の写真を介して自身を過去に重ね合わせ，さらに政権の統制下にあるテレビを介してそこに自らの集合的鏡像を認めて，過去に同一化した自らに同一化する。ナルシシスティックな過去・死者との同一化は，もはや水中で密やかにおこなわれる記念碑との祭儀的対面ではない。死者をゾンビのように生き返らせようとする人びとのファンタジーは，陸に上がり，メディアを介して増幅され，大規模に外化された「動く記念碑」となる。このような集合的身体による出来事が生起するには，集合的ファンタジー，人びとの無意識的欲望の合致，より市民社会的な言葉を使うならば，社会的コンセンサスが必要である。エトキントによれば，まさにそういった多数者のコンセンサスを石へと封じ込め，過去を過去とすることこそが，記念碑の役割であった。しかしエトキントが指摘し，また本章が様々な文脈において見てきたように，スターリン時代の記憶にまつわる国内外のコンセンサスは凝固する条件下にない。そのような意味で「不死の連隊」は，石の記念碑がそのうちに封じ込めるべきものを外部に解き放つ，生きた記念碑なのだといえるだろう。ヤンポリスキーは，ソヴィエトの記念碑は「群衆のシンボリズムを吸収している。群衆は記念碑の周辺に形成される」(Yampolsky 1995: 99)と述べる。言い方を変えると，群衆をひとつのシンボルへと凝固させる記念碑が溶解したとき，そこに人の群れ——動く記念碑——が出現する

のだ。ゾンビのようによみがえった死者の延々と続く動く記念碑は、凝固しない記憶としてロシアの大地を覆い、世界へと流出する。

　ポスト・ソヴィエト・ロシアは、喪失したものの空虚を埋めるために、新たな確固たる存在論的記念碑を必要としている。しかしそうした自らの存在の支えとなる記念碑を求める運動こそが、（不）死者を召喚し、喪の作業を完結させず、記念碑の結晶化を先送りさせてもいる。この循環がいつ停止し、いかなる新たなランドスケープが姿を現すのか、まだしばらく私たちは、ポスト・ソヴィエト・ロシアのメモリースケープの運動を見守らねばならない。

注
1) 「動く記念碑」という概念は、ロシアでは偶像破壊と偶像崇拝のどちらの伝統も強いという見解を引いて、詩人マヤコフスキーの動的な革命文化戦略を論じたジェームス・ランの研究(Rann 2012)による。
2) ホロコーストの記憶をめぐる議論においてはしばしば、清算・克服・忘却ではなく想起へ、という80年代からのドイツ市民社会の倫理的変容が語られ(アスマン 2015)、記念碑は思い出すことを主眼に建てられるのだと語られる。しかしそうであったとしても記念碑は、過去と現在を分割する印として社会的機能を果たしていることには変わりないであろう。
3) ロシアにおける過去回帰の動き、特に大祖国戦争の記憶の政治利用はすでに90年代半ばから起こっていたが(特に1995年の戦勝50周年記念と、それに合わせて完成したモスクワの「勝利の公園」(Forest and Johnson 2002: 531-532))、当時はまだ国家の偉大さを讃えるよりは苦難を語るナラティヴが勝っていた。大祖国戦争が国民的神話の地位を得るのは、プーチン時代になってからである(Koposov 2010: 250-252, Koposov 2011: 136)。
4) 大祖国戦争神話は、スターリンの死とともに生起し、ブレジネフ時代の歴史政策により広められたが(前田 2015: 155)、ペレストロイカ期にはソ連史の批判的見直しにより力を失い、またソ連崩壊直後には、西欧への統合を目指す未来志向の議論の高まりで社会的言説の後景に退いていた(Koposov 2011: 102-105, 123, 136)。
5) 橋本が、第二次世界大戦の敗者であるドイツ等と、勝者である欧米諸国の記憶レジームを、別々のものとして扱っているように、この二つの記憶コミュニティ間の大きな差異や対立には注意を払わねばならない(橋本 2016: 103-104; 本章注8も参照)。そうした留保の上で本章は、議論を簡潔にするため、ドイツ等の現在の記憶体制を、米英などの保持する「正統史観」に取り込まれたものとして論じる。
6) このような「記憶の戦争」をめぐるEU、旧東欧、ロシアの関係性は、旧東欧諸国のEU加盟により発生したEU域内移民問題・EU解体危機と平行線を描いている。

どちらの領野においても，ソ連崩壊により，旧東欧がソ連の支配から解放され，EU側に参入したことで，コミュニズムとファシズムの排除によって成り立っていた西欧リベラリズム(EU)のイデオロギー的・経済的基盤が掘り崩されたのである。

7) ポスト・ソヴィエト・ロシアのアイデンティティ維持装置としてのソヴィエト・ノスタルジーについては，Oushakine 2007, Kalinin 2009, Kalinin 2010 を参照。彼ら記憶論者は，ソヴィエト・ノスタルジーのこうした防衛機能を重視するゆえ，そこに攻撃的な政治・軍事的意味を認めていなかった。しかしクリミア併合(2014)が起こった現在から見ると，ソヴィエト・ノスタルジーは，ソ連そのものへの回帰志向ではないにしろ，新冷戦をもたらす危険な潜在力を有していたといえる。

8) もちろん，西欧や旧東欧の記憶が理想的な一枚岩性を呈しているわけではない。たとえばミハイル・ガボヴィッチによれば，知識人サークル外部のドイツ人の多くが，ナチズムの克服といった公式見解など「どうでもよい」ことだと思っている(Gabovich 2006)。また「二つの全体主義」に関する旧東欧・バルト諸国の記憶も，対独協力者や社会主義体制に同一化した人びととの問題によって亀裂を入れられている(ロシア以外でも抑圧体制における加害者と被害者の線引きが容易ではなかったことを示す事例として，ポーランド旧体制の過去の「清算」過程を論じた小森田 2012 を参照)。しかし旧東欧・バルト諸国が，負の過去の責任を自らの外部(ソ連やロシア)に見い出し，自らを犠牲者と位置づけることが相対的に容易でありかつ十分根拠があったのに対し，ソ連と社会主義圏の中心をなしたロシアにとって，ロシア民族をも対象としたソ連のテロルの責任を外部化することは，論理的に不可能であった。

9) とはいえ，プーチン＝メドヴェージェフ体制下のロシアで，テロルに関する想起の作業がまったくおこなわれていないわけではない。2008 年の経済危機などによって，ロシア政府がスターリニズムの克服へと記憶政治の舵をきったという指摘もある(Sherlock 2011: 98-100)。これはフルシチョフ期，ゴルバチョフ期に次ぐ「第三の脱スターリン化」とも呼ばれ(Etkind 2013: 194)，少しずつではあるがロシアにおいてもテロルにまつわる「記憶の場」を出現させつつある。そのような「記憶の場」は，ヨーロッパとの「記憶の戦争」と平行して，政権の妨害を受けながらも記憶文化の形成にむけ成果をあげてきた民間人権団体「メモリアル」の活動，ロシア正教会の活動，そして部分的には国家の新しい政策の成果でもある。

たとえば，モスクワの旧 KGB 本部横のソロヴェツキー収容所の石碑(政治的弾圧犠牲者記念碑，1990 年設置)のもとで，「政治的弾圧犠牲者記念日」(10 月 30 日)にテロルの犠牲者の名前を読みあげる行事「名前の回復」(2007 年開始)，テロルの犠牲者が住んでいた家にメモリアル・プレートを貼っていく「最後の住所」プロジェクト(2014 年開始)，国立強制収容所博物館の新館開館(2015)，モスクワ郊外ブートヴォ処刑場跡のメモリアル・コンプレックスにおける「記憶の庭」の開設(2017)，そして国立の政治弾圧犠牲者追悼記念碑「悲しみの壁」の設置(2017)などがある。

10) このことは，ドブレンコが，社会主義リアリズムの建築の代表例として，現実の農村のミニュアチュールとしての「全ソ農業博覧会場」を取り上げていることに徴候的

に見てとれる．そこでの建築はつねに，「現実の反映」，模倣のリアリズムとして現れる (Dobrenko 2007: 426-445)．
11) シヴェルブシュによれば，イタリア，ドイツ，アメリカなどにおけるこのような展開は，未来志向的と映った敵国ソ連の先駆的運動を鏡像的に写しとるものでもあったという (シヴェルブシュ 2015: 122-125)．だがソ連の記念碑的形式も同じく 1930 年代に確立するのであり，それは，やはり大恐慌の影響をうけつつ夥しい数の犠牲者を出しながら進められた農業集団化や，その後の大テロルなどによる社会崩壊の裏面であったといえる．

参考文献

アスマン，アライダ (安川晴基訳) (2015)「トラウマ的な過去と付き合うための四つのモデル」『思想』1096, 27-50 頁．
岩崎稔 (2008)「記念碑と対抗的記念碑」『Quadrante』10, 47-56 頁．
小森田秋夫 (2012)「ポーランドにおける「過去の清算」の一断面――2007 年の憲法法廷「浄化」判決をめぐって――」『早稲田法学』87 巻 2 号, 127-208 頁．
立石洋子 (2015)「現代ロシアの歴史教育と第二次世界大戦の記憶」『スラヴ研究』62 号, 29-56 頁．
シヴェルブシュ，W. (小野清美・原田一美訳) (2015)『三つの新体制：ファシズム，ナチズム，ニューディール』名古屋大学出版会．
寺山恭輔 (2010)「「反歴史捏造委員会」とロシアにおける歴史観をめぐる闘争」『ロシアの政策決定――諸勢力と過程』日本国際問題研究所, 149-165 頁．
ノラ，ピエール (長井伸仁訳) (2002)「記憶と歴史のはざまに」ピエール・ノラ編，谷川稔監訳『記憶の場 1 対立：フランス国民意識の文化＝社会史』岩波書店, 29-58 頁．
ハイデッガー，マルティン (渡邊二郎訳) (1997)『「ヒューマニズム」について』筑摩書房．
ハイデッガー，マルティン (関口浩訳) (2008)『芸術作品の根源』平凡社．
橋本伸也 (2016)『記憶の政治：ヨーロッパの歴史認識紛争』岩波書店．
本田晃子 (2014)『天体建築論：レオニドフとソ連邦の紙上建築時代』東京大学出版会．
前田しほ (2015)「スターリングラード攻防戦の記憶をめぐる闘争」『思想』1096, 153-170 頁．
安川晴基 (2015)「ホロコーストの想起と空間実践：再統一後のベルリンにみる「中心」と「周辺」の試み」『思想』1096, 98-129 頁．
ヤンポリスキー，ミハイル (乗松亨平・平松潤奈訳) (2005)『デーモンと迷宮：ダイアグラム・デフォルメ・ミメーシス』水声社．
米沢薫 (2009)『記念碑論争：ナチスの過去をめぐる共同想起の闘い (1988〜2006 年)』社会評論社．

Anderson, Travis T. (2011) "Complicating Heidegger and the Truth of Architecture" *The Journal of Aesthetics and Art Criticism* 69(1): 69-79.
Assmann, Aleida (2013) "Europe's Divided Memory" U. Blacker et al. (eds.) *Memory and Theory in Eastern Europe* NY: Palgrave Macmillan: 25-41.
Clark, Katerina (2003) "Socialist Realism and the Sacralizing of Space" E. Dobrenko and E. Naiman (eds.) *The Landscape of Stalinism* Seattle and London: University of Washington Press: 1-18.
Clark, Katerina (2011) "The 'New Moscow' and the New 'Happiness': Architecture as a Nodal Point in the Stalinist System of Value" M. Balina and E. Dobrenko (eds.) *Petrified Utopia* London: Anthem Press: 189-199.
Dobrenko, Evgenii (1999) *Formovka sovetskogo pisatelia: sotsial'nye i esteticheskie istoki sovetskoi literaturnoi kul'tury* St. Petersburg: Akademicheskii proekt.
Dobrenko, Evgenii (2007) *Politekonomiia sotsrealizma* Moscow: Novoe literaturnoe obozrenie.
Etkind, Alexandr (2009) "Pod strogim nadzorom" *NLO* 98: 190-194.
Etkind, Alexander (2013) *Warped Mourning: Stories of the Undead in the Land of the Unburied* Stanford: Stanford University Press.(部分訳は以下。アレクサンドル・エトキント（平松潤奈訳）(2017)「ハードとソフト」『ゲンロン』7, 159-183頁)
Forest, Benjamin and Juliet Johnson (2002) "Unraveling the Threads of History: Soviet-Era Monuments and Post-Soviet National Identity in Moscow" *Annals of the Association of American Geographers* 92(3): 524-547.
Gabovich, Mikhail (2006) "Kollektivnaia pamiat' i individual'naia otvetstvennost': zametki po povodu stat'i Diny Khapaevoi" *Neprikosnovennyi zapas* 50 (6). http://magazines.russ.ru/nz/2006/50/ga27.html(参照 2018-02-01)
Gabowitsch, Mischa (2016) "Are Copycats Subversive? Strategy-31, the Russian Runs, the Immortal Regiment, and the Transformative Potential of Non-Hierarchical Movements" *Problems of Post-Communism*: 1-18. DOI: 10. 1080/10758216. 2016. 1250604.(参照 2018-01-11)
Gudkov, Lev (2005) " "Pamiat" o voine i massovaia identichnost' rossiian" M. Gabovich (ed.) *Pamiat' o voine 60 let spustia: Rossiia, Germaniia, Evropa* Moscow: Novoe literaturnoe obozrenie: 83-103.
Jones, Polly (2007) " 'Idols in Stone' or Empty Pedestals? Debating Revolutionary Iconoclasm in the Post-Soviet Transition" S. Boldrick and R. Clay (eds.) *Iconoclasm* Aldershot: Ashgate: 241-259.
Kalinin, Il'ia (2009) "Perestroika pamiati" *Neprikosnovennyi zapas* 64(2): 259-265.
Kalinin, Il'ia (2010) "Nostal'gicheskaia modernizatsiia: sovetskoe proshloe kak istoricheskii gorizont" *Neprikosnovennyi zapas* 74(6): 6-16.
Kalinin, Il'ia (2013) Ikhtiomelankholiia, ili Pogruzhenie v proshloe, *Neprikosnovennyi zapas*

89(3): 279-293.(加筆修正版の日本語訳は以下。イリヤ・カリーニン(平松潤奈訳)(2017)「魚類メランコリー学,あるいは過去への沈潜」『ゲンロン』7, 184-203頁)
Khapaeva, Dina (2008) *Goticheskoe obshchestvo: morfologiia koshmara* Moscow: Novoe literaturnoe obozrenie.
Khmel'nitskii, Dmitrii (2007) *Arkhitektura Stalina: psikhologiia i stil'* Moscow: Progress-Traditsiia.
Konradova, Natal'ia, Anna Ryleva (2005) "Geroi i zhertvy: memorialy Velikoi Otechestvennoi" M. Gabovich (ed.) *Pamiat' o voine 60 let spustia: Rossiia, Germaniia, Evropa* Moscow: Novoe literaturnoe obozrenie: 241-261.
Koposov, Nikolai (2010) "Memorial'nyi zakon i istoricheskaia politika v sovremennoi Rossii" *Ab Imperio* 2: 249-274.
Koposov, Nikolai (2011) *Pamiat' strogogo rezhima: istoriia i politika v Rossii* Moscow: Novoe literaturnoe obozrenie.
Lodder, Christina (1993) "Lenin's Plan for Monumental Propaganda" M. C. Bown and B. Taylor (eds.) *Arts of the Soviets: Painting, Sculpture and Architecture in a One-Party State, 1917-1992* Manchester: Manchester University Press: 16-32.
Oushakine, Serguei Alex (2007) " "We're Nostalgic But We're Not Crazy": Retrofitting the Past in Russia" *Russian Review* 66(3): 451-482.
Papernyi, Vladimir (2006) *Kul'tura dva* Moscow: Novoe literaturnoe obozrenie.
Petrov, Petre (2011) "The Industry of Truing: Socialist Realism, Reality, Realization" *Slavic Review* 70(4): 873-892.
Rann, James (2012) "Maiakovskii and the Mobile Monument: Alternatives to Iconoclasm in Russian Culture" *Slavic Review* 71(4): 766-791.
Sherlock, Thomas (2009) "Unhealed Wounds: The Struggle over the Memory of World War II" *Ab Imperio* 3: 459-471.
Sherlock, Thomas (2011) "Confronting the Stalinist Past: The Politics of Memory in Russia" *The Washington Quarterly* (Spring): 93-109.
Turai, Hedvig (2009) "Past Unmastered: Hot and Cold Memory in Hungary" *Third Text* 23(1): 97-106.
Torbakov, Igor (2011) "History, Memory and National Identity: Understanding the Politics of History and Memory Wars in Post-Soviet Lands" *Demokratizatsiya* 19(3): 209-232.
Yampolsky, Mikhail (1995) "In the Shadow of Monuments: Notes on Iconoclasm and Time" trans. by John Kachur, N. Condee (ed.) *Soviet Hieroglyphics* Bloomington and Indianapolis: Indiana University Press: 93-112.
Young, James E. (1994) *The Texture of Memory: Holocaust Memorials and Meaning* New Haven: Yale University Press.

あとがき——メモリースケープをめぐる旅

越 野 　 剛

　本書は社会主義という共通の経験を有する旧ソ連，中東欧，中国，ベトナムを対象とした共同研究の成果である。それぞれの地域の社会主義化の時期には時間差があり，ロシア革命が第一次世界大戦を契機として起きたのに対して，中東欧と中国の社会主義革命は第二次世界大戦の結果として，ベトナムの革命は冷戦期の文脈に位置づけることができる。革命は必然的に国内外の反対勢力との戦争を戦うことを余儀なくされ，その勝利は「紅い戦争」の記憶として社会主義体制の正当化のために重要な役割を担うことになる。革命は階級間の対立であるため少なくとも当初は国内の敵との戦いが重要となるが，時間が経つにつれて国外の敵が焦点化されて，紅い戦争は階級というよりは国民の物語に近づく傾向がある。ソ連においては社会主義革命に続く内戦の記憶はその紅い戦争としての絶対的な地位をナチ・ドイツとの大祖国戦争に譲り渡してしまう。現在のプーチン体制下では独ソ戦争の記憶が愛国主義を喚起する上でますます重要な文化資源となっている。中国でも階級闘争の意味合いのあった国共内戦よりも，日中戦争の方が次第に革命の重要な契機となっているように思われる。共産党・国民党・日本軍が複雑な対立関係にあった中国と比べると，ベトナム戦争は外部の敵であるフランス・アメリカへの抵抗という性格がいっそう明確である。中国とベトナムの紅い戦争は反植民地闘争でもあることに留意したい。

　紅い戦争の記憶は記念碑・博物館，文学，映画，美術，オーラルヒストリーなど様々な形をとる。我々の共同研究では記憶の総合的な表象を風景（メモリースケープ）としてとらえることを目指した。記憶の風景を知るため

には現地を実際に訪れることも重要である。以下では，旧ソ連，中国・台湾，ベトナムの三地域で実施した共同の現地調査の旅について紹介しておきたい。どの調査旅行においても中央と地方など必ず複数の場所を訪れて，地域内の差異を比較できるように心がけた。これらの調査旅行は本書が成立する上で大きな役割を果たしたが，とりわけ直接的には向後担当の章でその成果が有効に利用されている。

　2013年9月にはまず旧ソ連（ミンスク，モスクワ）を訪れた。ベラルーシは第二次世界大戦で人口の4分の1を失ったといわれるほどの惨禍の記憶を持つ。ミンスクの戦前の街並みは砲撃でほとんど破壊されてしまい，戦後は社会主義リアリズムに沿ったソ連的都市計画によってまったく新しい都市に作り替えられた。同じように戦争によって破壊されたポーランドのワルシャワの旧市街が細部にいたるまで忠実に復元されたのとは対照的だ。ミンスクではユダヤ人ゲットーの跡地，戦勝記念碑（勝利広場），大祖国戦争博物館などを見学し，郊外ではトロスチネツの強制収容所跡，村人が虐殺されたハティニのメモリアル，スターリン体制下のテロルの記念碑があるクロパティ，そして戦争テーマパークともいうべき「スターリンライン」を訪れた。郊外の記念施設の調査には歴史家イーゴリ・クズネツォフ氏に付き添っていただき，レクチャーを受けた。同氏の大胆な仮説によると，トロスチネツは戦前にソ連の秘密警察によってすでに処刑場として使われており，それをモデルとしてナチ・ドイツの死の収容所が設置されたという (Kuznetsov 2007)。そのためなのか判断は難しいが，トレブリンカやアウシュヴィッツとならぶ絶滅収容所だったといわれる割には地味な記念碑が建てられている一方で，囚人の殺害の現場と推測される一帯はゴミの埋め立て地にされてしまっているのが奇妙な印象を残す。ベラルーシでは概して社会主義時代は悪くなかったという肯定的なイメージが共有されているが，戦時中にナチズムとスターリニズムの二重の暴力にさらされたという点では中東欧の記憶の風景ともつながっている。

　続いて訪れたモスクワでは，戦争文学作家アレシ・アダモヴィチの配偶者で，文学編集者イリーナ・コヴァリョヴァ氏および文芸誌『諸民族の友好』

の協力を得て，シンポジウム「ロシア・日本・アジアの文学における戦争の記憶」を開催した。会場は国際交流基金のモスクワ日本文化センターにお借りした。作家のゲルマン・サドラエフ，デニス・グツコ，アンドレイ・トゥルコフ，アレクサンドル・エヴァノイゼ，ファリド・ナギム，ドミトリー・ノヴィコフ，アレクサンドル・ブシコフスキー，文学研究者のアナスタシア・ガチェヴァ，マリア・チェルニャクが参加した。第二次世界大戦から現代のチェチェン戦争にいたるまで，ロシアでは戦争文学がきわめてアクチュアルなテーマであり続けていることが示される催しとなった。

　2015年3月には台湾（金門島，台北）を訪れた。あえて中国大陸ではなく台湾を選んだのは，「敵」である国民党の視点から紅い戦争（日中戦争および国共内戦）の記憶を確認するためである。とりわけ台湾本島よりも中国大陸に近い金門島は，国共内戦の延長として両者の対立の最前線となった場所である。台北で開催した研究会では，演劇研究者の林于竝氏に金門島での兵役体験について，文学研究者の唐顥芸氏には二二八事件の記憶について語っていただいた。やはり台北で訪れた台北二二八紀念館では事件の記憶を想起する手法が，中東欧における社会主義時代の政治弾圧の記憶をめぐる政策や「民主化」のプロセスと重なる点が見られて興味深かった。

　かつては共産圏との対立の最前線であった金門島も現在では中国大陸との交通が開かれ，多くの観光客が訪れるようになっている。大陸から飛んできた砲弾を材料にした金門包丁が有名であるように，戦争の記憶そのものが島の主要な観光資源になっていることが特徴である。湖井頭戦史館（小金門）では海岸に敵軍の上陸を防ぐために埋められた杭が残されており，海峡のむこうの敵の「近さ」がそのまま展示の主題になっている。今日ではむしろ対岸の厦門の都市風景が大陸側の急速な経済発展を明瞭に可視化する場となっているといえよう。戦争に備えてあちこちに掘られた坑道も現在では観光客に開放されている。翟山坑道や九宮坑道は車両や船舶が入れるほどの広がりを持つのに対して，中心都市である金城や「戦闘村」に指定された瓊林の地下に広がる坑道は人がようやく通過できる程度の幅しかない。このような地下道網はベトナムのゲリラ戦術を模倣したものだという説がある。戦争という

緊張下における身振りや実践がイデオロギー的には正反対のはずの「敵」と鏡像のように相似ることがある（スゾーニ 2011: 71-75）。兵役を過ごす若者が大半を占めた時代の金門島は男女の比率が極端に偏っており、風紀の乱れを防止する目的もあって軍経営の「特約茶室」で女性が性的サービスを提供した（江・スゾーニ 2011: 112-116）。彼女たちの活動が記憶すべき偉業とされ、特約茶室展示館という観光の対象となっているのも興味深い。

　2016 年 3 月に訪れたベトナムでは北部（ハノイ）、中部、南部（ホーチミン市）をそれぞれ調査した。ハノイでは社会学者ファム・スアン・ダイ氏を招いて意見交換を行った。現代ベトナムにおいてソ連・中国との関係がある種のノスタルジアをともなって記憶されているという発言が印象的だった。ハノイではマイジック烈士墓地、軍事史博物館、女性博物館などを視察した。ベトナム戦争で女性が果たした役割が大きかったことはよく知られているが（今井 2007）、洗練された展示が魅力的な女性博物館でもやはりベトナム戦争に一定のスペースが割かれていた。軍事史博物館の隣には 1985 年に建てられたというレーニン像（平山 2014: 67）の周りで市民が憩っていた。その数年後にはソ連の多くの地域でレーニン像の撤去が始まるわけだから、両地域の革命意識の時間差を思わざるをえない（平山 2014: 67）【図 0-3】。

　中部ではフエ市を拠点として、まずホーチミン・ルート上にあるアールォイ郡を訪れた。枯葉剤を用いた米軍の激しい攻撃のあった地域であり、写真を利用した戦災の展示が強い印象を残した。次には南北ベトナムの旧境界線地域をまわり、国内最大の慰霊施設であるチュオンソン烈士墓地、ヴィンリン地下道、ベンハイ川を視察した。川の南岸には北で戦う夫を待つ妻と子供の巨大な像が見えるが、これはソ連に留学した彫刻家が 2000 年代に設計したものだ（平山 2014: 70）。ベトナム戦争はジャーナリストによる取材が比較的自由であったこともあり、写真による戦争の記録が豊富に残されている。ホーチミンの戦争証跡博物館ではとりわけ写真が効果的に用いられている。その他に南部地域では迷路のように入り組んだクチの地下道を視察した。境界線地域のヴィンリン地下道と同じように、前述した金門島の地下坑道をほうふつさせる光景である。地下道に隣接して、ベトナム戦争中に南部地域で

戦死した人びとを追悼するベンズオック寺院がある。堂内におかれた金色に輝くホーチミン像は伝統宗教のモチーフと革命指導者のカリスマを融合させているようであり，ある種の「ホーチミン崇拝」(今井 2014: 290)を示しているようにも思われた。

　2017 年 2 月には台湾での調査を補うために南京を訪れた。著名な南京大虐殺紀念館(侵華日軍南京大屠殺遭難同胞紀念館)だけでなく，民営施設として注目される南京民間抗日戦争博物館を訪問し，呉先斌館長と対談することができた。趣味的な骨董品の収集が高じて博物館の開設にいたったという個性的な人物である。この施設が興味深いのは，日本軍と戦った国民党軍の兵士のオーラルヒストリーを地道な聞き取り調査によって収集し続けている点である。抗日戦争は「紅い戦争」として社会主義体制を支える重要な物語であったが，必ずしも常に人民解放軍が活躍したわけではなく，多くの地域において実質的に国民党軍と日本軍の戦争であったことは記憶の風景の中に正当な位置づけを得られてこなかった(もちろん台湾での事情は別である)。もともと国民党政府の首都だった南京には，ある種の歴史へのノスタルジアとして民国期風の瀟洒なレストランや商店が流行っている様子なのも興味深かった。

　ロシアや東欧の研究者として北方の風景ばかり見慣れた(勤務先も北海道)私にとって 5 年間にわたるメモリースケープの旅は社会主義の文化の広がりに目を開かせてくれた。比較研究の楽しみとは見慣れたはずの風景に異質なものを，縁遠いはずの風景に馴染みのものを見出すところにあるだろう。ベトナムを訪れた際に見た熱帯の森に赤旗が翻り，ハノイのホーチミン廟に赤いネクタイのピオネールの少年少女がならぶ光景はノスタルジアとエキゾチシズムの混じり合った不思議な感覚を呼び起こした。

　本書の研究プロジェクトは，新学術領域研究「ユーラシア地域大国の比較研究」(2008-12 年度)およびグローバル COE「境界研究の拠点形成──スラブ・ユーラシアと世界」(2009-13 年度)によって地域を越えた研究者のネットワークを得られたことをきっかけにして始まった。具体的には科学研究費基盤 B「社会主義文化における戦争のメモリースケープ研究──旧ソ連・中

国・ベトナム」(2013-16年度)および北海道大学スラブ・ユーラシア研究センターのプロジェクト型共同研究「社会主義の記憶とノスタルジア：旧ソ連・東欧・中国・ベトナムの比較から」(2017年度)による研究活動の成果である。研究会立ち上げからのメンバーである平山陽洋氏にもお世話になった。5年間にわたって札幌，東京，名古屋で開催した研究会では様々な分野の専門家から魅力的な話をうかがうことができた。本田晃子，呉猛晋，ショーン・マラーニー，坂川直也，加藤久子，雑賀忠弘，楊小平，石井弓，久野量一，岡田知子，半谷史郎，門間貴志，菅原祥，大塚直樹，永綱憲悟の諸氏に感謝したい。本書を手に取ってくださった読者に我々の旅の風景がいくらかでも伝われれば幸いである。

Kuznetsov I. N. (2007) V poiskakh pravdy o Trostentse. Repressivnaia politika sovetskoi vlasti v Belarusi: sbornik nauchnykh statei. Vyp. 3. Minsk.
今井昭夫(2007)「戦場に捧げた青春：旧北ベトナムにおける「青年突撃隊」隊員たちのベトナム戦争」『クァドランテ』9，375-395頁。
今井昭夫(2014)「「ホーおじさん教」と戦争の記憶—近年のベトナム北部の民衆宗教」武内房司編『戦争・災害と近代東アジアの民衆宗教』有志舎，290-309頁。
マイケル・スゾーニ(2011)「軍事化・記憶・金門社会：1949〜1992年」『地域研究』11(1)，62-87頁。
江柏煒・マイケル・スゾーニ(2011)「国家，地方社会とジェンダー政策：戦地金門の女性の役割およびイメージの再現」『地域研究』11(1)，88-130頁。
平山陽洋(2014)「ベトナムにおける公式的な戦争の記憶—記念碑と戦争展示をめぐる考察」『地域研究』14(2)，59-74頁。

事項索引

あ 行

愛国　12, 38, 99, 102, 103, 110, 116, 180
愛国主義　7, 13-15, 18, 41, 162, 164, 167, 179, 205, 209, 212, 221, 229
愛国心　13, 15
アイデンティティ　36, 42, 96, 102
紅い戦争　1, 4, 6-13, 15-18, 23, 41, 45, 46, 64, 96, 108, 116, 117, 119, 146, 164, 188, 197, 198, 229, 231, 233
イデオロギー　6, 7, 9, 11, 13, 16, 96, 98-100, 102-104, 108, 113-118, 126, 134, 142, 146, 164, 232
インドシナ戦争　117
ウクライナ政変　206
動く記念碑　201, 203, 214, 222, 223
内なる敵　113
ヴラジーミル大公像　208
英雄（ヒーロー）　6, 7, 8, 12, 13, 17, 19, 23-25, 35, 36, 38-40, 42, 68, 73, 78, 87, 88, 98, 101, 107, 108, 110, 113-117, 129, 145, 146, 150-152, 156, 158-162, 164, 166, 168, 177, 185
英雄記念碑　155, 164
英雄主義　61
オーラルヒストリー　31, 32, 35, 42

か 行

解放　4, 5, 8, 10, 13, 15, 16, 155, 157, 163, 177-180, 190
解放戦争　205
革命　3-5, 7-9, 12-15, 17, 19, 23, 68, 72, 73, 129, 133, 134, 146-152, 154, 157, 159, 162, 164-168, 176-179, 229
革命模範劇　7, 12, 105, 106
革命博物館　11, 15, 146, 179, 180
革命烈士　157, 162, 168
過去の克服　208, 213

家父長制　78, 88, 90, 98-100, 102, 108, 113-118, 142
漢奸　6, 12, 97, 98, 102, 103, 109, 113, 114, 116, 118
カンボジア　11
記憶（モニュメント）　3, 4, 6-11, 13, 15-19, 23, 25, 26, 30, 31, 35, 37-39, 41-43, 68, 108-110, 113, 117, 119, 125, 126, 129, 145, 154, 166. 167, 171-173, 176, 185, 194, 197-199, 229-234
記憶資源　205, 211
記憶政策　209
記憶政治　205, 224
記憶の時間　203, 211, 221
記憶の戦争　201, 203-206, 223, 224
記憶の出来事　203, 206, 221
記憶の庭　224
記憶の場　201-203, 207-209, 224
記憶レジーム　204-206, 208, 212, 223
傷痕文学　52, 63
記念像　13
記念碑　4, 6, 7, 9, 12, 13, 18, 19, 146, 148, 151, 155-159, 164-166, 181, 185, 229, 230
記念碑性　207
記念碑的形式　216, 219, 225
記念碑的様式　215
記念碑プロパガンダ計画　215
虐殺　11, 19, 24-28, 31, 34, 37, 38, 40, 43, 189, 190, 192, 193
共産党　5, 7, 10, 12, 98, 109, 126, 132, 133, 138-141, 155, 157, 160, 163-165, 179, 229
救国の妓女　16, 17, 95-104, 107, 110, 112, 113, 116-118
恐怖の館　207, 208
偶像崇拝　214, 223
偶像破壊　213, 214, 223
クリミア併合　220, 224
結晶化　202, 206, 208, 215, 221, 223

公安警察　130, 135, 142
公式記憶　209, 218
克服　206, 210, 223
国共内戦・解放戦争　4, 6, 7, 12, 108, 116, 146, 148, 157, 163-165, 229, 231
国民党　4-7, 98, 104, 105, 153, 155-157, 163, 229, 231, 233
コミュニズム　7, 23, 208, 224
コラボレーター　6, 12, 16, 23, 24, 26, 29, 35-39, 41, 42
ゴルバチョフ期　224

さ 行

「最後の住所」プロジェクト　224
ジェンダー　19, 67, 70-72, 77, 85, 90, 102, 106, 108, 118-120
資源　212, 214, 215
指導者　77, 78, 88
社会主義　1, 3-13, 16, 17, 19, 43, 80, 96, 102, 104-106, 108, 109, 112, 113, 116-119, 125-127, 129, 131, 132, 134, 136, 139, 143, 146, 155, 164, 166, 171, 176, 197, 229-231, 233, 234
社会主義革命　7, 162, 166, 229
社会主義ノスタルジア　45
社会主義文化　4, 16, 23, 95, 96, 98, 107, 108, 115, 117, 146, 155, 166, 233
社会主義リアリズム　4, 6-9, 12, 16, 18, 59, 61, 63, 70, 73, 90, 91, 156, 162, 171, 176, 177, 197, 204, 208, 213, 215-220, 224, 230
集団化　73, 76, 82, 138, 202, 225
集団ヒステリー　131, 133, 135, 137, 138, 140
勝利の記念碑　210
勝利の公園　223
勝利の戦士像　209
心的外傷後ストレス障害(PTSD)　46, 61
人民解放軍　11, 14, 20, 157, 162, 233
神話　4, 7, 8, 11, 13, 17, 38, 88, 146
新冷戦　201
スターリニズム　70, 73, 77, 89, 90, 206, 219, 224, 230
スターリン期(時代・体制)　7, 25, 28, 40-43, 130, 131, 205, 212, 213, 215, 216, 219, 222, 230
スターリン建築　218, 219

スターリン批判　24, 25, 40
スターリン様式　14
スターリン・ライン　198, 230
政治弾圧犠牲者追悼記念碑「悲しみの壁」　224
政治的弾圧犠牲者記念碑　224
政治的弾圧犠牲者記念日　224
正統史観　206
戦勝記念日　221
全ソ農業博覧会場　224
全体主義史観　205, 207
全体主義体制　219
ソヴィエト　16, 171, 176-178, 184, 185, 197
ソヴィエト・ノスタルジー　204, 208, 209, 224
想起　204, 207, 209, 223, 224
想起の文化　209
ソ連解体(ソ連崩壊)　5, 9, 18, 28, 40, 42, 185, 203, 209, 210, 214, 219, 220, 223, 224
ゾンビ　220, 222

た 行

対抗的記念碑　207
体制転換　1, 3, 4, 9, 17, 125, 138, 142, 202, 213
大祖国史観　205, 206
大祖国神話　208, 209
大祖国戦争神話　205, 223
大祖国戦争中央博物館　209
大地回復運動　219, 221
第二次世界大戦　4, 11, 17, 24, 42, 126, 127, 129, 131, 136, 139, 143, 178, 203-206, 208, 210, 212, 221, 223, 229, 230
脱神話化　35, 42
脱スターリン化　213, 224
タルハンクト水中博物館　214, 220
治安機関　210
中越国境正常化　50
中越国境紛争　118
中越戦争　3, 10, 11, 16, 117-119
中国共産党　1, 5, 97, 98, 104-106, 108, 113-115, 117, 159, 164, 165, 167
罪の記憶　212
罪の記念碑　209
テレビ　17, 125-128, 130, 137, 139, 141-143
テロル　3, 9, 204, 205, 209, 211-213, 219, 224,

事項索引　237

225, 230
テロルの地勢学　206, 207
テロリスト　138, 139
トラウマ　9, 18, 30, 31, 39, 41
独ソ戦・大祖国戦争　4, 6, 7, 13, 18, 23, 24, 29, 38, 42, 43, 108, 177-179, 184, 186-191, 198, 199, 205, 211, 212, 216, 221, 223, 229, 230

な 行

内部の敵　117
ナショナリズム　116
ナチス　208
ナチズム　205, 206
ナチズムの克服　224
ナチ・ドイツ　4, 11, 12, 23-27, 38, 40, 42, 43, 128, 129, 132, 190, 205, 206, 211, 229, 230
名前の回復(行事)　224
二重占領史観　205-207
日中戦争・抗日戦争　4, 6-8, 12, 13, 17, 96-98, 102, 108, 114, 116, 146, 148, 151, 154, 155, 157, 163, 229, 231, 233
ネガティヴ・メモリー　209
ノスタルジア　1, 3, 4, 16, 17, 19, 41, 125, 232-234
ノスタルジック　3, 9
ノスタルジックな近代化　214

は 行

母なる祖国像　209
パルチザン　13, 23-31, 33, 35-43, 179, 190
反記念碑　207
叛徒　6, 12, 160, 165, 166
反歴史捏造委員会　205
秘密警察　11, 40, 43, 130, 135, 137, 142, 208, 230
表象　6, 13, 19, 31, 32, 70, 80, 171-173, 180, 188, 189, 194, 198, 229
ファシスト　23
ファシズム　163, 206, 224
フィリッポフの教科書　212
父権　108
父権制　96, 99, 102
不死の連隊　18, 220-222
二つの全体主義　205, 208, 211, 224

プーチン体制(時代)　41, 182, 229
ブートヴォ処刑場　224
フモン族　52, 59
プラハの春　5, 125, 126, 129-131, 133, 137-141, 143
フルシチョフ期　224
ブレジネフ期(時代)　7, 28, 42, 209, 223
プロパガンダ　6, 8, 9, 12, 16, 19, 23, 25, 28, 30, 70-73, 77, 81, 82, 89-91, 98, 102, 104, 107-110, 112-114, 117-120, 127, 129, 131, 160
文革(文化大革命)　3, 5, 7, 11, 18-20, 98, 107, 108, 110, 114, 118, 119, 162, 165
ベトナム戦争・抗米救国抗戦　4, 6, 117, 195, 229, 232
ペレストロイカ　212, 213, 223
忘却　172
誇りの記憶　212
誇りの記念碑　209, 210
ポスト社会主義　3, 9, 16, 203, 204, 206
ポスト・ソヴィエト的主体　214
ホーチミン市　195, 232
ホーチミン像　233
ホーチミン廟　233
北方国境防衛　49, 54
北方国境防衛10年(1979-89年)　49
ホロコースト　25, 206, 207, 211, 223
ホロコースト記念碑　206, 207
ホロコースト克服　210

ま 行

魔術的リアリズム　10, 16, 58, 60, 63
マルクス主義　23, 71
ミャオ族　59
ムゼオン　213, 214
メタ記念碑　213
メメント・パーク　213
メモリアル(民間人権団体)　224
メモリースケープ　1, 4, 9, 16-19, 23, 89, 96, 145, 146, 197, 198, 201, 203, 204, 210, 215, 220, 223, 229, 233
毛沢東時代　15
毛沢東像　13
モニュメント　38, 42
喪の作業　203, 223

や　行

歪んだ喪　211
ユダヤ人　25, 40, 43, 191, 230
ユダヤ人虐殺　32

ら　行

リアリティ　18, 30-32, 41, 175, 181, 184
烈士　13, 17, 146-169, 232
烈士記念碑　156, 162, 163
烈士墓　154, 157, 159
烈士陵園　3, 17, 145, 146, 148, 155, 157-160, 162-165, 168, 179
冷戦　120, 201, 204, 206, 210, 212
冷戦終結　201, 206, 208
冷戦敗北　210, 213
歴史教科書　205
レッドツーリズム　3, 17, 45, 162, 179
レーニン像　8, 78, 232
レーニン廟　213, 215
労働者とコルホーズ女性　208
盧溝橋事件　98
ロシア革命　215
ロシア内線　215

人名索引

あ 行

阿英　99
アスマン，アライダ　172, 199
アダモヴィチ，アレシ　16, 23-27, 31-34, 38, 40-43, 230
アパディライ，アルジュン　3, 4, 19
アンダーソン，ベネディクト　45, 96, 119
ウー・ゴック・ティエン　51, 52, 57, 62, 63
エトキント，アレクサンドル　202, 203, 211, 220, 222
閻連科　58
汪精衛（汪兆銘）　102

か 行

夏衍　97
カリーニン，イリヤ　214, 215, 220
姜文　113
キーン，サム　23
グエン・ディン・トゥー　55, 63
グエン・ビン・フオン　10, 47, 55, 58, 62, 63
江青　98
江沢民　13
コスモデミヤンスカ，ゾーヤ　12, 16, 17
ゴルバチョフ　213

さ 行

ザイン・タン　50
シヴェルブシュ，ヴォルフガング　219, 225
謝晋　50
ジャット，トニー　202
周恩来　118
スターリン　6, 17, 25, 38, 40, 42, 73-75, 77, 78, 82, 85, 88-90, 108, 131, 184, 219, 223

た 行

ダン・ニャット・ミン　50

張愛玲　102, 104
丁玲　100-102
ドゥプチェク　126, 127
鄧小平　11, 20, 157

な 行

ノラ，ピエール　201, 202

は 行

ハイデガー　217, 220
ハイ・ニン　50
バオ・ニン　57, 62
莫言　10, 19, 57, 58
橋本伸也　204, 223
ハパエヴァ，ディーナ　210-212
パペルヌイ，ヴラジーミル　215
プーチン　13, 205, 208, 214, 223, 224
フルシチョフ　213
ブレジネフ　10, 20
ホー・チ・ミン　8, 19
ポル・ポト　54

ま 行

ムージル，ロベルト　203
ムーヒナ，ヴェーラ　208
ムーラン（花木蘭）　17, 99, 120, 166
メドヴェージェフ　205, 214, 224
毛沢東　5, 7, 15, 17, 98, 108, 155, 156, 160-162, 164

や 行

ヤンポリスキー，ミハイル　219, 222

ら 行

林白　109
レーニン　5, 17, 72, 73, 78, 88, 215
レ・マイ　51

執筆者紹介(執筆順)

高山陽子(たかやま　ようこ)
　亜細亜大学国際関係学部教授
　文化人類学

越野　剛(こしの　ごう)
　北海道大学スラブ・ユーラシア研究センター共同研究員
　ロシア文学

今井昭夫(いまい　あきお)
　東京外国語大学大学院総合国際学研究院教授
　東南アジア地域研究

前田しほ(まえだ　しほ)
　島根大学学術研究院人文社会科学系准教授
　ロシア文学

田村容子(たむら　ようこ)
　金城学院大学文学部教授
　中国文学・演劇

福田　宏(ふくだ　ひろし)
　成城大学法学部准教授
　国際関係論・中央ヨーロッパ地域研究

向後恵里子(こうご　えりこ)
　明星大学人文学部准教授
　美術史・視覚文化論

平松潤奈(ひらまつ　じゅんな)
　金沢大学国際基幹教育院准教授
　ロシア文学

北海道大学スラブ・ユーラシア研究センター
スラブ・ユーラシア叢書 13
紅い戦争のメモリースケープ――旧ソ連・東欧・中国・ベトナム
2019年5月31日　第1刷発行

　　　　編著者　　越　野　　　剛
　　　　　　　　　高　山　陽　子
　　　　発行者　　櫻　井　義　秀

発行所　北海道大学出版会
札幌市北区北9条西8丁目北大構内（〒060-0809）
tel. 011（747）2308・fax. 011（736）8505・http://www.hup.gr.jp

㈱アイワード　　　　　　　©2019　越野　剛・高山陽子
ISBN 978-4-8329-6845-5

スラブ・ユーラシア叢書について

「スラブ・ユーラシア世界」という言葉は少し耳慣れないかも知れません。旧ソ連・東欧地域と言えば、ああそうかと頷かれることでしょう。旧ソ連・東欧というと、どうしても社会主義と結びつけて考えたくなります。たしかに、二〇世紀において、この広大な地域の運命を決定したのはソ連社会主義でした。しかし、冷戦が終わり、社会主義がこの地域から退場した今、そこにはさまざまな新しい国や地域が生まれました。しかも、EU 拡大やイスラーム復興のような隣接地域からの影響がスラブ・ユーラシア世界における地域形成の原動力となったり、スラブ・ユーラシア世界のボーダーそのものが曖昧になっている場合もあるのです。たとえば、こんにちの南コーカサスの情勢は、イランやトルコの動向を無視しては語れません。その一部は北欧に吸収されつつあります。このようなボーダーレス化は、スラブ・ユーラシア世界の東隣に位置する日本にとっても無縁なことではありません。望むと望まざるとにかかわらず、日本は、ロシア極東、中国、朝鮮半島とともに、新しい地域形成に関与せざるを得ないのです。

以上のような問題意識から、北海道大学スラブ研究センターは、平成一八年度より、研究成果を幅広い市民の皆さんと分かちあうために本叢書の刊行を始めました。今後ともお届けする叢書の一冊一冊は、スラブ・ユーラシア世界の内、外、そして境界線上で起こっている変容にさまざまな角度から光を当ててゆきます。

北海道大学スラブ研究センター

―――――― 北海道大学スラブ研究センタースラブ・ユーラシア叢書 ――――――

1	国境・誰がこの線を引いたのか ―日本とユーラシア―	岩下明裕 編著	A5・210頁 定価1600円
2	創像都市ペテルブルグ ―歴史・科学・文化―	望月哲男 編著	A5・284頁 定価2800円
3	石油・ガスとロシア経済	田畑伸一郎 編著	A5・308頁 定価2800円
4	近代東北アジアの誕生 ―跨境史への試み―	左近幸村 編著	A5・400頁 定価3200円
5	多様性と可能性のコーカサス ―民族紛争を超えて―	前田弘毅 編著	A5・246頁 定価2800円
6	日本の中央アジア外交 ―試される地域戦略―	宇山智彦 外編著	A5・220頁 定価1800円
7	ペルシア語が結んだ世界 ―もうひとつのユーラシア史―	森本一夫 編著	A5・270頁 定価3000円
8	日本の国境・いかにこの「呪縛」を解くか	岩下明裕 編著	A5・264頁 定価1600円
9	ポスト社会主義期の政治と経済 ―旧ソ連・中東欧の比較―	林　忠行 仙石　学 編著	A5・362頁 定価3800円
10	日露戦争とサハリン島	原　暉之 編著	A5・450頁 定価3800円
11	環オホーツク海地域の環境と経済	田畑伸一郎 江淵直人 編著	A5・294頁 定価3000円
12	北西ユーラシアの歴史空間 ―前近代ロシアと周辺世界―	小澤　実 長縄宣博 編著	A5・342頁 定価3600円

〈価格は消費税を含まず〉

北海道大学出版会

記憶と追悼の宗教社会学 ―戦没者祭祀の成立と変容―	粟津　賢太　著	A5・386 頁 定価6400円
ソヴィエト・ロシアの聖なる景観 ―社会主義体制下の宗教文化財、ツーリズム、ナショナリズム―	高橋沙奈美　著	A5・370 頁 定価7500円
身体の国民化 ―多極化するチェコ社会と体操運動―	福田　宏　著	A5・272 頁 定価4600円
ロシア連邦憲法体制の成立 ―重層的転換と制度選択の意図せざる帰結―	溝口　修平　著	A5・266 頁 定価5000円
東ドイツ工業管理史論	白川　欽哉　著	A5・412 頁 定価7500円

〈価格は消費税を含まず〉

――――北海道大学出版会――――